U0553244

当代中国媒介文化生产的体系性嬗变

王敏芝◎著

人民出版社

责任编辑:薛　晴
文字编辑:徐　源
责任校对:阎　宓
封面设计:孙　昊

图书在版编目(CIP)数据

当代中国媒介文化生产的体系性嬗变/王敏芝 著.
　-北京:人民出版社,2016.4
ISBN 978－7－01－016069－6

Ⅰ.①当…　Ⅱ.①王…　Ⅲ.①传播媒介-文化研究-中国　Ⅳ.①G219.2

中国版本图书馆 CIP 数据核字(2016)第 068254 号

当代中国媒介文化生产的体系性嬗变
DANGDAI ZHONGGUO MEIJIE WENHUA SHENGCHAN DE TIXIXING SHANBIAN

王敏芝　著

人民出版社 出版发行
(100706　北京市东城区隆福寺街 99 号)

北京兴湘印务有限公司印刷　新华书店经销

2016 年 4 月第 1 版　2016 年 4 月北京第 1 次印刷
开本:710 毫米×1000 毫米 1/16　印张:17
字数:220 千字　印数:0,001-2,000 册

ISBN 978－7－01－016069－6　定价:48.00 元

邮购地址 100706　北京市东城区隆福寺街 99 号
人民东方图书销售中心　电话 (010)65250042　65289539

版权所有·侵权必究
凡购买本社图书,如有印制质量问题,我社负责调换。
服务电话:(010)65250042

序 言

李 震

如果说，当今时代可以被称为一个媒介化时代的话，那么我认为，这个时代是从 20 世纪 90 年代开始的。传统意义上的传播媒介从 1990 年代开始井喷式发展，作为新兴媒介的互联网于 1994 年接入中国，好莱坞大片从 1994 年进入中国，由电视和音像生产引领的读图时代开始于 1990 年代，具有鲜明大众娱乐属性的日本动画于 1990 年代开始大规模进入中国。加之，从 1992 年开始高速发展的社会主义市场经济，使这些新老媒介旋即进入市场和商业、生产和消费的循环轨道，催生了中国当代社会全新的大众文化，改变了中国社会与文化的整体面貌，甚至规定了其至今仍在延续的发展路径。

敏芝的这部著作所研究的问题，正是基于这样一个历史背景。她能敏锐感知 1990 年代媒介发展与社会发展构成的这次巨大的撞击，并抓住了这次撞击迸发出的一系列全新的价值表征：个体、权利、民主、多元、消费、转型、感官化等等，并由此涉入了一个十分丰富与宽广的自我理解与拓展的文化空间：中西交汇、传统与现代甚至后现代交汇、农业与工业甚至信息产业交汇等等。

在这个意义上，敏芝的视野是开阔的，对媒介发展与社会发展脉络的把握是清晰的。

作者不仅清晰地梳理了媒介在当代中国所发生的整体面貌的改变，而且指证了媒介从根本上影响了以其符号表征系统为内涵的媒介文化的产品样态，甚至决定了当代中国精神生产的内在规定性，并指出媒介文化成为当代文化研究的重要焦点和社会观察的重要切口。

大众媒介的发展、普及，与大众文化有着直接联系，大众媒介本身的规定性也从逻辑上规定着大众文化的样态和取向。敏芝的研究也正是从文化研究出发，聚焦到中国当代媒介文化演化过程中的重要年代及其特性和表征，首先对媒介文化整体性的样态改变包括生产理念、话语方式、消费逻辑和系统结构等层面进行描述与分析，既有宽广视野，又有问题意识，表现出了较强的文化阐释能力。

媒介文化生产机制的调适与更新、权力结构中各方力量的此消彼长，是作者观察所得出的结论。媒介文化新的产业定位和商业属性泛化，是内在生产机制扭变的客观结果，书中所提出的文化生产"联动机制"则直接导致文化产品的多极化、多样化的存在。诚然，文化及其生产的空间永远是一个权力场，且各种权力因素在其中体现出鲜明的斗争性以便在此文化空间获得更大的影响力。因此，分析权力因素及其相互关系，就成为理解和阐释文化样态的重要路径。书中关于当代中国媒介文化生产内部权力结构嬗变的相关分析，我以为是深刻的。

现代人总是被裹挟于媒介之中，现代生活也总是无法与媒介割裂。从这个意义上讲，认识媒介与媒介文化，就是认识社会和我们自身。

李震：陕西师范大学新闻与传播学院院长，教授，博士生导师；陕西省文艺评论家协会主席。

目录
Contents

第一章　绪论：认识当代媒介文化及其生产

当代社会是一个被媒介文化裹挟的社会，这似乎成为一个无需质疑的事实。大众传媒不断地生产与传播各种信息与产品，而这些产品也正在显示着它巨大的影响力：介入日常生活、塑造观念价值、甚至创造了新的文化形态。为了更深入地理解和认识当下时代及其文化，我们必须更深入地理解和认识媒介文化及其生产。

第一节　走向媒介文化研究

一、大众文化研究的路径之一：聚焦媒介文化

传播媒介的日益发展和急速扩张，正在极大地改变整个人类社会的文化样态，因此媒介文化作为当下文化研究的重点领域，充分表达了人们对传媒与文化密切关联的普遍认识。当代中国的媒介文化，既处在深刻的社会转型与变革的进程中，又被裹挟于全球化的世界体系之中，这种文化现实也因此迅速成为许多人文社会诸多学科关注的焦点领域。

1. 全球性的文化转向——大众文化时代的到来

在 20 世纪的世界文化史上，大众文化的兴起无疑是最令人瞩目的

文化现象。大众文化形态从初兴到繁荣、从被理论界质疑贬低到包容认可，这种全球性的文化转向经历了一个由边缘到主流的演进过程。

据洛文塔尔考察，欧洲近代的通俗文化（Popular Culture）已经能够表现出现代大众文化的诸多特征：由于印刷业和出版业的发展，18世纪英国文学中的通俗小说很快成为了文学的主要形式；同时，文学市场主要受书商和出版商控制，大众的阅读趣味也有了很大的改变，以通俗小说为代表的通俗文化已经体现出非常鲜明的商品特性。但由于传播媒介在工业革命之前处于不发达的状态，与此相关的城市生活方式也尚未普及，因此通俗文化的发展还受到很大程度的制约。

19世纪后半叶，西方社会出现了一种新型的艺术形式，研究者发明了一个特别的词来界定它——Kitsch（媚俗艺术）。格林伯格认为，媚俗艺术主要是指具有流行性和商业化特征的文学及艺术种类，其典型的代表形式包括通俗小说、流行歌曲、好莱坞商业电影、连环漫画、杂志广告等等，从它的表现形态而言与先锋艺术有一定的关联。他认为："媚俗艺术是机械的或通过配方制作的。媚俗艺术是一种替代性的经验和伪造的感觉。媚俗艺术随时尚而变，但万变不离其宗。媚俗艺术是我们这个时代生活中所有伪造物的缩影。除了消费者的钱，媚俗艺术假装对它的消费者一无所求——甚至不图求他们的时间。"[①] 从这样的表述中我们可以发现，"媚俗艺术"这个词从诞生之时就带有强烈的贬义色彩，这种文化被认为与真正的审美无缘，却和商业联系紧密。

"大众文化"的概念出现之前，"媚俗艺术"可被看成它的一个替代性表达，用以昭示某种新的、不同于传统文化形式的"大众性"特征。美国文化批评家麦克唐纳在1944年出版的著作《大众文化理论》中第

---

① Greenberg, Clement, "Avant—Garde and Kitsch," in Bernard Rosenberg and David Manning White eds. Mass Culture:The Popular Arts in America, New York:Free Press, 1957, p.102.

一次使用"大众文化"（Mass Culture）的概念并认为："大众文化有时候被叫做'通俗文化'（Popular Culture），但我认为'大众文化'（Mass Culture）是一个更准确的概念，因为像口香糖一样，它的特殊标志只不过是为大众消费而生产的一种商品"。①

20世纪60年代，随着伯明翰学派文化研究的介入，西方学者对大众文化的性质和功能开始有了更新颖、更包容的认识。威廉斯指明文化就是所有的生活方式，而霍加特也指出了新兴工人阶级文化的价值与意义，他们的文化研究有一个共同特点，即淡化了大众文化的贬义判断，试图让人们明白：一种带有通俗色彩的文化形式在事实上显示为"为普通民众所拥有；为普通民众所享用；为普通民众所钟爱的文化。"②

从"通俗文化"到"媚俗文化"再到"大众文化"，表面上看是提出了不同概念，但实际上更需要人们注意的则是，不同历史时期内所提出的不同概念具有对大众文化这种新型文化不同认识的暗示，概念背后所蕴含的价值判断也有巨大差异。大众文化的否定者与批判者几乎都拥有"文化贵族主义"的审美倾向，而其拥护者和肯定者们又往往拥有"平民主义"的价值立场。

文化研究者威廉斯给我们一种观察文化形态的重要启发，他认为在一个特定的社会结构中，一般情况下会有三种不同的文化形态同时并存：占据中心位置的主导文化，在历史中形成并依然发挥效用的残余文化，还有与社会发展和新阶层兴起紧密联系的新兴文化。这三种文化形态在同一个社会结构中具备各自的特点和空间：主导文化是社

---

① Macdonald, Dwight, "A Theory of Mass Culture," in Bernard Rosenberg and David Manning White eds. *Mass Culture:The Popular Arts in America*, New York:Free Press, 1957.

② ［美］约翰·费斯克等编：《关键概念：传播与文化研究辞典（第二版）》，李彬译，新华出版社2004年版，第212页。

会核心和主流价值观的维护者与体现者，居于文化空间的中心位置，具有强大的生命力；残余文化作为文化传统仍然具备其影响力；而新兴文化最为活跃也最具灵活性。如果意识到这三种文化之间的相互作用是动态的、是此消彼长的循环，那么我们会发现大众文化的演变历经了新兴文化最终成为社会主导文化的过程。事实上也是如此，大众文化在西方兴起兴盛的过程恰恰是中产阶级兴起并成为社会核心阶层的过程，而伴随中产阶级崛起的文化形态——大众文化，也便由此前的新兴文化逐渐向主导文化地位挺进；上演了由新兴文化向中心主导文化演化的巨大转向的一幕。于是到 20 世纪 30、40 年代的时候，尽管利维斯、阿多诺等人对大众文化持鲜明的批判态度，但在批判的背后也感受到了大众文化的"来势汹汹"，甚至预感到他们一度赞美的高雅文化会让位给新兴的大众文化。

20 世纪中后期以来的种种事实证明，大众文化已经成为一种主导文化，并且牢牢占据了社会的主流地位。在中国，这同样是事实。20 世纪 80、90 年代，随着改革开放和经济转型，大众文化也适应并迎合着大众的审美趣味和需求，不断侵占和演化着精英文化的生存空间，使原本在文化生产中占据主要地位的精英文化或高雅文化不断退缩至学界的狭小领域。同时，大众媒介在大众文化攻城拔寨的过程中功不可没，在大众媒介推动中，大众文化的力量日渐强大并对人们的日常生活和整个社会的文化格局产生越来越深刻的影响，并实现了文化的整体转向。

这种大众文化转向的最显著特征，是文化由审美性文化向消费性文化转变；从上层建筑向经济基础转变。从传统意义上讲，人们总是将文化和具体的、现实的生活特别是经济生活加以区别并认为文化是有价值特性和精神内涵的，古典美学也是从人的精神自由与解放的层面上探讨美和艺术的，因此，文化尤其是精英文化的价值具有超越性，超越于具体和现实的功利性。马克思对文化的认识也是这样："文化建设的根本任务和内容，就是培养社会的人的一切属性，并且把他作为具有尽可能丰富的属性和联系的人，因而具有尽可能广泛需要的人生产出来——把他作为尽可能完整的和全面的社会产品生产出来。"①也就是说，文化的价值并不是为了获得某种实际的经济效益，而是为了个人自由而全面的发展。但与传统认识截然不同的是，在大众文化时代，文化与艺术的品行有了根本性的巨变，文化不再是人的一切属性的展现，不再是自由自律的存在形式，而是一种作为"商品"的存在。于是，大众文化在进行文化生产时，其主要目的就变成了对商业利益的追求而不是精神价值层面上的体现。许多法兰克福学派的学者把大众文化生产称作"文化工业"（Culture Industry），实际上就是指出了文化产品生产和文化艺术创作之间的巨大差异。当然，大众文化之所以能够进行大规模的文化生产，主要依赖和凭借现代科技和工业化生产与管理的经验，这些量化生产出来的文化产品为人们提供娱乐、提供消费。这种生产逻辑已经与传统的艺术创造完全不同："今天的美学生产已经与商品生产普遍结合起来：以最快的周转速度生产永远更新颖的新潮产品（从服装到飞机），这种经济上的狂热的迫切需要，现在赋予美学创新和实验以一种日益必要的结构作用和地位。"②

究其根本，消费社会的到来是大众文化大规模兴起、快速蔓延并最终成为社会主导文化的重要社会背景。20 世纪以来，西方国家生产

---

① ［德］马克思、恩格斯：《马克思恩格斯全集（第46卷）》，中共中央马克思恩格斯列宁斯大林编译局译，人民出版社1979年版，第292页。
② ［美］弗雷德里克·詹姆逊：《文化转向》，胡亚敏等译，中国社会科学出版社2000年版，第140页。

力飞速发展、科技极大进步、工业生产也迅速扩大。伴随着工业革命的进程，尤其是第二次世界大战以后，西方社会从生产型社会转变为消费型社会。其中根本性的转变在于，人们已经不再像传统社会那样消费物质，而是在消费文化。大众文化正是为了满足人们日益增长的、不断发展变换的物质文化消费需求而诞生。当然，我们也要充分意识到我国大众文化兴起和发展的语境与西方国家有所不同，其发展的特殊语境符合我国 20 世纪 80、90 年代社会经济和政治的发展态势，并与之密切关联。中国社会的经济与文化领域在改革开放之前都呈现出强烈的封闭性特征：由于当时的计划经济体制，造成物质匮乏和市场机制缺失的普遍国情，同时，在文化管理方面又体现出强烈的政治性和意识形态控制性，这都使大众文化丧失了其生存发展的必要的土壤和条件。但随着改革开放的逐步深入，我国逐渐由计划经济体制转变为市场经济体制，随着社会经济迅速发展、生产力极大提高和物质极大丰富，中国社会也逐渐从生产型社会转变为消费型社会。于是，大众文化在拥有了生长的条件和生存的空间之后，迅速蓬勃起来。

与精英文化和高雅文化相比，大众文化有着不同的策略：大众文化努力迎合大众的文化趣味，以人们喜闻乐见的形式最大限度地赢得大众的青睐，而人们则像消费物质产品一样消费文化产品，于是，文化的神圣性消失了。文化神圣性的消失，取而代之的是其渗透至世俗生活各种日常领域与体验的世俗性："文化产品已经以信息、通信方式、品牌产品、金融服务、媒体产品、交通、休闲服务等形式遍布各处。文化产品不再是稀有物，而是横行天下。文化无处不在，它仿佛从上层建筑中渗透出来，又渗入并掌控了经济基础，开始对经济和日常生活体验两者进行统治。"① 在这里，拉什实际上所要揭示的是社会经济将文化工业作为其发展的重要部分之后，文化也被"物化"了。而文化被"物化"所产生的结果，就是文化渗透到人们的日常生活领域，艺术和非艺术之间的界限、审美和非审美之间的区别就消失了，如费瑟斯通所说，"日常生活的审美化"的重要缘由是大众文化的发展。

大众文化主导的社会中，除了文化品性改变之外，文化在社会功能层面也发生了巨大的改变。文化在传统观念中总是表现出超越性和批判性的意义，因为它总是高于现实并以精神价值追求为核心目标，从而在面对现实生活时表现出对立、超越和批判的姿态。但这一切目标都被大众文化消解了，文化并不像从前那样具有精神向导的作用，也无需体现理想与批判的内容，在抛弃了这些沉重的负担之后，文化变得"轻松"了："通俗艺术的目的是安抚，使人们从痛苦之中解脱出来而获得自我满足，而不是催人奋进，使人开展批评和自我批评。"② 但大众文化有它本身体现出的巨大功能，即提供娱乐消遣，或者说，大众文化就是要用一切办法让公众高兴、愉悦和放松。文化这种轻松的任务比起传统的负重来说，更让文化的接受者高兴，因为文化不再只是追求建设人们的精神高度、批判意识和超越精神，而只是简单地去满足人们的娱乐需求和消费欲望，这个文化在功能性上的转变不可谓不彻底。也正是因为如此，大众文化也引发了学者们的诸多担忧、质疑与批判，法兰克福学派的诸多学者都对大众文化持否定性态度，其主要原因就在于他们认为如此轻松的大众文化彻底"破坏了文艺作品的反叛性"。马尔库塞一再阐释当代西方大众文化的"单向度"，用意就

---

① ［英］斯科特·拉什、西莉亚·卢瑞：《全球文化工业：物的媒介化》，要新乐译，社会科学文献出版社 2010 年版，第 6 页。

② ［匈］阿诺德·豪泽尔：《艺术社会学》，居延安编译，学林出版社 1987 年版，第 233 页。

在批判大众文化导致人们原本拥有的否定能力的丧失。

中国学界自 20 世纪 90 年代以来，对大众文化的研究呈现出积极繁荣的状态。大众文化研究的兴起与大众文化在中国兴起几乎同步，因为几乎所有人都在 90 年代感受到文化样态的巨大转型。新兴的大众文化通过大众传媒广泛传播，在工业化技术和消费社会语境下适应并代表着当代社会的文化旨趣。因此，对这种新的文化形态和文化旨趣进行思考和探究便成为社会人文各领域学者的本能反应。人们比任何一个时代都强烈地感受到一场深刻的社会变革和文化转向正在进行。

概括而言，当代社会与文化正在进行的这场深刻转向，以大众文化的兴起与兴盛为重要标志，同时，大众文化这种文化新样态颠覆和摧毁了人们关于文化与艺术的传统认知，新的文化景观需要新的理论阐释和意义发现。

2. 大众文化研究的聚焦领域：媒介文化

大众文化从萌生到繁荣的发展过程中，其核心理念基本未变，但在其生产机制、社会功能、传播规模与力度方面都已经产生了许多变化。最显著的变化之一就是，大众文化从新兴的边缘文化逐步演变为社会主流文化，并越来越聚集地体现为各种媒介文化形态。

在大众文化兴起的过程中，大众媒介起到了催生、塑造和传播的重要作用，同时，由于"新媒体"（New Media）的诞生，大众文化的生产、传播与消费更是显现出新的样态。可以说，媒介文化是当代社会大众文化面貌的典型体现，更是大众文化发展的崭新形态。因此，大众文化研究形成了一个新的特点和趋势，那就是聚焦媒介文化。

一般认为，媒介文化是在技术理性主导下的大众文化，是大众文化发展的新阶段、新形态。媒介文化是当代资本主义不断发展的文化产品，与当代文化转向和生活方式转变密不可分，消费主义生活方式的出现与大众传媒技术的发达直接导致了媒介文化的产生，因此，媒介文化的形成也有着深刻的经济、政治和技术背景。比如，当今媒介文化越来越强调视觉性要素，显然与新媒介的技术革命密切相关。正是基于这一背景，大众文化研究开始聚焦媒介文化。

美国传播学者詹姆斯·凯瑞认为："传播的起源及最高境界，并不是指智力信息的传递，而是建构并维系一个有秩序、有意义、能够用来支配和容纳人类行为的文化世界"，[①] 实际上是在说明"传播即文化"的思想。加拿大学者麦克卢汉的"媒介即讯息"的命题，实际上也想表达"媒介即文化"的命题，因为在他看来，人类文明史的形成就是由媒介发展史所定义和制约的：西方历史经历了三次媒介革命——书面文字、机器印刷和电子媒介，而与此相应的则是西方社会部落化、非部落化和重新部落化的三个历史形态。无论是"传播即文化"或"媒介即文化"的表达，都揭示出来一个判断，即传媒与文化之间具有极为密切的内在关联。

道格拉斯·凯尔纳在著作中认为，应该直接使用"媒体文化"（Media Culture）这个概念并放弃原有的"大众文化"或"通俗文化"的概念，理由在于："'媒体文化'这一概念既可方便表示文化工业的产品所具有的性质和形式（即文化），也能表明它们的生产和发行模式（即媒介技术和产业）。它避开了诸如'大众文化'（Mass Culture）和'通俗文化'（Popular Culture）之类的意识形态用语，同时也让人们关注到媒介文化得以制作、流布和消费的那种生产、发行与接受的循环。此概念也消除了介于文化、媒介和传播等研究领域间的人为阻隔，使得人

---

① ［美］詹姆斯·W.凯瑞：《作为文化的传播》，丁未译，华夏出版社 2005 年版，第 7 页。

们注意到媒介文化体制中文化与传播媒介之间的相互关联，从而打破了'文化'与'传播'间的具体界限。"①凯尔纳之所以会如此认为，其充分的事实依据正是美国及大多数资本主义国家的文化形态发生了重大改变，媒介文化已经演变成社会居于中心位置的文化形式，甚至"媒介文化已成为一种社会化的宰制力量"。同时，媒介文化中的视觉文化成功地制造出整个社会新的文化风尚和文化接受习惯，以书籍为代表的传统媒介文化体验遭遇到极大的排挤和压制，所以在后工业时代或后现代社会，媒介文化这一称谓便成为对文化新形态一种事实性的确认。凯尔纳也正是在这一意义上认为："'媒体文化'一词还有一个好处，它表明：我们的文化就是一种媒介文化。"②

同年，英国学者史蒂文森出版了他的研究成果，并考虑到诸多现代文化产品都是依靠和借助大众传播媒介进行传播，而"各种各样的媒介传播着古典的歌剧、音乐、关于政客的私生活的庸俗故事、好莱坞最新近的流言蜚语以及来自全球四面八方的新闻。这已深刻地改变了现象学上的现代生活经验，以及社会权利的网络"，将自己的书名定为"Understanding Media Cultures"，而将原拟定的标题"社会理论与大众传播"（Social Theory and Mass Communication）定为副标题。③

20世纪90年代后尤其是新世纪以来，中国的大众文化发展也进展到一个异常繁荣丰富的阶段。北京师范大学的赵勇教授认为，目前的媒介技术语境是数字媒介时代，而与这种数字媒介时代相适应发展的文化形式应该被称作"融合文化"或"媒介文化"。媒介文化有一个特

---

① ［美］道格拉斯·凯尔纳：《媒体文化——介于现代与后现代之间的文化研究、认同性与政治》，丁宁译，商务印书馆2004年版，第60页。

② ［美］道格拉斯·凯尔纳：《媒体文化——介于现代与后现代之间的文化研究、认同性与政治》，丁宁译，商务印书馆2004年版，第34—35页。

③ ［英］尼尔·斯蒂文森：《认识媒介文化》，王文斌译，商务印书馆2001年版，第12页。

定的媒介融合的技术基础，也就是说，必须有了媒介融合的技术前提，才可能出现文化融合之后的新文化形态即媒介文化。当然，无论是技术融合还是文化融合，都是不同体系不断交汇的过程，并非一种固定不变的态势。经过媒介融合之后，新的媒介文化形式便逐渐显露。这实际上也呼应了道格拉斯·凯尔纳的说法，即媒介文化这种新的文化形态是在资本主义发展到后工业时代后才出现的，因为只有在后工业时代，媒介才真正成为拓殖文化的重要工具，不断地生产和传播大众文化，人们"已生活在一个由媒介主宰着休闲和文化的世界里。"①

接下来的问题是，面对这个"媒介主宰"的情境，大众文化会发生什么样的变异？又呈现出怎样的新样态呢？

如果我们认为大众文化发展的新阶段是呈现为媒介文化的形态，那么，媒介文化的诞生就与大众文化有着不可忽视的直接关联，同时，媒介文化也显示出一些之前大众文化所不曾突出的新特征来，值得注意的是，媒介文化所表现出的新特征往往又与媒介或新媒介的物理特征紧密相关。比如说，网络媒体孕育了网络文化、手机媒体孕育了短信文化、微信文化等等。同时，大众文化的功能和大众的属性也随着媒介的发展发生了诸多改变：大众文化因为新媒体的支持而成为一种参与性、交互性极强的文化形态，而大众也因为这种参与性和交互性改变了原有的单一消费者的身份，更作为文化产品的积极生产者身份出现。因此，新媒介的出现改变了大众在文化接受上的被动，文化也因此打破了原有的二元对立的格局，成为全面抹平的文化。文化的各种形态——无论是精英文化还是大众文化，无论是高雅文化还是低俗文化，也无论是主流文化还是边缘文化等等，都获得了在大众媒介舞

---

① ［美］道格拉斯·凯尔纳：《媒体文化——介于现代与后现代之间的文化研究、认同性与政治》，丁宁译，商务印书馆 2004 年版，第 4 页。

台上平等展示自身的机会，甚至通过大众媒介的力量，使得这些原本对立的文化形态也逐渐相互交往、渗透甚至地位更换，文化内部的紧张结构也趋于消除和化解。

面对这种文化现实，大众文化研究实际上也进行了重点的转向与跟进，即从大众文化研究集中到媒介文化研究。其转向应该被认为是在一个更大的范围内思考媒介文化所引发的新问题，并非不顾及不重视大众文化而是把它作为一种"前理解"或一个既成事实纳入媒介文化研究的范畴。当然，这种转向最终也会带来理论方法、研究路径和问题意识等方面的位移，我们可能会因此对以往历史中出现过的大众文化有更精细、更微妙的认识，也会对媒介文化有更准确、更深刻的把握。事实上，正如凯尔纳所言："在'文化'和'媒介'之间所做的区分是武断和生硬的。不管人们将'文化'看作是高雅文化的产物、人们的生活方式、人类行为的语境，还是把它当做任何别的什么，文化总是与传播密切相关。"①

二、从媒介研究到媒介文化研究

当人们普遍认识到媒介与文化的内在关联时，对媒介本身及其影响下的文化研究就成为一个重要的维度，用哈罗德·英尼斯的判断就是："一种新媒介的长处，将导致一种新文明的诞生。"②事实也符合他的判断：正是传播媒介的不断发展与日益扩张，改写了整个人类社会的文化现实状态。而人文社会学科的各类分支如哲学、文学、政治学、经济学、传播学等，开始关注传媒带来的社会影响，并尝试将传媒研究纳入自身的研究体系中，进行自身学科的边界拓展、提升自身研究

---

① ［美］道格拉斯·凯尔纳：《媒体文化——介于现代与后现代之间的文化研究、认同性与政治》，丁宁译，商务印书馆2004年版，第60页。

② ［加］哈罗德·英尼斯：《传播的偏向》，何道宽译，中国人民大学出版社2003年版，第28页。

的现实针对性。

在中国，20 世纪 80 年代以来新一轮的媒介变革促成包括报纸、杂志、话剧、电影、电视、流行音乐、MTV 等文化传播方式层出不穷，同时，包含各类广告、畅销书、消费读物、音像制品、游戏软件和各类文化消费产品在内的大众文化也获得极大发展，并且逐渐形成了主导文化、精英文化和大众文化并存的文化格局。90 年代之后，中国普通民众越来越强烈地感受到电视、电话、手机、网络等媒介的神奇魔力。当下现代媒介文化产品无时无刻、无孔不入，悄然渗入人们生活内容的同时又不可思议地改变着人们的生活方式。尤其是以电脑和互联网为主要标志的电信和网络媒介迅猛发展之后，新兴的网络文化、手机文化和各种新媒介文化，对社会和文化样态影响的程度可谓越来越深刻。

跟西方社会相同，当代中国媒介快速发展的历史阶段使大众传媒早已成为各种力量汇聚的焦点，成为各方利益和各种诉求交汇与竞争的领域，可以说，媒介在现代社会已然成为一种"新的权力核心"。①

与现实呼应，研究者们必须去思考，我们应该如何看待日益突出并发挥巨大影响的大众传媒？媒介的更新和发展又是如何推动人类社会发展与文化形态转型？人们对生活于其中的媒介文化有了深刻的感受和体验，而研究者们也有了参与媒介文化生活并思考、批判和改造中国媒体的内在要求，这种现实体验和内在要求共同开阔了对媒介及其文化现象进行判断和反思的研究空间。

可以说，从 20 世纪中期以来，众多学者从自己的体会和思考出发，运用不同的方法，对媒介与文化展开各具特色的探讨，本书在此予以简单勾勒和梳理并以此作为宝贵的理论借鉴。

---

① 尹鸿:《媒介文化研究：知识分子的发言场域》。http://www.artsbj.com/Html/lilunjia/wz_2566_1451，html，2009-11-25。

1. 法兰克福学派的文化工业批判

1944 年，法兰克福学派的著名学者也是其学派创始人霍克海默第一次在其著作《艺术与"大众文化"》中提出"文化工业"的概念，之后又与阿多诺在 1947 年合著的《启蒙的辩证法》中提出用"文化工业"取代"大众文化"的说法。这个概念的提出，实际上是要说明"大众文化"本质上是一种受资本和技术控制的控制性文化，而绝非字面意义上的从大众立场出发并为大众服务的文化。因此，他们用"文化工业"一词来表达其批判立场。法兰克福学派的另一位主要成员马尔库塞在 1964 年出版的《单向度的人》中秉承了这种批判性，认为"文化工业"是资本主义商品制度的另一种构成，大众传媒支持下的大批量的文化生产在带来广播、电影、电视和广告的同时，消灭了思想的丰富性、剥夺了人的多样性存在的可能，使人成为"单向度的人"并失去对文化现实的批判力。

2. 伯明翰学派的文化研究

英国伯明翰大学的"当代文化研究中心"于 1964 年成立，其创始人雷蒙德·威廉斯一开始就对大众文化怀有同情和理解的立场，大众传媒和流行文化被以一种接纳的阐述方式进行解释。可以说，伯明翰大学文化研究中心对大众文化研究有一个非常重要的立场上的改变，即从文化精英主义改变为大众的立场。威廉斯在《关键词：文化与社会的词汇》一书中将"文化"进行了三个层面的阐释：第一种文化指人类完善的一种状态或过程、一种人类心智培养的普遍过程；第二种文化是文献式的定义，即各种知识作品和实践，尤其指各种艺术活动；第三种文化含义是社会学层面的解释，即文化是一种对特定社会方式的描述。[①] 按照第三种定义方法，文化就不再局限于精英艺术，而是在日常生活和行为中就具备文化的价值和意义，而文化研究的任务就是从其特定的生活方式出发，对其或隐或显的意义与价值进行阐述和说明。这个对文化新的界定、对文化研究新方法的拓展，都对文化研究产生了深远而重大的影响。

沿着这个思路，汤普森的著作《英国工人阶级的形成》重在阐释社会底层阶级意识和文化形成的历史分析，分析中强调了工人阶级文化形成过程中极大的主动性和自身经验的力量。同时，伯明翰学派的主要理论家斯图亚特·霍尔通过对文化符号及意义生产和接收过程的分析，揭示了传播媒介的意识形态"编码"和受众解读中的"解码"立场，对当代文化具有很重要的启示意义。

3. 政治经济学视角下的媒介文化

在政治经济学视角下的媒介文化生产研究中，马克思、恩格斯的政治经济学理论成为重要的理论来源，即精神的生产与物质的生产一样具有生产性和消费性，同时，由于资产阶级对市场的占有和开拓，文化与精神的生产也具有世界性意义。同时，在文化和精神生产中，阶级意识也非常鲜明地渗透在其中："统治阶级的思想在每个时期都是占统治地位的思想。也就是说，一个阶级是占统治地位的物质力量，同时也是社会上占统治地位的精神力量。支配着物质生产资料的阶级，同时也支配着精神生产的资料。"[②] 这段话极具洞察力地表明现代文化生产的开放性，同时文化产品的意识形态性也得到揭示。马克思主义的政治经济学理论为认识文化生产及其意识形态性建构了新理论视野的

---

① ［英］雷蒙·威廉斯：《关键词：文化与社会的词汇》，刘建基译，三联书店 2005 年版，第 101—109 页。

② 北京大学中文系文艺理论考研室编：《马克思恩格斯列宁斯大林论文艺》，人民文学出版社 1983 年版，第 25 页。

基础。

文森特·莫斯可在借鉴马克思主义政治经济学的基础上，就资本对媒介生产的控制性问题进行了深刻研究。其著作主要在分析资本主义条件下媒介文化生产如何进行商品化转换，同时重点强调资本在媒介文化生产中所发挥的重要作用，他的核心观点在于：资本支配精神生产和物质生产的普遍规律通过传播的商品化过程非常鲜明地体现出来。

因此，从政治经济学的视角分析媒介文化生产，媒介文化生产的研究必须要考虑到更多因素，比如资本在媒介文化生产中的作用、媒介产品的生产与消费主体等等，这些因素都与媒介文化生产密切相关。或者说，媒介文化生产的政治经济学视野既涉及商品生产的共性，又要研究文化生产不同于普通商品生产的特殊性，这一研究思路和研究领域的扩张对我们深入认识媒介文化及其生产具有很大的启发性。

4. 后现代文化理论

后现代文化理论的包容性很强，理论资源也很丰富，主要阐述现代主义之后或晚期资本主义之后的文化景观及其特征。美国著名理论家詹姆逊 1997 年出版《晚期资本主义的文化逻辑》，认为后现代文化呈现出这样一种面貌：文化已经完全大众化了，高雅文化与通俗文化的距离正在消失；同时，与此前现代文化以语言为中心不同，后现代主义文化以视觉为中心，现代社会空间完全浸透着影像，甚至现实都转换为影像成为一种"类像"文化。因此，后现代主义文化最基本的特征是距离的消失，是平面、拼凑、零散化。[①]

法国哲学家和社会学家鲍德里亚的理论阐释，也对传媒与文化做出了符号学的解读与判断。鲍德里亚在《物体系》、《消费社会》、《生

---

① 肖明华：《论詹姆逊的后现代主义文化逻辑研究》，《江西师范大学学报（社会科学版）》2006年第1期。

产之镜》、《仿真与拟像》等一系列著作中提出，后现代社会是一个"消费社会"，人们对物品的消费不同于之前主要针对物品功能的消耗，而变成了对物品符号价值的消费；在消费社会，传媒也不再是再现真实的工具，而是制造和承载"拟像"的手段。① 人们对社会环境及其符号意义的感知均来自媒介，这样的结果使现实世界成了一个由符号决定或控制的存在。可以说，这种认识对理解媒介及媒介文化具有非常大的启示价值。

5. 媒介环境学的媒介批评

媒介环境学（Media Ecology，初译为"媒介生态学"）重点强调从媒介视角出发来探析因为媒介形态变化而带来的社会和文化形态的演变。加拿大学者伊尼斯与麦克卢汉是这种研究方法的开创者，而现在的媒介环境学派继承了这种研究方法，其主要代表人物有尼尔·波兹曼、保罗·莱文森、约书亚·梅罗维茨等。

伊尼斯的媒介学学说充满了想象性，例如他把第二次世界大战看作广播与报纸的对决，并认为文明在传播的口头传统和书面传统这两种对立因素中交替进行，这也许与他早期的贸易史研究有关系。麦克卢汉在这些奇特想象的启发下提出"媒介即讯息"的判断。他认为，传播媒介只有在人类社会的互动与组织中才最具历史活动的效能，而一般意义上的讯息却并不能起到什么作用。由此引发的结论是，人们相互交流沟通时所使用的传播媒介的性质在很大程度上决定了社会形态的形成与演化，甚至更夸张地说，文化的性质由媒介的性质所决定。

这种媒介文化批评更关注技术层面的问题，因此蒋原伦教授认为可把它看作路径研究，也就是用路径推导的方式来研究大众文化现象

---

① 陈力丹、陆亨:《鲍德里亚的后现代传媒观及其对当代中国传媒的启示——纪念鲍德里亚》，《新闻与传播研究》2007 年第 3 期。

的形成。这里的媒介不仅仅指报纸、电视、网络这样的大众传媒，也指各种各样的人际互动和传播方式，是广义的媒介概念。这种研究对现代媒介文化研究具有开拓视角的意义，可以通过这种方法关注社会的文化传承与延续，也可以用于阐释文化断裂与突变的重要原因，尤其是后者。一个非常鲜明的例证就是，新媒介的飞速切入和当今文化的突变与多样之间有着无法否认的因果关联。

以上所梳理的各种关于媒介与文化的关联认识，都是后文展开研究的理论支撑和视域基础。

在我国，从20世纪90年代中期始，诸如"传媒文化"、"媒介文化"、"媒体文化"这样一些词汇也纷纷在研究者的词汇中出现。1999年周宪、许均在《文化和传播译丛·总序》中指出：晚近很多有影响的研究都有一个共同的主张，即主张将"媒介"与"文化"这两个词关联使用，形成一个新词——"媒介文化"或者"媒介化的文化"。这种反思和判断表达了学者们的共识，即媒介并不仅仅是传递信息的工具或者技术，而是和文化形态及其变化密切相关的因素。此后，中国学者先后出版了一些研究媒介文化的学术著作，例如陆扬、王毅2000年出版的《大众文化与传媒》（上海三联出版社），南帆2001年出版的《双重视域：当代电子文化分析》（江苏人民出版社），陈龙2001年出版的《在媒介与大众之间：电视文化论》（学术出版社），孟繁华2003年出版的《传媒与文化领导权：当代中国的文化生产与文化认同》（山东教育出版社），蒋原伦2004年出版的《媒体文化与消费时代》（中央编译出版社），于德山2005年出版的《当代媒介文化》（新华出版社），鲍海波2009年出版的《媒介文化的阐释与批判》（中国社会科学出版社），董天策2011年出版的《消费时代与中国传媒文化的嬗变》（中国社会科学出版社）等等，还有数量较多的学术论文，这些成果非常有力地推动了当代媒介文化的研究。

当然，媒介文化研究在中国是一个更为复杂的命题，它带有整个社会在转型与变革时期的诸多矛盾，同时，也体现了中国作为社会主义国家在文化建设方面的特殊性。具体体现在：中国当前的经济正全面迈向市场化，当代中国媒介文化的发展由于社会转型和媒介产业的变革而有了更为广阔的发展前景，这给媒介文化研究带来了更多本土化的特定命题；另一方面，中国当代媒介文化发展既裹挟于全球化语境中又不得不面对中国现状，当代中国媒介文化因此具有更强烈的复杂性，例如，中国当代媒介文化生产由于社会主义经济的市场化变得更有生机和活力，但也在日益复杂化的意识形态竞争中充满了文化认同的混杂性和矛盾性。正如有学者指出的那样，目前中国存在的是"主流意识结构（Dominant Structure，比如代表各种道德化与政治化混合的宣传和诉求）、剩余意识结构（Residual Structure，比如传统儒家强调士大夫的道德责任）以及新兴的意识结构（Emerging Structure，比如遵从市场逻辑的媒介专业主义及其'异口同声'的浪漫想象的审美主义诉求）的调和、游戏和竞争"，[①] 也的确能表明其复杂性样态。

三、媒介化的后果：文艺学科的边界拓展

媒介的发展引起文化形态的诸多改变，直接影响了文学生产方式、文学阅读与消费，当然也影响到文学研究，尤其是使文学研究向文化研究转化。可以说，在新的文艺媒介化的时代中，文艺学研究与文学批评都在自觉不自觉地进行自身知识重构的过程，其结果是相当一部分文学研究者转向文化研究或更具体地说转向媒介文化研究。

---

① 李金铨：《中国媒介的全球性和民族性：话语、市场、科技以及意识形态》，http://www.cuhk.edu.hk/ics/21c/supplem/essay/0209135.htm，2003-1-30。

20世纪90年代以来，在迅速推进的消费社会转型、电子媒介扩张以及迅猛发展的全球化浪潮等合力影响下，中国文化发展出现了许多新的面貌。文化尤其是文艺审美活动，作为最敏感的意识形态，也在回应着这种剧烈的时代变动并正在经历着一种转型性质的变化。

可以说，中国文学在进入20世纪90年代后呈现出一种迥异于80年代的全新风貌，而1993年则被认为是80年代文学和90年代文学分化的标志性年份。1989年的政治风波和随之而来的商品大潮一方面改变了国人的政治心态，另一方面也使文学与文化发生了根本性的改变。在文学领域，新的审美形态的出现是最明显的征兆："人文精神"讨论、王朔走红、陕军东征、《废都》争议、商业化写作、先锋文学转型、诗人之死等文学事件，都从不同角度阐释着这种新的审美形态。

当然，这种新的审美形态出现的大背景和大环境是大众文化的出现和流行。

伴随着90年代中国新一轮商品经济时代的到来，以电视、电影、流行音乐等大众媒介为依托的大众文化便以其无法抵御的审美诱惑力得到空前的发展，而纯文学则不断被边缘化。文学的发展似乎进入了真空期，很多人在担忧："文学已死"。

美国学者希里斯·米勒2001年在《文学评论》第1期发表文章《全球化时代文学研究还会继续存在吗？》，引发了文学研究者们的热烈讨论。他认为文学研究正在变得极度衰弱，其直接原因是文学阅读的式微："如今那些进行文化研究的年轻学者是在电视、电影、流行音乐和当前的互联网中泡大的第一批人。他们没有把太多的时间留给文学，文学在他们的生活中无足轻重。这样的趋势可能还会继续发展下去，而且我想也不可逆转。用不着奇怪，这样的一种人应该期望研究那些与他们直接相关的、那些影响着他们世界观的东西，那就是电视、电影等等。"① 米勒的判断有其深刻之处，文学在现实中的巨大改变和地位调整导致了文学研究尤其是理论研究转向文化研究或媒介研究。同时他也对文学研究领域中这种普遍现状不止一次地提及："文学行将消亡的最显著征兆之一，就是全世界的文学系的年轻教员，都在大批离开文学研究，转向理论、文化研究、后殖民研究、媒体研究（电影、电视等）、大众文化研究、女性研究、黑人研究等。……他们对电影或流行文化有深刻的、值得赞扬的兴趣，部分是因为这些东西在很大程度上塑造了他们。"②

尽管米勒谈论的并非中国文学研究的状况，但种种迹象表明，近年来文化研究尤其是媒介文化研究的兴起也暗含这样的原因。很多学者已经或正在从原本的文学研究转向大众文化研究和媒介研究，而这种研究方向和领域的转向正是文学研究本身的式微状况和学科面向现实进行边界拓展的共同结果。

面对大众文化的兴盛和纯文学的边缘化，文艺学知识生产表现出非常突出的不适，最显著的不适表现在，传统的文艺学理论不能积极有效地介入当下的社会文化与审美／艺术活动，尤其是不能令人满意地解释改革开放以来，特别是 90 年代以来的文学艺术活动的诸种变化（集中在大众日常文化／艺术生产与消费活动领域）。无论我们承认与否，当代审美活动正慢慢渗透到大众日常生活的所有领域，已完全超越了纯艺术／文学的范围，更为重要的是，处于大众文化生活中心位置的已经不再是小说、诗歌、散文、戏剧、绘画、雕塑等经典的艺术类型，

---

① ［美］希利斯·米勒、金慧敏：《永远的修辞性阅读》，易晓明编：《土著与数码冲浪者：米勒中国演讲集》，吉林人民出版社 2004 年版，第 183 页。

② ［美］希利斯·米勒：《文学死了吗？》，秦立彦译，广西师范大学出版社 2007 年版，第 18 页。

而是一些新兴的泛审美类型比如广告、流行音乐、时装、时尚、电视连续剧乃至环境设计、城市规划、居室装修……艺术活动的场所也由高端高层次的艺术场馆逐渐过渡到大众的普通生活空间，比如购物中心、街心花园、城市广场、超级市场……在这种日常化、生活化的空间和场所中，文化审美活动与日常商业活动、社交活动之间原本存在的严格界限消失了。由此，费塞斯通也敏锐地指出，艺术和生活的距离正被日常生活的审美化逐渐销蚀，而且，在"把生活转换成艺术"的同时也"把艺术转换成生活"。①

文学被边缘化的过程恰恰是影像娱乐产业兴起的过程，文化日益趋向图像化和视觉化：娱乐节目、影视产品、大众畅销读物、广告等新兴的媒体文化取代了文学的主导位置，成为文化和意义生产与消费的中心。或者说，人们如果仍然从传统的文艺学研究的范式与知识结构出发，已无法更好、更有说服力地解释这个变化的世界、认识新兴的媒体及其新的内容生产与新的文化消费方式了。所以，导致文艺学研究进行知识重构和边界拓展的根本原因，在于当代中国的社会—文化转型已经极大地改变了文艺活动的存在方式、生产方式、传播与消费方式，这对于原先的许多文艺理论观念提出了挑战：比如，文艺与现实生活的关系问题；文化与经济、文学创作中的物质因素与精神因素的关系问题、个人创造与社会—机构因素的关系问题、文艺欣赏中距离与参与的关系问题等等文艺理论的基本问题都面临需要进行重新阐释的局面。

正因为如此，文艺学和美学研究及时地注意到了当代大众媒介文化对于整个社会的文化生产、文化消费、文艺实践的巨大影响力，也

---

① ［英］迈克·费塞斯通：《消费主义与后现代文化》，刘精明译，译林出版社2000年版，第98页。

通过学科融合和扩展的方式回应由此产生的理论问题。比如对于与媒介演进紧密相关的"读图转向"、"文学性泛化"、"文学祛魅"等现象的分析探讨，尝试对现代大众媒介文化在当代社会生活中的重要作用与复杂影响作出若干判断。这不仅促进了当代文艺研究的转型，而且直接促成了文化研究在当代中国的繁盛状态。

中国社会在 20 世纪 90 年代迅速向市场化和世俗化发展，消费主义和大众文化逐渐兴盛，文化研究与文化批评在这一重要的社会文化背景下出现，并直接引发了关于"人文精神"的大讨论。在此种语境下的文化研究与文化批评，呈现为一种批判性话题，并且成为知识分子对当今社会文化转型进行回应的共同方式之一。因此，文化研究的转向并非是一种知识自身发展所形成的自然选择，而是研究主体的主动回应现实的结果。由于文学与文学研究的边缘化，使得文化研究的人员构成也发生了较大变化，像王一川、王岳川、周宪、陶东风、金元浦、王晓明、尹鸿、戴锦华、南帆等大量原本从事文艺学与文学批评研究的学者，如今都转向了文化研究，而且他们的文化研究成果丰硕、专业精深。

文化研究兴起并且受到广泛关注的另一个重要原因是：文化生产（包括文学在内）与传播的机构、技术、物质和实践层面等因素的重要性与日俱增，这显然是文化与经济日益融合的必然结果。这种情况下，文学艺术的商业性、技术性和物质性越显突出，甚至成为一种产业。传统文学研究多集中在解读文学文本、分析作家的创造力与写作才能以及分析文学生产的精神或观念属性，并不太注重文学活动的物质、技术和机构层面的东西，更缺乏对在文学艺术生产与传播中产生重要作用与影响的媒介因素的关照。

随着新的大众传播媒介和大众文化生产的兴起，传统文艺研究的范式越来越显示出自身的局限性，所以许多从事文艺研究尤其是文学研究的学者开始关注传统文艺研究中不受重视的问题，比如受众作为消费者的需求特征、各种文化生产机构及其生产与传播过程等等，尤其是对特定媒介渠道对文学文艺的改造和塑形等问题进行特别的关注。可以说，中国当代文化研究与文化批评的出现与兴盛并非偶然，而是复杂的社会文化现实与文艺学学科继续发展的需求共同促成的，这种文化研究的热潮在大众文化发展的新阶段中又将注意力特别集中于媒介文化研究。

第二节　媒介文化研究的现实关注

当代文化研究的重要焦点当属媒介文化，许多学者都为之贡献了自己的智慧和思考，笔者尝试着将目前媒介文化的研究现状与现实问题做出梳理，对媒介文化研究和讨论中几个重点关照的话题进行整合与分析。

一、何为"媒介文化"

研究媒介文化，必然无法回避对"媒介文化"这一概念的前提性廓清与认知。"媒介文化"这个新词具体的内涵与外延是什么，涉及媒介文化研究的逻辑起点，因此必须要有清晰的认识。

什么是"媒介文化"，界定它的维度无外乎"文化"与"媒介"两个层面。

在学术研究史上，"文化"一直是最复杂的术语之一。泰勒在1871年有一个著名的定义："文化或文明，就其广泛的民族学意义来讲，是一个符号整体，包括知识、信仰、艺术、道德、法律、习俗以及作为一个社会成员的人所习得的其他一切能力和习俗"①；之后，文化定义多达 160 多种，并根据哲学的、艺术的、社会学的和人类学的不同视角有不同的归纳。进入 20 世纪以来，"文化"的概念也产生了新的含义和用法：英国文化批评学家雷蒙·威廉斯区别了三种定义文化的方式：（1）"描述知识、精神与美学发展的一般进程"；（2）"一个民族、一个时期、一个团体或整体人类的特定生活方式"；（3）"知识，尤其是艺术活动的时间及其成品"，这三种区分实际上归纳了"文化"这一概念理想性的定义、社会性的定义与文献性的定义。② 美国文化批评家丹尼尔·贝尔则认为："文化本身正是为人类生命过程提供阐释系统，帮助他们对付生活困境的一种努力"，③ 这一概念实际上揭示了文化中"符号形式"的关键问题，是对德国哲学家恩斯特·卡西尔的文化概念——文化是指由人类创造和运用的符号形式的领域，它主要处理人类生存的意义问题——的认同和创造性使用。④ 这一认识表明了，文化是特定人群表达其生存意义的符号形式，包括神话、宗教、语言、历史、科学、艺术等等形态，更简练地说，文化就是人类符号表意或符号交流的行为。

这些代表性的定义"文化"的视角，还有对"文化"的独特看法，都让我们可以体会"文化"内涵的复杂性，而"媒介文化"作为一种新的文化形态，其特殊性更需细究，因为它还牵涉到另一个不容回避的维度——媒介与媒介发展。

媒介及媒介发展如何影响甚至重构人们对世界的感知？

---

① ［英］爱德华·伯内特·泰勒：《原始文化》，连树声译，上海文艺出版社 1992 年版，第 1 页。
② R.Williams.Keywords:*A Vocabulary of Culture and Society*, Glasgow: Fontana, 1983, P237.
③ ［美］丹尼尔·贝尔：《资本主义文化矛盾》，赵一凡等译，三联书店 1989 年版，第 28 页。
④ ［德］恩斯特·卡希尔：《人论》，甘阳译，上海译文出版社 2004 年版，第 96 页。

同麦克卢汉一样，尼克·史蒂文森、詹姆斯·凯瑞、梅罗维茨及汤姆森等人都认为，无论媒介所传递的实际内容如何，它们对社会生活已经具有根本性的影响。传媒重构了时间与空间，影响人类的生活方式与生活态度，也引发了文化总体形态的转型与改变。

比如在电子媒体时代，人们几乎无法摆脱视觉化因素的影响，而视觉内容与形式也已经成为我们文化的主要内容与形式，这与印刷媒介时代的阅读文化迥异。所以现在也不会有学者将媒介看作是简单的传递信息的工具。媒介发展也引发了生活方式和文化形态的变革，特别是 20 世纪 50、60 年代以来迅速发展的、以现代电子科技为支持的大众文化及其产品。正如美国学者波斯特所言："电子媒介对时空的征服所预示的是，理论及种种机制仅仅再转一转管理和观念的调谐钮是远远不够的，它们这样是收听不到新的传播频率的"。[①] 由视觉文化为主宰的"奇观社会"逐步形成，那个阅读时代的思维习惯完全被更新了。而媒介本身具有的本体性，也正如波德里亚所说："铁路所带来的'信息'，并非它所运送的煤炭或旅客，而是一种世界观、一种新的结合状态。电视带来的'信息'，并非它所传送的画面，而是它所造成的新的关系和感知模式、家庭和集团传统结构的改变"[②]

法兰克福学派早在 20 世纪 30 年代就开始关注媒介文化。该学派的许多成员对"文化工业"的批判早已包涵了大众媒介这一维度，比如马尔库塞（Herbert Marcuse）、阿多诺（Theodor W. Adomo）、本雅明（Walter Benjamin）等人。伯明翰学派的文化研究者们更是将媒介文化研究的视野进行更进一步的拓展。这些研究者们虽然较早地关注大众媒介，但"媒介文化"这个独立概念是直到更晚近些才出现的，而具

---

① ［美］马克·波斯特：《信息方式》，商务印书馆 2000 年版，第 85 页。
② ［法］让·波德里亚：《消费社会》，刘成富、全志刚译，南京大学出版社 2001 年版，第 132 页。

体研究"媒介文化"的著述更是在 20 世纪 90 年代以后西方学术界才陆续出版问世。在国内，90 年代之前的学界也基本上没有使用过"媒介文化"这样的表达。可以看出，无论是在西方学界还是中国文化研究领域，"媒介文化"都是一个新生事物，需要更深入地、不断地探究。

应该怎样界定和理解媒介文化？在法兰克福学派看来，媒介文化是一种包含压制性的意识形态，这种压制性体现在，媒介文化不仅不能提升大众的精神境界，而且还会使用虚假的自由和单向度的感官享受来剥夺大众对社会的批判意识和否定意识。但也有人认识到其积极的一面，比如费斯克认为媒介文化具有动态性，他更愿意从消费实践的视角阐释和认识媒介文化，认为人们作为消费者在按照自己需求和趣味选择文化产品的过程，体现出人们的能动性和价值。鲍德里亚则认为媒介文化通过各种符号制造和传播创造出一个"拟仿"的超现实世界，用以满足人们不断更新变换的并不确定的需要，这种"拟仿"甚至超越了真实世界构建起更丰富的现实意义。而麦克卢汉认为人类进行传播与社会活动的主要动因在于媒介，媒介在引进一种文化的同时会消灭另一种文化，不同的社会文化样态是由不同的媒介所决定的，可见麦克卢汉突出强调的是媒介形塑社会文化的巨大力量。显然，我们理解和界定媒介文化可从受众消费的角度，也可从意识形态的角度，可用纯粹的技术角度，也可从政治经济制度的角度，媒介文化的理论界定由于它的开放性和超越性而具有更大的难度。

在众多的理解中，对我们很有启发意义的是美国学者道格拉斯·凯尔纳对媒介文化的理解与界定。凯尔纳在 1995 年出版的《媒体文化》中把媒体文化的特征概括为四点：（1）包括了广播、影视和报刊等传媒手段的文化（以电视为核心）；（2）以视觉符号为主体，对音像符号的重视远大于文字符号；（3）具有工业化、大规模生产和大众消费的形式，目标是资本积累和盈利；（4）是信息时代的高科技产物，是全球化经济中最为活跃的部门。传媒文化为我们提供了生活价值观、意识形态、身份认同、政治观点以及日常生活方式和休闲娱乐方式等，是新的全球化文化形式。① 从这些表述中不难发现，凯尔纳非常肯定"媒体文化"的概念，同时有意识地将其放在文化研究的框架当中进行思考，并用"媒体文化"的中性概念将之前带有明显意识形态暗示意味的概念如"通俗文化"、"大众文化"等剔除和置换，从而将媒介研究与文化研究的基本关系明确化。

在国内，1990 年钟梦白的《论媒介文化》是最早尝试理解"媒介文化"这一概念的编译文章。文章指出：当代大众传播媒介以迅速、形象、及时的传播手段，不仅向受众展示了一个复杂多变的现实世界，也构筑了某种世界观与价值取向。大众媒介不仅传播着文化，而且也不断地"创造"着文化，更为重要的是，其"创造"的这种文化区别于整个文化大系统中其他类别的文化，具有"媒介文化"特有的特质。同时作者还认为，媒介文化的形成主要受到传播者、受众等外部与内部力量的相互制约。② 之后，"晚近一些有影响的研究，主张把媒介与文化这两个关键词连用，或曰'媒介文化'，或曰'媒介化的文化'。"③

以上研究和思考中出现的这些提法，显然表明学者们已经意识到一种全新文化形态的存在：这种新文化拥有强大的影响力，它不仅影响我们的价值观和对世界的理解，甚至还强力建构着人们的意识形态

---

① ［美］道格拉斯·凯尔纳：《媒体文化——介于现代与后现代之间的文化研究、认同性与政治·中文版导言》，丁宁译，商务印书馆 2004 年版，第 9—11 页。

② 钟梦白：《论媒介文化》，《新闻研究资料》1990 年第 2 期。

③ ［英］尼克·史蒂文森：《认识媒介文化——社会理论与大众传播》，王文斌译，周宪、许均主编：《文化与传播译丛·总序》，商务印书馆 2001 年版，第 2 页。

形成与日常生活方式、潜在制约着人们的情感世界及其表达，它还在不断地利用高科技手段与和市场诉求为我们展现极其多样迥异的文化景观……

很多学者也尝试定义传媒文化："所谓传媒文化，从根本上说，其内涵侧重于在当代社会所引发的信息方式和生活方式的变革，特别是20世纪五、六十年代以来蓬勃发展的、以现代传媒和电脑科技为支持的，以金钱资本为动力的，以饱含信息和价值的光电影响或虚拟互动为主要内容的大众文化产品，及其外围性的生产、传播与消费活动。"[①]还有学者认为，就本体层面而言媒介文化具有三个层次：首先，媒介文化是人创造的"第二自然"。人类文化可以分为口头文化、印刷文化、电子文化三个阶段，而当代文化在电子传媒的主导下具有独特的特质，它所营造的文化景观也与前两个阶段完全不同；其二，媒介文化是有（由）电子媒体拷贝而成的镜像世界，具有非常强大的符号建构能力；第三，媒介文化是具有自主能力的本体世界，即它不仅仅是为我们使用的"工具"，而是建构人类与自我、自然及社会之间多重关系的"世界"。[②]周宪和刘康在《中国传媒文化研究》中也直接指出："传媒文化就是指各种传媒所组成的文化……传媒文化作为一个偏正词组，是有关传媒而非其他领域的文化"。并且更进一步解释："传媒文化是当代传媒发展形成的特定文化形态，它一方面与传播技术的发展关系密切，另一方面又与文化产业、视觉文化、全球化和本土化等诸多发展趋向相关"。[③]蒋原伦则在《媒介文化十二讲》中明确指出：媒介文化概念的提出是遵循别一种文化分类原则。它强调文化的媒介呈现方式，强

[①]　陈龙：《传媒文化研究》，中国人民大学出版社 2009 年版，第 19 页。
[②]　鲍海波：《媒介文化的阐释与批判》，中国社会科学出版社 2009 年版，第 29—30 页。
[③]　周宪、刘康：《中国当代传媒文化研究》，北京大学出版社 2011 年版，第 4 页。

调的是媒介形态对社会文化所产生的决定性的影响，即不同的媒介导致文化沿着不同的路径演进。可以说，媒介文化就是传媒与文化的高度融合，是媒介日益发展后的文化表征。

需要提及的是大众文化与媒介文化这两个概念的关系与区分。这两个词似乎在很大程度上被一致性使用了。媒介文化是理解大众文化非常重要的一个关照点，这个关照点之所以重要，是因为大众文化的发展直接与媒介发展同步并不可分割，大众文化通常是以各种传媒形式来表现和运作的，如印刷传媒、电视或者网络等等。因此，大众文化的形成与媒介及其技术发展高度相关甚至高度一致；同时，随着新媒介（New Media）技术的不断诞生，这些新媒介所参与生产的文化样态也构成了当代社会大众文化最显著的特征和最重要的内容。因此，大众文化研究的关照点不能不落在媒介及媒介文化之上，这也是很多人用媒介文化直接指称或替代大众文化的根本原因。

概括而言，关于传媒文化概念本身虽有不同的界定，但比较一致的看法是传媒文化是当代传媒发展形成的特定文化形态。它一方面与传播技术的发展关系密切，另一方面又与文化产业、视觉文化、全球化和本土化等诸多发展趋向相关。说到底，传媒文化就是传媒与文化的高度融合，是文化的日益传媒化。依照美国学者凯尔纳的说法，传媒文化是以电视为核心、以视觉符号为主导的大批量生产和大众消费的形式，它深刻地影响了我们的社会生活、价值观和认同感。

二、媒介文化与日常生活

媒介文化介入日常生活的首要表现在于，它构成了日常生活，成为日常生活的构成性要素。人们每日都会接触媒介并自觉不自觉地消费媒介文化产品，报刊、电视、电影、网络等大众媒介成为人们日常生活中最为常见的构成性内容。其次，媒介文化介入日常生活的表现是媒介文化为日常生活提供源源不断的文化消费品。这些消费品每天大量产出并呈现不同类型、形式和风格，无论大众消费趣味如何，都能够找到适合自己需求的文化消费品并在不断消费中获得满足和快感。再次，媒介文化介入日常生活的表现还在于媒介文化为日常生活提供并创造新体验。各种不同的、迥异的文化体验成为日常生活快乐生趣的重要源泉，成为人们获得快感的便捷方式。因此，媒介文化作为一种文化资源，正越来越密切地与大众的日常生活联系在一起，干预生活成为媒介文化的最显著特点。媒介文化研究的另一个重要议题，就是考察媒介及其生产传递的内容是如何干预和影响人们日常生活的。

媒介文化介入日常生活的一种常见方式是为公众提供话题。媒介对各类新闻事件的报道正是人们每日谈论的内容，也正是大众媒介在设置公众话题时所体现出的强大的效用。尤其是网络媒体的诞生，海量的信息和无比多样的话题，时刻影响和左右着公众的关注焦点。人们通过新闻了解现实社会，通过各类信息进行社会交往、获得生存的安全感，同时，人们也在日常生活中对传媒寄托着各种期待，希望媒介成为维护社会正义公平的公器、希望媒介能够干预生活从而使生活如期所愿。

同时，提供日常生活新体验，是媒介文化的另一干预方式。媒介通过制造出各种生活幻觉和可能性，为每一个公众提供无比丰富的生活体验，这种生活体验所带来的快感和成就，吸引着人们不断与媒介文化建立关联。比如游戏，游戏开发商将游戏设计成各种可能性，而游戏的使用者则是在各种可能性中寻求不同的生活体验，这种体验甚至是寻常生活中不可能体验到的，因此，从中得到的快感也是寻常中所不可能有的。媒介文化给公众提供多元化的传媒内容，而公众则从这些多元内容中得到体验需求的满足。

可以说，当代社会最庞大的象征性领域就是由媒体所统摄的：电视频道的多样分化及 24 小时不间断播出、广播不分昼夜的电波输出、印刷类媒体几何数的增长与扩容、网络媒体海量信息收纳与传出、手机媒体强势兼容互动等等，众多媒体一起在时间、空间、通道等层面挤占着人们的日常生活。媒介这种无论从数量还是内容上的爆炸式增长，都强力地干预和影响着大众。比如电视，"电视已经殖民到社会现实的基本层面……它既是一个打扰者也是一个抚慰者，这是它的情感意义；它既告诉我们信息，也会误传信息，这是他的认知意义；它扎根在我们日常生活的轨道中，这是它在空间与时间上的意义；它随处可见，这么说不仅仅是指电视个体——一个角落里的盒子，它体现在多种文本中——期刊、杂志、报纸、广播电台、书……它对人造成的冲击，被记住也被遗忘；它的政治意义在于它是现代国家的一个核心机制；电视彻底地融入到日常生活中，构成了日常生活的基础"①。

由此可见，大众媒介表现出强大的影响力，并在与日常生活相勾连的过程中显示出其情感意义、认知意义、空间及时间意义、政治意义等等，媒介文化的这些意义介入，深刻地改变甚至界定着人们的现实生活。

三、媒介文化与消费社会

关于消费社会、消费文化、消费主义的议题，是 20 世纪 90 年代尤其是新世纪以来众多学科研究的热点，其中一个很重要的现实基础，就是 20 世纪全球发展过程中西方发达国家已经进入消费社会、而中国

---

① ［英］罗杰·西尔费斯通：《电视与日常生活》，陶庆梅译，江苏人民出版社 2004 年版，第 5 页。

目前也正在经历着由传统社会向消费社会转型的新的历史阶段。

可以说，消费社会是人类社会发展到一定阶段的新形态，既是生产社会的延续又是对其的改变。英国学者齐格蒙特·鲍曼把现代社会分成"生产社会"与"消费社会"两种阶段形态，提出了新的社会形态的界定。[①]而鲍德里亚在1970年出版的名为《消费社会》的著作让"消费社会"的说法为更多人认可。

"消费社会"诞生于何时，由于各国的社会历史条件不同、理论分析角度各异，可能没有一个明确的一致性判断，但总体而言，消费社会的出现与社会生产方式的状态改变密切相关。

消费社会始于美国，然后影响到其他西方发达国家，近二十年又影响到中国等发展中国家，因此，美国的学者对社会的消费主义转型深有体会并有很多经验性的分析和描述。大卫·理斯曼在《孤独的人群》中认为，西方社会自中世纪以来有两次革命，第一次是包括文艺复兴以来的工业革命，然而，"在最发达国家，尤其是美国，这次革命正让位于另一种形式的革命——即随着由生产时代向消费时代过渡而发生的全社会范围内的变革"。[②]《孤独的人群》是理斯曼描述和分析美国消费社会转型的重要著作，丹尼尔·贝尔的《后工业社会的来临》也是这方面的经典论著。贝尔认为，美国社会进入成熟消费社会的一个重要经济指标和参数是"到1956年，美国职业结构中白领工人的数目，在工业文明史上第一次超过了蓝领工人"，[③]这实际上意味着"后工业社会"从产品生产经济为主导转型为服务型经济为主导，即通常所言的

---

① ［英］齐格蒙特·鲍曼：《全球化：人类的后果》，郭国良、徐建华译，商务印书馆2001年版，第76页。

② ［美］大卫·理斯曼：《孤独的人群》，王崑、朱虹译，南京大学出版社2002年版，第6页。

③ ［美］丹尼尔·贝尔：《后工业社会的来临——对社会预测的一项探索》，高铦等译，商务印书馆1984年版，第23页。

"第三产业"。这种职业结构的改变最本质意义上的影响是社会阶级关系的改变和重组。

"消费社会"从实际的历史发展进程中看首先成熟于美国，具有非常鲜明的"美国化"特征，美国在全球化过程中步入消费社会，又在全球化过程中把"美国化"的消费社会模式普及向全球其他国家。消费社会中物品被不断地大量消耗，因此也被不断地大量生产；同时，这种消费并不是维持生存所必要的消费，而是超过必要消费的奢侈性消费，是过度性消费。当这种过度消费成为社会消费的主导样态，也就意味着消费的大众化。更重要的是，消费社会是消费的人为化、过度被操纵化的社会："欲望可借广告来人工制造，借推销术来发生催化，借劝导者的谨慎操纵以形成，但这种事实表明这些欲望是并不迫切的。"① 这大概是消费社会值得深思的自我矛盾之处吧。

人们总是愿意用"物欲横流"来形容和批判消费社会，但实际上并未指明要害——消费社会在总体上满足的并非大众的"物质"欲望，而是"文化"欲望。"炫耀性消费"满足的就是心理性的消费需求而并非生理上的，而这种欲望与需求才是资本增殖的最核心的推动力。所以，从社会转型的角度来看，消费社会转型标志着由"商品社会"转向"符号社会"，非物质性的需求在社会消费中不断增强。比如在整个产业体系中服务业的比重越来越大，因大众文化而起的文化娱乐产业也飞速发展，文艺尤其是动漫、影视等产业在许多国家成为支柱性产业，围绕体育竞技而形成的产业链日益扩张等等，这些产业比重不断增加甚至成为支柱性产业，也是消费社会转型的重要标志。

从表面上看，上述文字是在说明消费社会经济与文化的日益交融，

---

① ［美］加尔布雷斯：《富裕社会》，赵勇译，江苏人民出版社2009年版，第134页。

但深入探究会发现，经济与文化交融的主导驱动力并不是大众的文化欲望或文化需求，而是资本增殖。鲍德里亚指明的，物品的目的并不是为了被人拥有和使用，而只是为了被人生产及购买，也就是说，商品不管将什么样的需求和欲望符号化了，也不论这种符号化的程度有多高，最终都是为了被购买和消费，从而达到资本增殖的目的，所以"文化，当它朝着另一种论述滑去的时候，当它变得与其他物品同质并可相互替代时，它就变成了消费物品"。[①] 也就是说，文化也被强制性地纳入到资本增殖的经济逻辑之中，在消费社会中表现出文化与经济交融的表象。

在消费社会，文化生产已经同商业生产密切地融合在一起，文化作为产品，其生产与消费已经普遍地被纳入市场交换的轨道中，文化产品也理所当然地就是消费品。媒介文化具有极其强烈的消费性，而这种特征正是消费社会产生的必然结果。传媒文化在商业利益和资本增殖的逻辑推动下，自始至终都趋向商业的目标，媒介文化中所有的创意、形式、趣味与结构，无不意在吸引受众、赢得眼球，然后将受众及其注意力进行贩卖从而获取利益。因此，媒介文化本质上就是一种消费文化，这是研究者们的共识。

媒介文化作为消费品，并不一定是物质的，也可以是精神的。对于这些文化产品如唱片、电影、游戏甚至某个品牌和风格等，消费者如果喜欢就得为之付费，对于媒介文化的生产者而言，考虑的核心指标是如何使自己的文化产品更有市场。这与以往的艺术品有本质的区别：艺术家在创作时很少考虑市场、受众和艺术品的商业价值，其考虑的核心要素是如何最大化地表现自我。所以，在价值体系方面，传

① ［法］鲍德里亚：《消费社会》，刘成富、全志钢译，南京大学出版社 2001 年版，第 112 页。

统意义上的审美文化与消费主义统摄下的媒介文化截然不同。

同时，也更具深意的是，当代大众媒介正是消费社会核心观念的传播者。消费文化成为意识形态霸权是消费社会的基本特征，消费社会的生活方式虽然形态多样，但主要形态是消费，其原因除了物质层面的社会产品极大丰富之外，消费主义文化的支撑也是重要的推动因素："在过去的时代，人们的思想、哲学观点也许很重要，但在今天商品消费的时代里，只要你需要消费，那么你有什么样的意识形态都无关宏旨了，我们已经没有旧式的意识形态，只有商品消费。"① 消费主义就在这个"只有商品消费"的环境下成为意识形态构成的基础。

在消费主义文化推行的过程中，当代大众媒介的作用不可小觑。在生产社会到消费社会的转型过程中，媒介文化也促使消费社会观念更加合理化并在观念层面与社会物质丰腴的基础保障层面互相应和与印证。媒介文化不仅让大众产生消费欲望、引导消费观念，更不遗余力地劝服消费者将"消费"看作是最有意义的生活方式。而且，媒介在成功唤醒人们消费观念的过程中，往往使用潜移默化的劝诱与说服手段，并在不知不觉中完成。可以说，当代传媒不仅仅是传输平台或通道，它更是消费社会的欲望生产者和社会资本的平台。

四、媒介文化及其内在权力关系

媒介文化是理解当代社会的重要维度之一，其内在蕴含的权力结构是媒介文化运转和意义生成的根本规定、是各种参与因素体现其能动性作用的过程、更是各参与因素实现其目标的机制构成。在媒介文化文本形成的过程中，诸多控制性因素在起作用；因此，理解媒介文化及其内在权力结构的组成要素、构成方式与运转规律既是当今媒介

---

① ［美］弗雷德里克·杰姆逊：《后现代主义与文化理论》，唐小兵译，陕西师范大学出版社1986年版，第148页。

文化研究的重要议题，又是媒介文化研究深入的成果体现。自20世纪以来，西方媒介文化批判的诸多理论学派都针对媒介文化进行了各种角度的阐释和批判，对大众媒介批量生产的工业化文化产品的生产、传播与消费的各个环节进行符合自身逻辑的阐释，更重要的是，这些研究流派和研究思路都将媒介文化中内在显示的权利关系作为研究对象并做出了相应的分析与揭示，这些研究成果都启示我们对媒介文化及其内部权力关系进行多维解读。

　　从媒介文化生产内部来看，我们可以梳理出几种极具启发意义的理论阐释：其一是意识形态理论，该理论主要通过对意识形态功能和运行机制的阐释来剖析媒介文化生产与运作状态，并将媒介文化研究纳入到更广泛更大的社会系统之中，对媒介文化内部的权力结构分析具有深化的作用和意义。其代表性人物是葛兰西的意识形态霸权理论和阿尔都塞的意识形态国家机器理论。其二是政治经济学视野下的媒介文化内部权力结构分析，其理论出发点是将大众传播活动看做是一种政治经济现象并在社会中普遍存在，以此为视角观察和解释大众传播中的媒介文化生产与消费等诸多环节，关注的重点在于分析整个过程与全部环节中体现出的商业逻辑与交换价值。再如场域理论，作为场域理论的提出者，法国社会学家布尔迪厄反复强调，"新闻场"（可以代表媒介场）作为一个特殊的权力场域，具有极为鲜明的特点："新闻场具有特殊的一点，那就是比其他的文化生产场，如数学场、文学场、法律场、科学场等等，更受外部力量的钳制。它直接受需求的支配，也许比政治场还更加受市场、受公众的控制。"[①] 我们要充分理解布尔迪厄所指出的新闻场相较于其他社会场域的权力结构特征，那就是其特

---

　　① ［法］皮埃尔·布尔迪厄：《关于电视》，许钧译，辽宁教育出版社2000年版，第61页。

殊的受控性。

另一方面，从媒介文化生产与消费的关系来看，媒介文化的生产者、控制者与受众之间又形成了一个充满权力斗争的空间，并在这个空间中无时不体现出权力机构的宰制性生产与文本消费者积极抵抗的冲突和矛盾。

当媒介机构作为意识形态国家机器的结构要素时，如同理论家们所深刻分析的那样，其文本生产带有强烈的宰制性特征，因此，文化文本生产和传播的目的在于对人的统治和主体意识的控制或奴役。但事实上文本的接受者真的会顺从地接受这种控制和奴役吗？斯图亚特·霍尔的理论揭示了传播过程中另一场权力斗争，它在传播者和接受者之间展开。霍尔在 1973 年撰写的《电视话语的编码和解码》一书中，重点讨论的是电视话语的"意义"及其生产与传播。霍尔认为，传播学中将信息从传播者到接受者之间的传递看作是简单的直线性运动，这种认识应该受到批判。以电视为例，霍尔认为电视话语"意义"生产和传播经历了三个不同的阶段："意义"生产阶段（编码阶段），在这个阶段中电视工作者对材料进行加工整合，既反映了加工者的知识结构，更体现了加工者所持有的世界观和价值立场等；"意义"成品阶段，这是"意义"被镶嵌于电视作品之中后电视作品成为一个等待解读的开放性话语体系；受众"解码"阶段，作为"意义"被"转译"的阶段，"解码"是实践的最重要环节。

面对生产与消费的不同过程，霍尔提出三种不同的假设性解码立场：主导—霸权立场（Dominant-hegemonic Position），即接受者解码的实践行为在主导符码的范围内操作并与电视制作者的编码立场相一致；协商立场（Negotiated Code or Position），即接受者对"意义"的接受处于一种协商状态，一方面认可，另一方面又不完全同意；对抗式立场（Oppositional），即接受者"有可能完全理解话语赋予的字面意义和内涵意义的曲折变化，但以一种全然相反的方式去解码信息"。[①]霍尔所揭示的传播过程最重要的启示意义在于，"意义"并不仅仅取决于生产者的生产，也取决于接受者的接受。因此，对媒介文本的流通而言，更像是一个围绕着文本所构成的一个复杂的权利较量和社会谈判。这种对媒介文化生产中权力构成的理解和揭示为媒介文化研究的深入提供了非常有价值的思路。

五、媒介文化与身份建构

现代社会中大众媒介的另一个重要功能体现在建构人们的身份与文化认同层面，或者说体现在对人们想象和确认自我方式的影响上。在目前的文化环境下，媒介文化在人们的身份认同建构方面的影响力比任何文化形式都要大。原因很明显，那就是现代人生活的环境由媒介文化所主宰，而且无人能够摆脱其包围和诱惑。

英国学者吉登斯在讨论身份建构的时候指出："无论是个人身份还是集体身份都预设了意义；但他也预设了不断重述和重新阐释的过程。……在所有社会中，个人身份的维系以及个人身份与更广泛的社会身份的联系是本体安全的基本要素"。[②]事实上，现代传媒在通过各种语言符号尤其是视听语言传递信息和提供娱乐的过程，也是大众媒介潜移默化进行身份建构的过程：当代思想界的"语言学转向"向我们揭示了一个很重要的事实，即语言是主体用来建构社会观念与自我意识的方式，绝不仅仅是一个用以简单被动地传递信息的工具。所以，

---

① ［英］斯图亚特·霍尔：《编码，解码》，王广州译，罗刚、刘象愚主编：《文化研究读本》，中国社会科学出版社 2000 年版，第 345 页。

② ［英］吉登斯：《生活在后传统社会中》，赵文书译，商务印书馆 2001 年版，第 101 页。

当人们掌握或使用某一种语言时，使用者必然会被这种语言所包含的价值观与意识形态所影响和塑造。换句话说，人们的主体身份认同的形成并非"自然的"和一成不变的，而是在主体不断的话语实践中被建构、被塑造的。所以从根本上来讲，语言学转向意味着一种文化建构思路的确立，并对主体的话语实践活动给予特别关注。

如凯尔纳所言："电视、广播、电影和媒体文化的其他产品都提供了诸种材料，由此，个体铸就了自身的认同性、自我感、那种成为男性或成为女性究竟意味着什么的概念、阶级意识、族群意识、种族意识、民族意识、性意识，以及人们所处的社会与世界如何被划分为'我们'和'他们'或'好'和'坏'等的方式。媒体形象有助于塑造某种文化和社会对整个世界的看法及其最深刻的价值观：什么是好的或坏的，什么是积极的或消极的，以及什么是道德的或邪恶的。媒体故事提供了象征、神话以及个体借以建构一种共享文化的资源，而通过对这种资源的占有，人们就使自己嵌入到文化之中了。"① 大众传媒作为一种普遍的话语实践，如何在大众的身份认同建构中发挥影响？这是一个值得关注的问题。

那么，中国当代传媒正在怎样构建公众的个体及群体认同？当代中国社会文化的复杂性在认同建构上表现出怎样的特征？也正是媒介文化研究中值得讨论的本土问题。面对这个问题，周宪认为："当今中国社会是一个高度复杂的时候，其文化亦复如是，传统、现代、后现代的各种元素挤压在一个当下的平面上。在当下中国的'全球本土化'（Globalization）进程中，本土的和外来的各种文化错综地混杂在一起。社会文化的这种复杂性决定了认同建构的复杂性，同时也说明了认同

---

① ［美］道格拉斯·凯尔纳：《媒体文化——介于现代与后现代之间的文化研究、认同性与政治》，丁宁译，商务印书馆 2004 年版，第 6 页。

建构的未完成性和不确定性。总体上说，中国传媒文化的身份建构具有某种看似对立的特征——同一性和混杂性"。①

可以认为，媒介文化在认同建构层面的同一性指的是在当代文化多元的结构中，国家认同、民族认同和体制认同是主导文化认同建构的核心目标，大众文化和精英文化虽然有其不同诉求，但在主导文化的支配之下都不可避免地受其制约和渗透。而媒介文化认同建构的混杂性则是指当代文化构成的现实状态：在全球化的趋势下，媒介文化成为一个高度流动的载体，几乎每一种在西方传媒中有良好收视的媒介创意或节目类型都会很快出现在中国公众面前；同时，网络资源中携带大量的异质文化元素持久地影响着媒介内容生产。这种混杂的文化语境，也当然会导致受众认同建构的复杂性。比如以所谓"80 后"、"90 后"为代表的青年亚文化群体，显示出在高度开放和混杂的媒介文化侵染之下的文化基因的开放、多元与混杂。

在媒介文化与身份建构的视角上也形成了一些非常突出的子议题：比如，探析由媒介所建构的群体形象及其文化身份，比如对青年亚文化群体的关注、对粉丝群体或粉丝形象的研究、都市女性的形象研究等；探讨在新媒体环境下个体如何在虚拟身份的创建中获得自然认同并透过媒体中介确认自我存在；还包括研究媒介文化中的社会记忆建构与民族认同、国家认同、地方认同的想象与建构；新媒体的使用与社会阶层或族群认同之间的关系等。这些研究也都反映出文化社会学的核心取向，将媒介产品看作是意义的体系，认为媒介文化是在特定的历史场景下展开的文化生产、流通和消费的过程，脱离了意义建构的过程不足以构成完整的媒介文化。因此，媒介文化研究的建构视角是对

---

① 周宪：《传媒文化：做什么与怎么做》，《学术月刊》2010 年第 3 期第 42 卷。

媒介文化更深入的阐释。

上述媒介文化研究的课题分别从不同角度认识与研究媒介问题，在不断加深对媒介文化认识的同时也在不断丰富着媒介文化研究的话题、扩展着媒介文化研究的具体对象与研究边界。对于我们认识中国当代媒介文化及其生产有非常重要的启发，也作为前提性和积累性研究为本书提供思路与方法上的借鉴。

第二章　1990 年代以来中国媒介文化生产及其嬗变

　　20 世纪 90 年代的中国，首先在经济领域发生了全面并逐渐深入的改革，迅速改变了普通人日常的生活状态和思维方式。同时，20 世纪 90 年代的中国也是大众媒介真正开始普及并发挥影响的拐点，其所形成的新的媒介文化形态转变具有整体性。

第一节　当前媒介文化研究的现状反思与问题提出

　　想要对 1990 年代以来的媒介文化生产进行整体的和历史的梳理，一个必要的功课就是对既有的研究进行反思，以此为基础提出我们的新课题。

一、现状反思

　　通过前文对媒介文化研究议题及其研究成果的梳理，我们发现，当前媒介文化研究的领域已经涉及媒介文化的各个层面与领域，对媒介文化的相关因素和影响成分也已经有相当敏锐、精深的洞察。

　　尽管我国媒介文化研究从 20 世纪 90 年代末才开始，但也已经在学术上取得了相当大的进展：一方面是出版翻译了大量国外媒介文化研究论著，尤其是在新世纪的第一个十年。比如周宪与许均主编的《文化和传播译丛》（商务印书馆出版 2011 年版）、尼克·史蒂文森的著作《认识媒介文化：社会理论与大众传播》（商务印书馆 2001 年版）、戴安娜·克兰的《文化生产：媒体与都市艺术》（译林出版社 2001 年版），再比如道格拉斯·凯尔纳的《媒体文化：介于现代与后现代之间的文化传播》（商务印书馆 2004 年版）、《媒体奇观：当代美国社会文化透视》（清华大学出版社 2003 年版），约翰·费斯克等的《关键概念：传播与文化研究辞典》（新华出版社 2004 年版）等等，都为我们的媒介文化研究提供了重要而有益的启示和参考。

另一方面，国内许多研究者也针对媒介文化做出本土化研究，成立了专门的研究机构，出版了许多研究专著、还有一批数量可观的论文。著作方面影响颇大的包括：2004 年蒋原伦主编的《媒体文化丛书》共 6 种，首先对媒体文化进行系统考察；赵勇的《透视大众文化》也对媒介文化的研究起到较大的推动；同年，云南大学出版社出版的王一川主编的《媒介新体验文丛》共 6 种；2004 年金惠敏、王岳川主编的《媒介哲学》（河南大学出版社）；2006 年蒋原伦主编《新媒体丛书》共 4 种（广西师范大学出版社出版）；2011 年周宪、刘康合著的《中国当代传媒文化研究》（北京大学出版社）；2011 年董天策的《传媒与文化研究丛书；消费时代与中国传媒文化的嬗变》（中国社会科学出版社）；2012 年马中红主编《新媒介与亚文化》丛书共 7 种（苏州大学出版社）……此外，中国传媒大学陈默教授还创办了媒介文化研究网；武汉大学、四川大学等开始招收媒介文化方向的博士研究生；蒋原伦 2010 年由北京大学出版社出版的《媒介文化十二讲》，也作为系统而深刻的媒介文化研究教程出版。

以"媒介文化"为关键词，笔者在"中国知网"进行搜索发现，相关研究也有着强烈的阶段性：20 世纪 80 年代对媒介文化研究的论著还寥寥无几，到 1990 年对媒介文化研究的篇目也才 288 篇、1999 年全年为 793 篇。也就是说，整个 90 年代对媒介文化的关注和研究呈缓慢增长状态，但仍然和媒介文化当时繁荣发展的态势极不匹配。进入 21 世纪，媒介文化成为社会文化研究中炙手可热的话题，随着文艺学研究者在文化领域的拓展，媒介文化研究成为"显学"，2002 年全年的研究篇目激增为 2782 篇，而到了 2013 年，这个数字已经增长为令人惊讶的 14224 了。这几个数字既能够简单勾勒出国内对"媒介文化"研究的关注度和产出，也能从一个方面说明媒介文化在国内目前的研究热度。

反观中国当前学术界关于媒介文化的研究成果，相关研究主要有以下特点：

首先，从近几年发表的论著分析，媒介文化研究与媒介文化的现实发展不相匹配。高速发展的媒介及其文化生产，呈现出极其多样和复杂的文化景观，研究界既需要对此进行阐述与说明，更需要对其进行理论上的指引与建设，但媒介文化领域中频频出现的"失序"与"失范"状态则说明了媒介文化研究的建设性不足、理论阐述的乏力和滞后。相比较而言，文本解读式的论作无论涉及的议题还是数量都比较多，然而其指导性研究、建设性研究却比较单薄。以文本或媒介产品为核心进行研究，这种状况在一定程度上反映出研究者们对"媒介文化"的理解，但"文本"意义上的"媒介文化"只是其最基础和最浅显的层面而已。

正因如此，当前媒介文化研究另一个与之相应的突出特征就是，这个领域的研究往往在理论取向、论述方式与取证手段上多采用阐释的路径，重视思辨，而系统地去观察、描述和解读经验现象的情况则比较少。由此，在我国"媒介文化"的研究中文学解读和艺术批评比较突出，却较少考察社会学层面。而涉及认同、意识形态、社会分化、全球化、民族主义等的社会理论，虽然有不少论作都尝试梳理与运用，但在运用当代文化社会学理论资源方面都还相对缺乏。所以，学术研究的创新性或原创性严重不足，往往停留在表面现象描述的层面对具体的媒介文化现象进行观察和思考，或者套用西方的理论话语做出按图索骥式的解释，对中国媒介文化的现象和特点缺乏具有阐释力的说明与建设，这不能不说是最大的缺憾。

其次，媒介文化研究领域的论作对于西方理论及研究成果介绍很多，但对中国媒介文化现象的特殊性关注不够。在新一轮西学东渐中，这种现象将媒介文化研究的构成性特性全部凸显出来，即中国的媒介文化研究将当代西方社会各种纷杂的文化与社会思潮也裹挟进来，也包括各类"后学"理论。中国学者所关注的重点、焦点与前沿问题与西方国家别无二致，同时在使用的方法、概念甚至观念方面也在进行简单移植，这种状态必然导致研究质量难有上乘，基本处于学术的后殖民状态。笔者以为，中国当下媒介文化景观蕴含着非常强烈的"中国特色"，这种"中国特色"或者本土性更应该成为我们关注的焦点，否则，我们的研究就脱离了中国现实，既对当下的文化状态无法解释，更不能形成文化建设的指导性力量。如此一来，媒介文化研究的实践性精神也就无从谈起了。

第三，考察具体社会现象的论著多基于个案的文本分析，而对于文化产品的生产与流通、人们在日常生活中如何选择和使用这些产品等实践活动产生的过程及现场，却少有学者将媒介文化置于这个大语境中展开经验的考察；再者，分析者的解读视点多集中在宏观层面，而不是具体的微观场景。所以，斯彼尔曼所谓"贴近地面（on the ground）"的文化现象即人们运用媒介呈现资源、解读媒介产品的日常生活实践，这个领域的研究对此尚缺乏相应的考察。毋庸置疑，如果对日常生活的细微处缺乏自上而下的经验考察，那么我们在审视所面对的宏大问题时，就容易不切实际地叙事，使得理论建构与实践场景无法联系起来。但是我们的社会及所面对的社会文化转型等宏大问题，又要求我们必须从批判和建构的层面关注并把握好宏大叙事。所以，媒介文化的研究在今后更加需要系统、微观的经验研究，而且也更需要从社会学的层面对文化实践过程和机制进行考察。

最后，针对当代中国媒介文化发展的现状及其问题批判性立场居多，而具有建设性意义的文化价值体系的建构几乎没有。可以说，如何对当代中国的媒介文化发展进行一种价值观建构，是当代人文知识分子最重要的时代使命之一。因此，目前的媒介文化研究更应该立足于中国文化现实、立足于理论创新、立足于实践性精神，在充分认识到当前媒介文化的"中国特色"的前提下，对当代媒介文化的生产、流通、消费和管理等层面作出系统考察，以期能够对当代媒介文化做出更深刻与更实际的阐释。

笔者正是出于此种目的，希望对中国社会自20世纪90年代以来的媒介文化生产进行整体性关注，并对当下的媒介文化进行反思，甚至做出某种建设性的价值期许。

二、提出问题

中国社会在20世纪90年代尤其是1993年之后显现重大的整体转型，文化形态也伴随着这种转型产生变化，即大众文化的兴起与繁荣；或者也可以说，90年代的文化形态变化本身就是整体社会转型构成的一部分。

正是在这个时期，传媒尤其是大众传媒在中国社会产生了越来越重大的影响，"影像文化产品日趋繁复和大量，虚拟交互技术日渐完善并注意到人性化、互动化，人们逐步进入媒介文化时代"。① 传媒的发展促使"媒介文化时代"的到来，这种判断无疑是符合中国实际的，因为无论从媒介数量、规模还是影响力而言，90年代以来的发展较之以前可谓天翻地覆。

同时，90年代以后在当代社会急速出现的消费主义浪潮，裹挟并改变着几乎所有的社会领域，"文化——这个领域开始被新的大众消费产业所控制"。② 市场的力量在文化领域体现出越来越强大的控制力，商业逻辑在媒介文化生产领域霸权渐呈。

人们已经意识到，大众传媒已经成为当代人生存环境中重要的不可或缺的组成部分，传媒不仅仅为人们提供信息、舆论、娱乐等各类资源生产及其分配，也在不同程度上掌控和建构着人们的精神与物质双重意义上的生活内容，甚至，传媒作为工具与文化世界、作为权力世界、作为文本世界、作为游戏世界已经构成了当代社会新的权力要素并居于核心位置。③ 所以，传媒已经成为一个转换各种"权力"与"资本"的交易平台，也同时成为各方力量进行话语较量的角力场。

这也能说明媒介文化研究为什么成为"知识分子的发言场域"：针对媒介文化发言既是人们对巨大转型的文化现实做出的必然的反馈和回应，同时又在很大程度上成为曾经拥有文化建设权与政治参与权的社会精英分子再次介入和作用于当代社会的文化实践的武器，也成为

① 陈雪虎：《当代媒介文化研究：可能与限度》，汝信、曾繁仁等编：《中国美学年鉴·2002卷》，河南人民出版社2003年版，第78页。

② Zygmunt Bauman, *Intimations of Postmodernity*,London:Routledge, 1992. p.100.

③ 潘知常：《大众传媒与大众文化》，上海人民出版社2002年版，第137—167页。

当代人文知识分子重拾话语权和切入社会实践的重要途径。

我们之所以把20世纪90年代以来媒介文化生产领域的变化作为研究的焦点，正是因为90年代以来的媒介文化生产机制的重大调整，从而导致了新的文化审美风潮并在整体上描绘出新的大众文化面貌。

同时，对90年代以来中国媒介文化生产的关注是媒介文化研究本土化的重要实践。西方学术界对大众文化、媒介文化的阐释都以西方资本主义社会的演化为背景、以西方经济工业化发展为契机，尽管在一定程度上中西社会演进有相似之处尤其是中国改革开放以来所选择的现代化路径，但中国社会有非常鲜明的中国特色和中国问题，并不能完全适用于西方学者的理论阐释。因此，媒介文化研究本土化的核心是面向和研究本土的问题，理解和阐释本土问题发生和演化的路径与趋势。20世纪90年代，是中国媒介文化兴起的发端，也暗自规定着中国当代媒介文化的发展方向，而中国文化在90年代所体现出来的巨大转型，也越来越显示出其巨大的意义来。对发生在这个过程中的媒介文化生产所体现的整体性的、具有核心决定性作用的机制等层面的转型与嬗变进行深入研究，具有时代性与迫切性。这种体系性的嬗变从宏观层面讲涉及文化生产的体制调适与管控思路调整；从中观层面看涉及生产机制与生产逻辑的转换；从微观层面看则涉及媒介生产的话语方式变革与产品形态更新等等。

第二节　1990年代以来媒介文化生产层面嬗变的整体性

将研究对象集中在对20世纪90年代以来的媒介文化生产层面，重点阐述这一层面表现出的体系性的、整体性的嬗变与转型，其根本原因在于 90 年代以来中国的媒介文化生产层面的嬗变具有全面而深远的文化意义。而媒介文化在生产层面表现出来的嬗变与更新具有非常鲜明的整体性特征，而并非仅仅指其中某一环节或某一领域的改变。

一、媒介文化生产对消费主义思潮的契合与推进

从某种特定的意义上来说，消费主义文化的全球性扩张就是全球化的实质之一。之所以这么讲，是因为消费主义文化作为文化全球化的核心内容正在为资本的全球扩张铺路开道，成为全球化的文化动力，具体而言，正是电视、广播等大众传媒将消费主义文化这种意识形态播散全球、推向世界。

20 世纪 90 年代以来，中国的媒介文化生产也不断地契合并推进着消费主义思潮在中国的传播：电视娱乐节目专注于生产感性的快乐；各种类型的影视剧通过视听方式把华丽虚幻的世界形象展示给受众，带领人们体验一种并不真切的消费主义生活；报纸开设情感专栏叙写情感世界、宣泄欲望来满足人们的窥私欲；时尚生活类杂志用画面或者文字给人们灌输个性、时尚、品位、格调等概念，具体地指导人们如何购物消费、如何更好地生活；广告则创造消费神话、塑造明星"消费偶像"来推销商品，引导大众消费……

消费主义文化与传媒相互渗透、相互影响。消费主义文化借传媒传播并使传媒本身发生变异，即新闻传播者成为了市场商品和传媒产品的推销者，不再只是担任环境监测者和信息提供者的角色，保留了原本意义但又拓宽了职能；受众也变为市场产品和传播内容的能动消费者，而不仅仅是原先享用媒介公共服务的公民。在消费主义文化语境下，媒介生产与消费逐渐受到商业逻辑的控制与支配，传媒内容生产面向"消费"并为了"可消费"而生产。生产过程中对成本的计算

与利润的注重更促使传媒在叙述模式、运作理念、生产流程和制度安排等机制层面发生了一系列的变化：为了"可消费"，媒体所用的叙事方式多为内容展示模式，尤其是冲突性叙事模式；在生产理念上首先有了计划经济到市场经济的观念转变，而且在组织新闻生产时普遍有了按市场规律办事的意识；在内容生产上要计算成本和收益，并以"收视率"、"发行量"、"点击率"等因素决定媒体的生产流程，应该为谁生产、该如何生产、生产或者不生产什么等等；在制度安排方面，媒体进行策划、设计及运营时始终围绕市场经营的目标，比如媒体评估体系的设置把内容的"可消费性"作为主要标准，筹划提升经营部门的位置等等。消费主义文化渗透所引起的这些媒体运作变化，使媒介文化的整体面貌悄然改变。

在这种普遍理念支配下，文化产品的主要出品者们实际上控制着大部分文化产品市场。而按照经济理论，这类寡头垄断组织在产品创新方面的热情并不高，尽管他们很可能总是会对产品做出一些改头换面的举动或设计并以此试探市场的反应。文化创新热情不高的主要原因在于对资本和市场的维护，因为属于寡头垄断的公司生产文化产品的支配性逻辑是最大限度获得利润，这必然导致无法最大限度提供消费者之所需。"每家公司都在试图获得大众市场最多的份额，垄断组织的成员之间竞争激烈，但每一家几乎都没有创新动力。这些公司更倾向于避免与创新联系在一起的风险，乐意生产高度标准化的和同质的产品。只有这些公司失去了对市场的控制而面临日渐增多的竞争压力时，它们才被迫进行创新，利用标准化程度不高的内容来销售它们的产品。"① 这很能说明为什么许多媒介内容总是在某段时间内表现出极强

---

① ［美］戴安娜·克兰：《文化生产：媒体与都市艺术》，赵国新译，译林出版社2012年版，第50页。

的同质化，比如都市报某些栏目设置、民生新闻在各地同样火爆荧屏，都是一种标准化的生产。再比如很多电视剧生产中一窝蜂的类型化，清宫剧、穿越剧、谍战剧、抗战剧、情感剧等等，当一种风格取得市场的时候，会迅速有大量同质性内容生产出来；娱乐节目更是这样，《超级女声》的成功催生了多少家电视台的选秀类节目，《中国好声音》的高收视，又一次引发了各大电视台的模仿。更新鲜的例证就是2013年湖南卫视引进的韩国电视真人秀节目《爸爸去哪儿》走红大江南北，其破纪录的高收视率立刻引发众多电视台的亲子类真人秀节目的跟风，甚至连西安电视台也在2014年推出自己的翻版节目《那谁我们去哪》。

内容生产方面的跟风和同质化，其根本原因是资本的安全性和利润的可控性，是面向"消费"进行"生产"的必然结果。

当然，在如何评价媒介文化生产过程中所体现出来的消费主义理念时，本文认为应持审慎态度加以观察。中国进行改革开放和现代化转型的过程中伴随着大众消费文化的兴起和兴盛，消费主义文化赋予世俗人生更明确的正当性，从而在客观上摆脱了泛政治意识形态的束缚，这在当时有极大的历史性进步。但辩证地看，消费主义生活方式消耗资源的过程是不可逆的，所以消费主义文化也存在固有的"顽疾"。消费主义能加剧人们所谓的"消费水平代表地位"的观念层面的竞争，从而宰制人们的意识形态、诱发无限的欲望，甚至在某种程度上解构传统的价值取向和文化传统。人们不得不担忧中国的文化走向，因此这种操纵消费式的文化并不能真正地改善当代人的生存状态。就传媒本身来说，消费主义文化一方面会增强媒介自身的诱惑力和感染力，并且能在一定程度上释放人的本能欲望，而另一方面消费主义文化又会减少文化的多样化、削减文化的深刻性和崇高性，并且侵蚀媒介应有的文化本性。而传媒市场化直接关系到传媒消费主义文化,它大大解放了传媒生产力,但又因为国内传媒市场的不完善和市场固有的消极外部性而使得"市场失灵"和"市场失败"。综上所述,我们在考察传媒消费主义文化现象时必须把它放在全球化和我国社会转型的语境下,只有辩证地体察它复杂的文化意味,才有可能探索出媒介文化在消费时代更具合理性的生产方式和发展方向。

二、媒介文化生产的场域构成及结构调适

1978 年改革开放以来的中国现代化进程,既是一个复杂的宏大场域又是一个包含诸多矛盾与差异的历史演进过程,它的特殊性与复杂性难以一语概之:从中心化的政治体制统摄到广泛自由的市场经济、从高度受控严格保护的新闻场域到高度娱乐化的传媒形态、从高度现代化的东南沿海区域到相对落后的边缘地区、从极具当代消费文化特色的现代生活方式到传统复兴的诉求愿望,古今中外各种文化现象和要素都被挤压在一个当下的平面上。当代社会和文化像一个高度浓缩的巨大容器,其中蕴涵了多种多样的异质成分,他们相互作用,充满了矛盾和张力。利用威廉斯的三种文化结构论来分析,我们在具体考察中国当代传媒文化时也可以找到一些处于复杂张力关系中各种典型的文化形态,如大众文化、精英文化和主导文化等,还有近几年值得关注的青年亚文化形态。

大众文化遵循商品交换的市场准则,是由市场导向的产业化文化,能够大批量地生产、传播和消费娱乐产品;精英文化属于知识阶层,因而常带有鲜明强烈的批判性与反思性。但精英文化毕竟限制在学术界和知识界等少数人群中,很难直接对大众产生作用。而主导文化最具有中国特色,与大众文化、精英文化都有所不同,它代表着国家或

者政府的声音与利益，意识形态导向鲜明而强烈，在文化中占据主导地位。而且这种主导文化能通过体制性的渠道有力地控制传媒体制，并且制约各种传媒资源。笔者认为，对中国当代这几种主要的文化形态作出分析，并不能完全对应于威廉斯所描述的三种文化形态，但值得我们注意和同样适用的分析则在于他所揭示的不同文化之间的相互联系又相互抵牾的关系。

在中国当代传媒场域中，大众文化、精英文化和主导文化三者关系非常复杂，它们生产产品、传播并接收各式各样的文本，局部或整体地影响着当下中国社会文化的形态与面貌。一方面，这三种各具特色的文化形态分别在整体文化空间中占据了不同的场域位置，拥有不同的生产资源和生产与消费主体。大众文化通过产业形态与市场交换，为大众提供广泛的娱乐和有快感的文化消费产品；精英文化隐藏在知识阶层间，有其特定的小范围消费群体，但这种文化形态注重反思和批判的特征使我们不能忽视它的存在和力量。而主导文化地位权威、身份优越，因官方文化体制的赋予，它拥有一定的行政权力和巨大的资源。从另一方面来讲，虽然这三种文化各有其特征，但它们并不是独立运作互不关联，而是在当代传媒文化场域中处于相互作用的形态中。从前一个方面看，三种文化各有其场域，这就形成了中国当代传媒文化场域的三个次场。如果用布尔迪厄的权力与文化的关系理论来分析，显然，主导文化形成了某种权力场，而大众文化和精英文化依次关联着这个权力场。即是说，主导文化除了有自己的次场之外，还不可避免地以种种方式作用于大众文化和精英文化。因此，不同形态的文化力量彼此互动而形成"整体"的合力，从而使中国当代传媒场域中的三种文化在拥有各自基本特质的同时又不断地相互影响和侵蚀。

比如，大众文化利用主导文化的体制、资源与空间来扩大自己的商业利益，大力推广运作领域；反之，主导文化也日益渗入到大众文化中，正娴熟地使用着大众文化娱乐化的方式来发挥作用，一改传统的说教与宣传方式。当下中国传媒文化最值得分析的关系形态便是这两种文化的结盟和互惠。而精英文化坚持自己的特性，从本性上与这两种文化保持距离。但精英文化由于大众文化的商业压力与主导文化的政治权力的挤压，也在悄悄地消解自己与这两种文化之间的距离，也就是越来越多的知识精英正逐渐进入大众文化传媒场域或者主导文化体制，借助它们的巨大影响力来获取货币资本与文化资本。

从传媒结构的构成层面来讲，90 年代以来最重要的变化是中国大众传媒从过去单一的、一元的层级结构转向"核心—多中心"结构。所谓"核心"是指那些承担着非常重要的政治指导和意识形态建构功能的核心媒体，例如中央级的重要媒体《人民日报》、《光明日报》、《经济日报》等报刊，新华社、中央电视台、中央人民广播电台等机构；而"多中心"则是指由媒介生产和传播的区域化、专业化、去政治化而形成的多元功能显现。如在 1990 年代，"中国报纸的结构已经完成了单一机关报结构到兼有经济、文化、科学、生活等多方位、多层次的结构转变。今后报纸发展的趋势，是以各级党政机关报为主逐步完善其他方面和层次的报纸，以满足社会各方面的需要。"① 而到了 1999 年，由于第二次传媒结构调整，以"广州日报报业集团"为开端的数十家地方报业集团相继成立、地方无线和有线电视台合并成立的广播电视集团的成立，都使媒介生产"多中心"的结构性特征更为明显。

通过研究我们也可以发现，90 年代以来中国形成的媒介文化生产

---

① 中国年鉴编辑部：《中国年鉴 1991》，中国年鉴社 1991 年版，第 396 页。

的"多中心"结构有其形成的充分的必然性与合理性。之所以这么说主要是因为，在中国改革开放以来进行的整体性现代化的复杂转型中，媒介在整体的动力系统中承担着非常重要的功能，无论是经济现代化、信息传播现代化，还是观念思路的现代化，都与媒介有着密切的关联。传媒生产结构的"多中心"恰恰适应着现代化进程的需求，体现着现代传播更多、更大的功能。

三、媒介文化生产的理念更新与话语方式变革

20 世纪 50—80 年代，利用传媒进行社会控制是中国媒介文化生产理念的主要目标，而改革开放所启动的现代化进程改变了这一目标，"经济建设"成为整个社会的关键词。新的文化生产理念和马列主义文化生产所贯彻的理念有所不同，前者着眼于市场利益考量，后者重视"新闻"这种意识形态的政治功能。

可以说在 20 世纪 80 年代，"市场"就已经具备其存在的合法性，我国的经济形态也被定性为"有计划的商品经济"，但直到 1992 年初邓小平南方谈话发表、中共十四大召开，对市场的合法性认知才真正得以确立。因此，1992 年也被视为是中国第二次改革大潮的新起点，是中国社会又一次全面而深刻的思想解放。

市场理念对大众媒介而言，从两个方面表现出它的影响：其一，媒介文化市场之所以能够扩大再生产，其动力直接源于媒介产品的直接消费者；其二，这些媒介产品的直接消费者又作为"产品"，成为广告主争夺的对象，而这些将受众打包售卖的传媒机构获得了可供自身发展的巨额资金。90 年代的中国传媒开始承担除原有单一的政治教化功能之外的其他功能，信息传播、经济服务、文化传承、娱乐大众等功能逐渐实现，传媒亦具备了"经济实体"的崭新身份而不再仅仅是

意识形态国家机器。因为市场需要不断经营拓展才能有所斩获；传媒不仅维护政治和社会稳定同时还是市场和经济发展的催化剂，因为只有市场繁荣才能保障参与市场运营的各个环节的利益。

新的市场理念确立的另一种结果，是媒介话语方式的转变。在后现代思想家的观察中，话语具有非常宽泛的界定，几乎所有被书写的文本、被言说的内容与交谈都可以被视为话语，这种视角更重要的是要说明，话语不但能反映现实更能对现实起到建构的作用。这种话语的宽泛范畴与功能也启发我们可以从新的视角谈论媒介话语。尤其值得关注的，20 世纪 80 年代之后的中国在政治、经济、社会和文化领域都不断转型，媒介作为意识形态国家机器也因此在话语方式和话语生产形式上发生了改变，进入 90 年代后这种特点体现得更为明显。

放弃传媒话语的泛政治化及由此形成的单一现实建构，成为媒介话语方式改变中最突出的表现。"传统的'政治'话语权力影响淡化出日常生活领域，重构了传媒内部和外部的话语关系。"[①] 其中，传媒内部话语方式的改变在包括经济、政治、军事、科学与文化娱乐等传媒内容的调整和重构上体现出来，而外部的话语方式改变则主要体现在传媒与大众之间、传媒机构之间所建立起的多种新的沟通方式以及新的对话姿态。当然，在中国特定的发展路径规范下，传媒并没有放弃意识形态的原则，而且在某种程度上不断强化它的权威与主导性；在这个前提下，传媒主张让传播内容更加丰富、传播形式更为多样，让传媒更具有服务性、亲和力和指导性，从而在传媒话语方式上更有人情味、更贴近受众、更能体现人本主义立场。从另一角度分析，传媒话语方式也因消费主义观念的极大影响而整体倾向于消费与都市文化，

---

① 刘文谨：《一个话语的寓言——市场逻辑与90年代中国大众传媒话语空间的构造》，《新闻与传播研究》1999 年第 2 期。

这典型地体现在青春偶像剧、都市言情剧、综艺节目、警匪剧、广告等文化生产层面，甚至体现在各种媒介传播所呈现与暗示的现代生活方式上。

话语方式的另一个重要改变是：政治话语与娱乐话语的区分。90年代以后流行全国的电视娱乐类节目、各类游戏等，甚至在为人们创造另一个与现实生活有更大分离的虚拟时空，造成"话语"与"现实"之间更大的区隔。当代传媒在功能与结构上的区分就相应地形成了话语生产的两种不同方式：按照内容分析方法进行观察，政治话语与娱乐话语有各自的功能指向与规则。政治话语的传播规范与内容规范都极其严格，表述方式固定而且有其特有的修辞手法，尽管它的信息生产量相对较小，但是集中权威且具有非常明确的价值导向。娱乐性话语在政治话语之外成为活跃的存在形式并体现出强烈的竞争性和高度的市场化特征。娱乐节目或栏目在各级电视台、广播电台、各类报纸尤其是各种小报及地方晚报上成为主流，其数量之多已经成为当下传媒文化生产的事实上的主要构成，其中也体现了娱乐话语在观念、价值观和意识形态层面极强的包容性和极大的社会需求。

四、媒介文化生产的产业性特征

现代传媒作为一个完整的组织机构，有机地组合其内部各个系统；同时，各个单独的大众媒介机构又组织在一起形成一个更为庞大的传播网络。这是人类传播史上的革命性变革，因为传统的人与人、人与群体之间直接的传播方式彻底改变了，在人与人、人与群体之间多了一个机构性存在，即高度组织化了的大众传播机构。这个机构的信息生产方式极大地影响着人们的信息接收方式。被法兰克福学派称之为"文化工业"的大众文化生产也被纳入产业化、工业化的生产模式中，第一次和其他物质生产一样成为一种产业、一种工业，这无疑是文化生产层面最重要的改变之一。同时，"文化产业"这个概念也在 90 年代的中国获得了它的合法性地位，而这个概念背后暗示的，并不仅仅是对一种新型文化生产模式的概括，更是对现代文化生产特性的揭示。

首先，媒介文化生产的产业性特征表现为媒介文化生产的组织性（规范性）。大众文化的传播媒介是组织化了的大众传媒，这就意味着文化生产不可避免地接受组织规范的约束和控制，而媒介文化创造也因此成为组织程序和群体动作制造下的某种结果，而不能如传统文化艺术品那样率直表露个人的性情表达。组织化的媒介文化生产对文化而言意味着什么，可能会产生不同的认识，一方面，组织化的运作方式会窒息文化创造中最有生命力、最有创新意味的因素；另一方面则以为借助传媒强大的传播效应能将原本影响有限的文化意义波及四面八方，这应该看作是创作者个性的进一步张扬，是文化效用体现的有力保障。

第二，标准化。媒介文化生产作为典型的机械复制时代的文化形态，其最直接的后果便是文化产品标准化。标准化生产具体体现在生产要素标准化、生产流程标准化和最终产品标准化等不同层面，而生产要素和生产流程的标准化也直接导致了产品标准化或同质化的必然结果。比如影视剧中不同类型的产品，在构成要素上必然有共同的要求。将类似的生产要素按照既定的流水线般的模式和流程生产出来，所有的产品看似各不相同但本质上却是一致的。

标准化的文化生产能够保证对市场上某种需求的精准定位，能够一如既往的保障"品质"并符合大众的心理期待，比如在偶像剧中人们一定会看到"俊男靓女＋爱情纠葛"，在动作片中一定会享受到"惊

险刺激 + 视觉享受"等等。因此那些大众文化产品看似千奇百怪但实则千篇一律，但制作者如果打破这种固有的模式，注定会引起大众的不满甚至误解。制作者们非常害怕创新，因为创新似乎总是与风险联系在一起，但迫于压力又总是在形式新颖上下足功夫。因此我们总能看到为什么一种媒介产品在市场上获得好评之后总会有无数面貌相似的产品冒出来。中国的都市类报纸、民生新闻报道、娱乐节目等等都是非常典型的标准化生产下同质化产品的代表。由此可见，标准化的文化生产抑制人们的想象力，使人们甘于平庸保守的生活，也抹杀了文化的创新精神，使文化维持现状，这种负面效应对人类社会的生机活力有极强的摧毁力。

第三，机械复制性。传播大众化之所以能成为现实，主要是因为文本能够大批量地复制生产，这同样反映在大众文化中。大众文化又被称为"文化工业"，其原因就是大众文化制造文化产品时采用了工业化的生产方式，即机械复制。市场经济下的大众传媒，传媒产品复制数量成为衡量大众传媒质量的重要参数，正如当下各级电视台收视率、各类广播收听率和各种报纸发行量之间的争夺战愈来愈烈，这些指标影响和左右着大众传媒的发展方向与制作原则。大众文化生产方式的机械复制性作为大众文化的重要特征之一，对文化的影响和作用恐怕非常复杂。在报界，向来有量报与质报之分。量报形式多样、内容通俗，拥有庞大数量的读者，与此相反，内容博雅、中规中矩质报却少有人问津。虽不能说精品只会有少数人懂得欣赏，但越多人接触的文化产品不一定就是好的东西。所以机械复制对于文化而言也有两面性，它能将文化制品最大限度地传播给广大受众，这恐怕是带给文化最大的好处；但它同样对文化造成了伤害，即损害了对文化极其重要的天性、创造力、神秘观念与永恒价值，从而让艺术作品的独特与永久的特性不复存在。

上述大众文化作为"文化产业"的基本特征主要集中在生产层面，即大众文化产品在制作过程中的程序及价值取向，最基本的特点是商品化，其他种种特征均由此派生，所谓"文化工业"的核心含义，就是将文化制品当作商品来生产，因此可以用上工业生产的操作理念和程序方法。而更重要的是，"文化产业化"将资本逻辑渗透到文化领域对于文化有重大意义。资本逻辑，即以追求最大经济效益为目的的功利性原则不仅渗透至文化领域，而且成为文化生产的首要逻辑，这对于文化的影响是极为深远的。大众文化遵从资本逻辑，这仅从大众传媒的特性就能发现其必然性。

这些分析只是简要说明了20世纪90年代媒介文化生产层面发生的巨大转变，这种转变成为之后中国文化发展与文化形态确定的决定性因素。因此，对中国20世纪90年代以来的媒介文化生产进行全面关注，并将研究的重点放在文化生产的系统性改变之上，是当代中国媒介文化研究的应有课题，更是我们进行理论探索的创新尝试。

第三章　1990年代以来媒介文化生产的阶段性演进

要深刻理解当代中国媒介文化生产的内在逻辑嬗变，对转变的过程及其阶段的梳理必不可少。而恰恰应该对过程与阶段的梳理过程中，展示其嬗变的内在与外在的影响性因素和不同的价值取向。

第一节　前奏: 80年代审美主义偏好下的媒介文化生产

提起80年代，人们总会在头脑中浮现许多关于它的标签：热情、变革、启蒙、理性、人道主义等等，这些标签之所以能够镌刻在回忆里成为时代的特征，和社会的整体追求息息相关。这个时代的媒介生产自然也不可避免地打上了这些标签的精神气质。

一、文学生产的媒介化过渡

1. 期刊化的80年代文学

20世纪80年代，在特定的社会经济条件与发展状况的影响下，在大众媒介中占据主导和核心地位的是印刷媒介，比如报纸、书籍、期刊等。在文学生产领域，文学期刊的发展与繁荣成为最引人注目的文化生产现象，文学类期刊不仅种类繁多而且发行量惊人，文艺类期刊总数约占全国期刊总数的1/8，印数占全国期刊总印数的1/5，均居期刊行业之首。① 有学者称"文学期刊是 1980 年代突出的文化景观"。②

中国当代文学创作在"文革"之后的"新时期"迅速进入到一个整体复苏的新阶段，其重要标志就是大量文学期刊在短时间内集中复刊和创刊。我们可以通过一组数据对比，看到这种复苏状态中的繁荣景象：根据《文艺报》的数据统计，1957 年全国文学艺术刊物有 83 种，每月发行 340 万册；而到了 80 年代中期，各类文学期刊的种类已经达到 556 种，发行总数接近 2.5 亿册。更为惊人的数据在于，几乎每一种文学期刊的发行量都大到令人感叹：中央级的文学期刊不用说，《人民文学》当时的发行量是 150 万份，《收获》120 万份，《当代》55 万份，甚至连一些地市级的文学期刊如青海省的《青海潮》、云南省的《个旧文艺》等的发行量都可以达到 30 多万份。③《个旧文艺》的主编李汉柱 1982 年接受《当代文艺思潮》的书面访谈时写道："（1979 年）我们的复刊号才发行 1.5 万多册，主要在西南涉足；到了 1980 年发行 27 万多册，已经闯遍全国；1981 年又跨出一步，发行了 31 万多册，增长了 16.4%，还有少量已经漂洋过海。同时在经济上也发生了大的变化。"④ 当年的一份地市级期刊都能有如此惊人的发行量，那些省级、中央级的文学期刊的影响力与兴盛状态可想而知。目前我国绝大多数文学期刊发行量甚至都不足 1 万册，并被极度边缘化，成为一个极其小众的文化产品，就连在纯文学期刊中最具盛名的《收获》杂志近年来发行量最高时也不过 13 万册，仅仅是它在 80 年代发行量的十分之一而已。

对于 80 年代的文学而言，文学期刊是具有非常强大影响力的传播载体，这种载体在它发挥传播作用的同时定义着文学的新形态与新功

---

① 高江波：《期刊求索录》，北京师范大学出版社 1998 年版，第 134 页。
② 陈祖君：《论作为文化传播媒介的 1980 年代文学期刊》，《文艺理论与批评》2006 年第 5 期。
③ 邵燕君：《倾斜的文学场：当代文学生产机制的市场化转型》，江苏人民出版社 2003 年版，第 27 页。
④ 《李汉柱访谈》，《当代文艺思潮》1982 年第 5 期。

能，为文学生产压印上鲜明的"渠道烙印"，这种渠道烙印大致可以分为两个基本的方面：一是传媒的物质技术属性，如广播、电视、报纸、杂志作为不同类型的传播渠道在传播咨询时所打上的各自的物质技术烙印，并由此产生的对于人们认知、社会判断和社会行为的影响；二是传媒的社会能动属性，如传媒通过其对资讯的选择、处理、解读及整合分析等等在传播资讯时所打上的各自的社会能动性的烙印，并由此产生的对于人民认知、社会判断和社会行为的影响。①

首先，文学期刊为 80 年代文学生产开辟了一种体现时代性特征的新阵地。

文学在 80 年代被认为是"时代的晴雨表"，更重要的是，人们想要通过文学生产体现新的精神面貌，所以，文学成为"新时期"人们最为看重的情感表达形式。"人们相信崇高的理想、纯真的道德和严正的价值，相信人应该服务于时代和更广大的群体，相信这一切都可以在文学中实现"，②那么，作为体现时代精神的核心阵地的文学期刊"只有同我们的时代、我们的生活、我们的人民紧密地联系在一起的时候，只有当他们能够尽可能深刻地反映了广大人民的思想、感情和心灵，有力地表达了它们的理想和呼声的时候，只有竭尽全力来提高创造的艺术质量的时候，它们才可以说是真正完成了自己的使命③。"因此，各类文学期刊中的一些敏感话题、一些"文革"时不敢不能触碰的话题都在文学作品中出现了，比如《伤痕》、《班主任》、《春之声》、《李顺大造屋》、《高山下的花环》、《回答》、《致橡树》等等。这些新鲜的作品和话题激发了人们对细腻情感的追求和表达，人们希望通过与文学

---

① 王岳川：《媒介哲学》，河南大学出版社 2004 年版，第 42 页。
② 陈祖君：《论作为文化传播媒介的 1980 年代文学期刊》，《文艺理论与批评》2006 年第 5 期。
③ 冯牧：《新的年代赋予我们的庄严使命——对文学期刊的一点希望》，《北京文学》1981 年第 1 期。

作品中的人物对话的方式回归自己的内心，去抚慰在"文革"期间备受摧残的灵魂。正是这种种原因，文学期刊的发行量逐年攀升，读者追逐跟随之心深切，探讨与实验更加主动。所以，文学期刊也在刊发文学作品的同时与文学思潮的讨论与引导密切相关：伤痕文学、反思文学、寻根文学、改革文学、先锋文学、朦胧诗、第三代诗等等文学创作潮流，它的孕育和生长都与文学期刊不可分割。

其次，80 年代的文学期刊也促使一些文体比如中短篇小说尤其是中篇小说的重大发展。

很多优秀的中篇小说比如《人到中年》、《人生》、《天云山传奇》、《绿化树》等等，这些在文学史上占重要位置的作品都经由文学期刊的传播而影响整个文化构成。中篇小说也最适宜期刊刊登——既有足够的容纳量和表现力又不会受到期刊版面的限制。

最后，文学生产期刊化的传播样态也在很大程度上改变着文学生产的整个环境，这也是最重要的文化生态的改观。

从传播的角度来看，文学生产的期刊化使文学在生产、传播和消费等诸多方面都与之前产生巨大变化，同时，由于不同的文学期刊定位和个性追求，文学生产与消费也不断分流并初步形成主流文学、精英文学和通俗文学分化的局面。比如《人民文学》、《十月》、《当代》等期刊选择主流阵营，《收获》、《钟山》、《上海文学》等则追求精英先锋的风格定位，而《故事会》、《古今传奇》等期刊则另辟蹊径走通俗路线，并在 80 年代后期达到 100 多万的发行量，其影响力不可小觑，也充分说明了通俗文化的市场潜力。

80 年代文学生产的期刊化的过程还具有更深刻的文化形态构形意义。

文学期刊作为一种媒介，对文学生产和传播产生定义性作用，同时这种新的定义又在更广泛地流布于文化的整体形态。可以说，文学在 80 年代中国文化中居于中心地位，并一直聚集着社会各界的关注、成为文化中最引人瞩目的领域，所以也有人说 80 年代的文化是文学化了的文化。因此，文学生产方式的改变就在很大程度上改变着整个文化。文学期刊的分层与文化形态的分化互为因果；文学期刊传播在体制性力量的控制之外还拥有相当的自主空间，这直接促成社会各种思想交流的可能性。这种平台的作用和公共空间的构建也为 80 年代后期之后文化形态的转型和多元化培育了契机。

2. 文学生产的"去政治化"实践

80 年代文学的"去政治化"实践，跟主流意识形态对文学功能的重新"质询"有直接的关系。邓小平在 1979 年 10 月 30 日在"中国文学艺术工作者第四次代表大会"上强调："只要能够使人们得到教育和启发，得到娱乐和美的享受，都应当在我们的文艺园地里占有自己的位置。……党对文艺工作的领导，不是发号施令，不是要求文学艺术从属于临时的、具体的、直接的政治任务，而是根据文学艺术的特征和发展规律，帮助文艺工作者获得条件来不断繁荣文学艺术事业，提高文学艺术水平，创作出无愧于我们伟大人民、伟大时代的优秀的文学艺术作品和表演艺术成果。……在文艺创作、文艺批评领域的行政命令必须废止。如果把这类东西看作是坚持党的领导，其结果，只能走向事情的反面。要坚持辩证唯物主义的思想路线，从三十年来文艺发展的历史中，分析正反两方面的经验，摆脱各种条条框框的束缚，根据我国历史新时期的特点，研究新情况，解决新问题。……文艺这种复杂的精神劳动，非常需要文艺家发挥个人的创造精神。写什么和怎样写，只能由文艺家在艺术实践中去探索和逐步求得解决。在这方面，不要横加干涉。"①这段话经常被引用，并且被看作是政治"解放"文艺的标志性表述。贺桂梅也点明了其中意义："我们都能意识到，这段论述是对旧的文艺政策和指导理论多么重要而富有力度的反驳。而历史突破旧的格局，比较简便的方式就是思想革命，通过直接提出新的观念而改变旧的观念，迅速开辟新的道路与方向。"②

在思想解放的强大力量促发下，整个知识分子群体在否定之前政治意识全面统摄文化建设的共识下，迅速建构了一个新的、80 年代的文化空间，"在此空间之内，小说、诗歌、文学研究、电影、建筑艺术、美术、批评等都获得了惊人的发展，较之于 50—70 年代相比，这种发展则是以一种'去政治化'的面目展开的"③。

具体体现在文学领域，文学生产终于超越了 50—70 年代的文学／政治的二元结构，开始重新建构属于自身的"文学性"；同时，对"文学性"的寻找与建构也始终通过"非政治"或"去政治"的方式进行。从这个角度来讲，无论是"伤痕文学"、"反思文学"、"寻根文学"等思潮漫延，还是如"朦胧诗"、"先锋派"等形式革命，文学生产的去政治化意识越来越明显。与文学生产的去政治化意识相呼应的是，文学批评和理论研究层面也在不断反思"政治第一、艺术第二"的变异状态，开始努力为文学自身的合法性进行辩护与强化：反对"阶级斗争工具论"意义上的文学价值；提倡"让文学回到文学自身"的独立内涵。

从这个角度来分析，我们就可以理解 80 年代文艺理论在对西方文

---

① 邓小平：《在中国文学艺术工作者第四次代表大会上的祝辞》，《中国新文艺大系1976—1982理论一集》（上卷），中国文联出版公司 1988 年版，第 4 页。

② 贺桂梅：《"新启蒙"知识档案——80 年代中国文化研究》，北京大学出版社 2010 年版，第 35 页。

③ 查建英：《八十年代访谈录》，三联书店 2006 年版，第 14 页。

论吸纳过程中的偏向性问题——特别强调对文学"形式"层面的研究。概括来说，20世纪西方文学理论主要有三条研究途径："一条是形式主义、结构主义到后结构主义，一条是现象学、诠释学到接受美学，一条是精神分析理论"，[①] 但很明显的是 80 年代知识界在对西方文学理论进行整体学习和吸纳的过程中，形式主义的研究思路成为影响力最大、关注度最高的一支。相对于其他两种理论思路，形式主义的倾向性选择也在事实上导致文化研究的"语言学转向"；同时，这种理论思路的选择具有更深远的暗示，即"如果人们能够承认文学作品如同人一样是一个自我生成的自足体的话，那么我可以直截了当地说，这种生成在其本质上是文学语言的生成……文学的这种语言形式的本质性，不是他的实体性，而是一个生成的过程性，即文学语言及其形式结构的创造过程"。[②] 正是沿着这种思路，文学在 80 年代的理论建构中重新定义了自身的本质规定性——审美形式，当文学新的本质被定义的同时，曾经的"文学 / 政治"的意义结构便彻底被瓦解了。

与政治主题抗衡带来的直接结果，是对情感主题和人文精神的释放。

所以，80 年代文学在整体上进行的是一种人文反思，其理论探索和艺术追求围绕着"人性"、"人道主义"、"主体性"等问题展开。"所有这些问题都指向'人'的解放这一伟大的现代性工程，这些问题不仅是理论反思的对象，而且也是文学艺术表现的主题"。[③] 当文学或艺术从高压政治中解放出来时，所产生的冲动就是恢复文化更符合"人性"的面目。如陈晓明所说的，那些"去政治化"后才得以呈现的文化

---

① [英]特雷·伊格尔顿：《二十世纪西方文学理论·译后记》，伍晓明，北京大学出版社 2007 年版，第 305 页。
② 李劼：《试论文学形式的本体意味——文学语言学初探》，《上海文学》1987 年第 3 期。
③ 陈军科：《从人性复归到人文精神：当代中国思想解放的历史进程》，《理论前沿》2002 年第 22 期。

新形态"以自己特有的方式参与到对革命文化高度的政治化、公式化、群体化、表演化的反叛进程，支配了大陆思想领域的解放运动，满足了从文化废墟上缓缓站起来的人的精神饥渴：这些曾经被诅咒为资产阶级的靡靡之音，在改革开放的最初岁月里，却成为寻求个人情感慰藉的理想方式。……80 年代初的大众文化洋溢着解放的激情和温馨的浪漫，它有着朦胧诗般的美感。"[①]

3. 文学与影视的对话

80 年代另外一个鲜明的文化印记便是影视剧的传播与流行，尤其是电影，在文学助力之下焕发出耀眼的光芒，并以"第五代"导演集体亮相的方式宣告电影新时代的到来。

80 年代中国电影的崛起进程中，"第五代"导演是最引人注目的主角。"第五代"导演以陈凯歌、张艺谋、黄建新、吴子牛、李少红、周晓文等人为核心代表，他们都是"文革"后电影学院的首届毕业生，1984 年张军钊导演的电影《一个和八个》开启了它的序幕。在"第五代"导演们携带自己作品取得新的成就、获得公众赞赏和关注的过程里，有一个非常明显的现象值得思考，那就是"第五代"导演普遍愿意从文学作品中寻找故事和灵感。

在文学生产层面，1985 年被认为是中国当代文学发展的转折时期，体现着更多元化思潮和更具反思性、批判性意义的文学作品（尤其是中篇小说）涌现出来，比如"新现代小说"、"新写实主义"、"寻根文学"等等，这些文学作品关注当下人们深层的价值迷失和精神状况、追寻民族的文化根源，为"第五代"导演提供了丰富的文化供给和充分的改编空间。文学的积累为电影的崛起提供了前置的储备。于是，80 年代

---

① 陈晓明：《填平鸿沟，划清界限："精英"与"大众"殊途同归的当代潮流》，《文艺研究》1994 年第 1 期。

末，"第五代"导演们便携自己从文学作品改编而来的作品亮相了：《一个和八个》、《黄土地》、《孩子王》、《霸王别姬》、《红高粱》、《菊豆》、《大红灯笼高高挂》、《秋菊打官司》、《黑炮事件》、《脸对脸、背靠背》、《站直喽，别趴下》、《轮回》、《大磨房》、《二嬷》等等，这些耳熟能详的作品不仅取得了极大的艺术突破，也为中国电影赢得了各种赞誉和认可，获得了包括戛纳、柏林、威尼斯电影节在内的世界所有 A 级电影节的褒奖。

"第五代"导演们的这些优秀作品几乎都改编自文学作品：《一个和八个》来自郭小川的同名叙事诗；《黄土地》改编自柯蓝的散文《深谷回音》；其他绝大多数影片则改编自小说。"第五代"导演不约而同地选择文学的行为甚至成为他们艺术创作的标识之一。张艺谋也屡次在访谈时谈到："我首先要感谢文学家们，感谢他们写出了那么多风格各异、内涵深刻的好作品。我一向认为中国电影离不开文学……我们谈到第五代电影的取材和走向，实际上应是文学作品给了我们第一步，我们可以就着文学的母体看他们的走向、他们的发展、他们将来的变化。中国有好电影，首先要感谢作家们的好小说为电影提供了再创造的可能性。如果要拿掉这些小说，中国电影的大部分都不会存在……就我个人而言，我离不开小说。"[1] 这些表达既可以看作是张艺谋本人的创作体会，也可以说是"第五代"导演普遍选择的某种总结。

我们可以把这种现象看作是电影与文学的对话。"第五代"导演虽然借鉴文学作品，但绝不是对文学作品的简单模仿，无论在艺术手段还是创造性方面，我们都能看到电影的独立特性。文学在 80 年代的电影中起到的是灵魂的角色。

---

① 柴静：《面对面：印象·张艺谋》，http://news.cntv.cn/society/20101024/102457.shtml，2010-10-24。

电影很早就和文学结缘，所以"第五代"导演的文学情结也容易理解。与历史古老的艺术形式——文学、戏剧、音乐、绘画等比起来，电影非常年轻，所以电影从一开始就自然而然地选择从其他已经成熟的艺术形式中学习和成长，并最终形成自身独立的艺术特质。中国"第五代"导演在开始他们的电影事业之初，就面对世界现代电影的成熟样态，因此，他们创造的大量电影作品虽然与文学密切相连，但却绝不是文学文本的翻版。另一方面，从艺术本性来讲，无论哪种艺术形式，都是对人及世界的探索与表现，文学和电影都要去表现。如果我们从这个角度来理解 80 年代电影与文学的对话，就不难发现，正是80 年代尤其是后期深刻而丰富的文学表现力在吸引着电影人。文学作品中对人性和世界复杂性的探寻、对传统文化的反思、对人的精神世界的触摸，都是艺术价值的终极体现。尤其是在现代主义思潮影响下，80 年代作家在透视人类生存状态和认识复杂人性上达到了更高的层次。相同构成的终极价值追求成为电影和文学对话的基础，因此，电影人在开始他们的艺术探索的时候，文学的强大的表现力成为启发他们的源泉。正如张艺谋在谈到《红高粱》创作动机时说："朋友把莫言的小说《红高粱》推荐给我，我一口气读完，深深地为它的生命冲动感所震撼。那无边无际的红高粱的勃然生机，那高粱地里如火如荼的爱情，都强烈地吸引着我。"[①] 导演从文学作品中看人性的力与美，看到无比张扬的生命意识，这正是导演想去表现的，当然，要换成电影语言来表达。

80 年代前期也有些值得关注的现实主义题材影片，比如《人到中年》、《血，总是热的》、《人生》等，也都改编自文学作品。尤其是《人生》，体现了文学文本中本就表现出来的细腻人性与矛盾挣扎——城市

---

① 柴静：《面对面：印象·张艺谋》，http://news.cntv.cn/society/20101024/102457.shtml，2010-10-24。

与乡村、现代与传统、自我追求与伦理纠葛……体现出深刻的历史深度与文化思考，同时，这种思考的灵魂也来自文学。

80年代末期，随着通俗文学生产的面貌转换，都市类影片初成规模。1988年被称为"王朔年"，很多部改编自王朔小说的反映都市生活情态的影片集中上映：黄建新导演的《轮回》（西安电影制品厂）、米家山导演的《顽主》（峨眉电影制片厂）、叶大鹰导演的《大喘气》（西安电影制片厂）、夏刚导演的《一半是火焰一半是海水》（北京电影制片厂）等，这些电影的出现同文学生产的不断分化一样，标志着都市文化的登场、暗合着文化转变的步伐。

80年代文化生活的另外一个重要转变就是"看电视"，尤其是"看电视剧"逐渐成为中国人日常生活的一部分。

郭镇之在《中国电视史》中把中国电视剧的发展分为以下三期：第一，1958年至1966年的童年期；第二，1978年至1982年的发展之路，电视剧的特点和性质逐步为人们所认识，并越来越自觉地利用，电视作为重要娱乐媒介的地位已经确立；第三，1983年至今的成熟期。1983年"四级办电视"扩大了电视市场，1983年后，电视剧继续增加数量、提高质量，各类电视剧呈现繁荣局面，90年代后电视剧开始走向市场，通俗剧开始兴起。[①]

对于20世纪80年代的中国民众而言，电视机逐渐由奢侈品向大众家庭日常消费品过渡，电视剧也是新文化产品的代表之一。调查显示：1975年我国电视观众人数仅为0.18亿，1978年为0.80亿，1980年为2.1亿，1987年为5.9亿。[②] 这组数据显示出，真正意义上的电视收视人群是在80年代以后尤其是中后期才得以培养和形成。

---

① 郭镇之：《中国电视史》，文化艺术出版社1997年版。
② 王兰柱：《广电产业化进程中的节目形态演变》，中国传媒大学出版社2007年版，第25页表1-4。

　　1983 年 3 月，中国第十一届广播电视会议召开，"电视作为一个独立的媒体应该就是从这次会议开始的，因为前十次的类似会议的会标上还没有'电视'二字"[①]。也就是在这次会议上，管理部门提出了"四级办电视"的政策，各地电视台在一年的时间里从原来的 52 家迅速增至 93 家。[②] 也是在这一年，《话说长江》《九州方圆》《一年又一年》等让人耳目一新的电视节目引起公众强烈反响。更值得人们回忆的是，电视剧的收视风暴首次形成且持续不断：《射雕英雄传》《霍元甲》《排球女将》《阿信》等电视连续剧在全国引发轰动，至今那些 60 后、70 后们还在怀念他们小时候追逐这些电视剧时的热情和狂热。还有更大的收视风暴，是于 1983 年首次亮相的"央视春节文艺联欢晚会"，观看这个节目甚至成为中国民众过年时最重要的"年俗"了。

　　从 1983 年中国电视开始普及，整个 80 年代后期电视媒体对中国老百姓生活的参与度越来越强。中国经典文学名著也纷纷搬上荧屏，电视剧《红楼梦》《西游记》至今还被不断播放，影响着几代人。

二、80 年代媒介文化生产的审美主义偏好

　　细察 80 年代媒介文化生产有一个鲜明的特点，那就是在文化生产中渗透的审美主义的价值偏好。产生这种价值选择的根本原因在于："文革"之后的"新时期"，中国整体的精神生产几乎普遍地笼罩在现代化的"新启蒙"思潮之下，无论秉承什么样知识结构和背景的知识分子，都在现代化范式下形成高度共识。因此，文化生产更注重挣脱于"旧时代"、"旧传统"的解放价值和超越性意义；另一方面，80 年代文化生产的主体是知识分子，他们在思想解放和去政治化的文化实践中努力争取并最终掌握了文化建设的话语权。这同 90 年代以后的文

---

① 孙玉胜：《十年：从改变电视的语态开始》，三联书店 2003 年版，第 2 页。
② 方汉奇编：《中国新闻事业史》第 3 卷，中国人民大学出版社 1999 年版，第 576 页。

化生产逻辑完全不同。

1. 以知识分子为主体的 80 年代文化生产

80 年代知识群体的文化实践在社会中成功引起一个个文化热潮，显示出知识分子群体对文化生产及其整体面貌的主导性控制。

最典型的是当时出现的三个知识群体与三种文化建设：文化热潮中最活跃的三个知识群体成为文化思潮导向的主要力量，包括以金观涛、刘青峰、包遵信等为代表的"走向未来"丛书编委会；以甘阳、苏国勋、赵越胜、周国平等为代表的"文化：中国与世界"编委会；以汤一介、乐黛云、李泽厚、庞朴等为代表的"中国文化书院"。

这三个知识群体纷纷以编译出版书籍、举办文化活动的方式结成特定的文化群体，并在群体内部形成较为相似的研究思路和知识取向。比如"走向未来"丛书的科学主义、"文化：中国与世界"的人文关怀和"中国文化书院"对传统文化的梳理和认同。但值得指出的是，尽管这三个知识群体各自有其知识取向和研究兴趣，却又拥有一个共同的特征——强调知识场域的自主性。甘阳称这些编委会为"民间学术团体"[①]，就是在强调他们的非体制色彩。同时，三个编委会都有效地利用了文化传媒进行知识推广，"走向未来"丛书与四川人民出版社的合作、"现代西方学术文库"与三联书店的合作，既使知识得到传播，也使出版社赢得声誉。出版社的鼎力推出也一次次引发社会的读书热潮，比如金观涛、刘青峰的《在历史的表象背后》，流行文化杂志甚至在若干年后把此书评选为 20 世纪最后 20 年"最有影响的 20 本书"，理由是："在人们可以选择的书籍还不算太丰富的 1984 年，四川人民出版社推出的一套旨在推广新知识、推动科学研究发展的丛书《走向未来》

---

① 甘阳：《八十年代文化意识》，上海人民出版社 2006 年版。

引发了新时期以来的第一个大规模的读书热潮。其中的《在历史的表象背后》备受读者青睐。这本探讨中国封建社会长期延续原因的专业书籍，在年轻大学生中几乎人手一册"。① 再比如，"《人论》出版，真的立即就是全国头号畅销书，一年内就印 24 万本啊，而且评上什么上海图书奖"②。还有李泽厚的《美的历程》等等。

这些知识群体中的很多人如甘阳等被称为"85 学人"，他们都是"文革"后恢复并于 1981 年正式施行的研究生学位制度的首批硕士或博士学位获得者，可以说也是他们开始了当代中国学术职业化的回归，也正是他们对当代中国文化生产起到了非常重要的主导性作用。当然，我们也可以将这些知识分子看作是一个共同的群体，即非体制内的"民间学人"，这个 80 年代的知识共同体所怀抱的文化理性是共同的。走向未来、走向世界、走向传统，都是他们在以学术启蒙民众的过程中所选择的不同面向而已，实质旨归是希望从不同的文化取向中获得滋养中国文化前行与进步的力量。

贺桂梅在讨论 80 年代知识分子的文化生产活动时有颇为准确的评价："在讨论 80 年代知识群体的社会活动时需要意识到的是，一方面，这一群体处于整个社会结构的中心位置，为社会变革创造并提供着意识形态合法性表述；与此同时，这一结构位置又只是'功能'意义上的，也就是说，并不存在阶级界限分明的实体性的社会群体，'知识分子'一词涵盖的是文化批判家、官员、大学学者，以及不同阶层和职业的文化活动家们。因此，与其说存在着一个基层意义上的知识分子群体，不如说存在的乃是结构功能意义上的知识分子主体意识。是他们，在

---

① 《新周刊》编辑部：《20 年中国备忘录·20 年来最有影响的 20 本书》，《广州：新周刊》1998 年版，第 22 页。

② 查建英：《八十年代访谈录》，三联书店 2006 年版，第 203 页。

创造着 80 年代的文化表述与历史意识。更关键的是，由于这个特殊的群体所创造的文化表述和历史意识，变成了 80 年代中国的普遍社会意识，与大众社会和国家政权之间形成了紧密且良性的互动关联，因此，这个只是群体的知识生产活动表述的就并不是他们作为一个社会阶层的特定利益，而是一种广泛而普遍的社会共识"。①

这种由知识群体所带动的整个社会对文化与思想的热切追求，与当时的经济状态并非合拍，人们的文化精神追求体现出极大的超越性，也许，正是那激荡的时代才会迸发出超越物质条件的精神需求吧。

2. 知识分子的文化逻辑："新启蒙"意义与"现代化"范式

80 年代文学与文化生产的主体是知识分子，因此，也是知识分子描绘了 80 年代文化面貌。"文革"后的知识群体几乎一致性地选择了"新启蒙"的立场来理解文化生产的社会意义，并在与旧时代划清界限的自我否定、自我突破的过程中集体转换为"现代化"的思维范式，也形成了 80 年代文化生产的审美主义偏好。

在思想文化建设层面，80 年代的知识群体共同构建了一个完全不同于 50—70 年代的文化空间，这个空间的结构和面貌的改变是全面彻底的。

"文革"后的岁月之所以被人们称为"新时期"，并非是一个中性的历史阶段表述，而带有特定历史语境的特殊含义："它将'文革'后开启的一段历史时段视为一个崭新时代的开端，从最初出现在政府工作文件中的时间性指示用语，转换为全社会共享的时段指称，标明的是人们对既往历史告别的普遍诉求与愿望。可以说，这种普遍的愿望和广泛的认同是对之前'文革'时期的社会主义实践的决然的抗拒，

---

① 贺桂梅：《"新启蒙"知识档案——80年代中国文化研究》，北京大学出版社2010年版，第11页。

并以更加决然的心态要走出那灰色而沉闷的 70 年代。"① 所以，新时期的特定内涵是一种回归现代化方向的立场和开启新阶段的决心。正是在这种心态的支配下，80 年代的种种文化实践如"人道主义思潮"、"文化热"、"现代主义文学实践"等等，都带着浓厚的启蒙色彩。

同时，如果我们研究文化生产领域中的话语形态就会发现，无论是文学领域的现代派、先锋派、现代主义诗群，还是第五代电影、美术新潮、现代主义建筑等等，其话语形态迅速更新："新时期"的话语方式在"新 / 旧"或"现代 / 传统"中展开，似乎在继续着"五四"新文化运动中没有完成的更替。这也是 80 年代文化建设被认为具有"新启蒙"意义的重要缘由。

在 80 年代整体文化形态转型过程中，可以发现隐藏的内在逻辑，即"现代化意识形态"或称"现代化迷思"。"现代化"在中国整个 80 年代，构成了一个不言自明的、无需论证的合理性意识构成。

"现代化"的说法最早出现在 50—60 年代周恩来的讲话中，在 1975 年尤其是 1978 年之后，"四个现代化"被设定为中国发展的基本目标。但这只是"现代化"含义的一个层面，即落后国家的经济技术发展政策工业化的经济发展方向。之后，"现代化"逐渐覆盖了"社会制度"和"文明形式"等更为广泛的领域，用来描绘人类社会所有与"现代"相关的经济、政治、文明及其特征。从政府用语到知识界和民众的共同意识，"现代化"成为人们构建新社会新生活的主导认识论，这种用"现代化理论"来考察其他领域问题的思维模式甚至成为一种"现代化范式"。② 同时更具深意的是，现代化范式在中国 80 年代成为普遍的价值标准，似乎并不需要理由也并不需要追问其合理性，人们心存

---

① 贺桂梅：《"新启蒙"知识档案——80 年代中国文化研究》，北京大学出版社 2010 年版，第 13 页。
② ［美］托马斯·库恩：《科学革命的结构》，金吾伦、胡新和译，北京大学出版社 2003 年版。

普遍的判断即"现代的"就是好的:"究其原因,由于'现代化理论'以'人类'的名义来构造第三世界的发展道路,并以19世纪欧洲的启蒙文化作为主要知识来源,因此,当他的有关第三世界国家的发展规划被第三世界国家自身接受为一种普泛性知识时,'现代化理论'就远远超越了它的'美国性',而成为全球性的意识形态。"① 所以,这种强烈地"现代化"渴求心理就顺理成章地成为整个80年代中国的文化逻辑和价值判断。

中国新时期的所有内部与外部问题、经济与文化问题,都被纳入在这样一种"新启蒙理论"和"现代化范式"的解决思路之中,并认为这个思路自然可以解决中国社会不同层面、不同领域的问题,社会变革就此会全面展开。

查建英在《八十年代访谈录》的封底列出了关于80年代与90年代的差别性标识:八十年代文化面貌的关键词是"激情、贫乏、热忱、反叛、浪漫、理性主义……"等,而和九十年代文化面貌相联系的关键词汇则是"现实、利益、金钱、市场、信息、时尚……"等,② 尽管八十年代与九十年代的文化面貌无法用几个关键词进行简单勾绘,但其迥然差异也由此可见一斑。

第二节　拐点:90年代媒介文化生产转型

如上文所示,中国社会在20世纪90年代改写了它的"关键词",那些用来描述90年代社会面貌和文化形态的话语较之80年代有了巨

---

① 贺桂梅:《"新启蒙"知识档案——80年代中国文化研究》,北京大学出版社2010年版,第43页。
② 查建英:《八十年代访谈录》,三联书店2006年版:封底。

大的改变。不同于 80 年代文化生产的超越性审美主义色彩，90 年代的文化生产在商业逻辑的推动下迅速转型：以媒介为主导的大众文化生产与消费取代了知识分子群体的精英化文化生产，成为当代中国文化转型最重要的标识。媒介文化生产力在传播技术、资本力量、创新机制的联合推进下，释放出巨大能量。同时，媒介生产的市场化与全球化特征，又让 90 年代以来的当代中国不可避免地与"媒介社会"、"消费社会"等联系在一起。

一、走进媒介社会：媒介文化生产的社会基础演化

进入 20 世纪 90 年代，媒介文化生产层面的全面转型特征非常明显，在分析转型的内在推动因素的时候，人们总是会把中国社会对市场经济的选择作为最重要的原因。市场在政治机制之外成为国家发展的第二助推力，在调整文化资源分配方面起到重要作用。可以说，中国经济体制的改革既构成媒介文化生产转型的动力，也提供了媒介文化生产转型的社会基础。

改革起步阶段，中央在十一届三中全会的公报中明确指出："现在我国经济管理体制的一个严重缺点是权力过于集中，……必须对经济管理体制和经营管理方法着手认真的改革"；[①] 在 1984 年十二届三中全会中明确指出社会主义经济是"有计划的商品经济"；到了 1992 年，中共十四大正式宣布："我国经济体制改革的目标是建立社会主义市场经济体制"。[②] 经济改革的目标进一步明确，"以经济建设为中心"的经济型社会全面肯定了市场的地位。同时，在发展经济、扩大市场、拉动消费的过程中，科技为之插上翅膀，使经济腾飞的速度更令人震撼。

---

① 中共中央文献研究室编：《三中全会以来重要文献选编（上）》，人民出版社 1982 年版，第 6 页。
② 何龙群：《中国改革开放的历史进程及其基本经验》，《广西民族学院学报（哲学社会科学版）》2001 年第 4 期第 23 卷。

正是在思想解放、改革开放的前提下，社会为媒介文化的新形态准备着良好的经济条件和思想氛围。

改革开放以来的社会转型，涉及社会生活的各个方面，表现为一种整体的、全面的、战略性的发展与变迁，其内涵十分丰富：1. 由农业社会向工业社会演化；2. 由乡村社会向城市社会演化（城市化）；3. 由封闭社会向开放社会演化：4、社会分化程度越来越高；5、由宗教准宗教社会向世俗社会演化（世俗化）。[1] 对于文化生产和消费而言，世俗化具有特别非比寻常的意义。

西方社会的"世俗化"主要"指文艺复兴以来西方文化从宗教传统中逐渐摆脱出来的过程"，[2] 这个过程实际上也是价值观转换的过程。人们终于可以摆脱教会和神学的束缚而追求自身的权利与自由，个人价值和世俗生活的地位得到认可，开启了一种新的生活方式和价值判断。但对于中国社会而言，其世俗化过程伴随着经济领域的改革开放而出现，与西方的世俗化相比，更具有"现实性"色彩，即摒弃了激进革命政治过于理想化的或乌托邦式的行为取向，"基本上是围绕物质生活进行的"[3]。

物质性的准备是必要的，正是在物质和技术的推进下，中国迅速迈进"媒介化社会"：以媒介为主导的大众文化生产与消费在规模和形态上都产生重大改变，媒介产品的影响力也越来越广泛深刻。

首先，从媒介及其产品的数量来看，90 年代后期中国迅速普及了电视媒介的覆盖率。电视被视为电子媒介时代最重要且最有影响力的媒介形式，其产品对文化新形态的形成至关重要。根据 1997 年全国电

---

① 吴忠民：《20 世纪中国社会转型的基本特征分析》，《学海》2003 年第 3 期。
② 朱贻庭：《西方世俗化价值观的反思》，《探索与争鸣》2000 年第 10 期。
③ 宋希仁：《关于世俗化的断想》，《湖南科技大学学报（社会科学版）》2005 年第 8 期（1）。

视观众抽样调查的数据表明：至 1997 年底，报纸、广播、电视已成为影响最大的三种传播媒介，其中电视人口 10.94 亿，电视机拥有量 3.17 亿台，城市居民平均收看 15 套节目，农村观众平均收看 6 套节目。这些数字在不久之后被不断刷新，因为各个省（区）、直辖市的电视节目纷纷"上星"，再加上城市有线台相继开播，能够看到的电视频道多达几十个。到 1997 年 6 月底，中国有线电视网络家庭用户比例达 34.5%，平均收视时间 131 分钟。到了 1999 年，有线网络总长已达 300 多万公里，有线电视用户达 7700 万户，电视人口覆盖率达 91.35%，中央台和 31 个省区、直辖市的广播电视节目全部实现卫星传送。1999 年底，中国基本实现"村村通广播电视"。

与此同时，90 年代的报纸杂志等传统媒介在城市生活中不断扩张。1978 年中国报纸的数量只有 186 种，到了 1989 年这个数字增长了 7 倍以上，达到 1576 种，再到 1999 年，达到 2046 种。[1] 而根据 2000 年 12 月 13 日《光明日报》提供的数据，至 1999 年全国拥有广播电台 296 个，电视台 357 座，电视剧发行 6227 部（集），出版社 530 家，杂志达 8187 种，文学刊物 537 种。[2]

其次，从媒介及其产品的形态来看，90 年代中国的大众媒介及其产品不仅在数量上呈爆发式增长，在产品形态上也日趋多样化、多元化，在主流文化和精英文化之外构成足以与之抗衡的大众文化诸种形态。比如报纸，除了 80 年代末晚报兴盛以来，到了 1992 年下半年，报纸的形态更加多样，周末版、星期刊、增刊等等层出不穷，尤其值得关注的是 1995 年之后迅速发展的报纸新形态"都市报"，这是一个新的报系品质，国外也没有这样一种报纸称呼，这个创造性的名称却成

---

[1] 孙燕君：《报业中国》，中国三峡出版社 2002 年版，第 387 页。
[2] 《中国文化事业发展 20 组数字比较》，《光明日报》2000 年 12 月 13 日。

为每个城市报纸品种中最风光的类型；还有各种针对不同市场定位和消费需求的周报周刊等等。

又如电视，北京电视台自 1993 年 9 月 1 日起连续 24 小时播出节目，这并不是简单的时间上的延长，更是栏目、产品多样化的结果。电视荧屏上更是"百花齐放"，电视剧中的情感剧、伦理剧、历史剧纷纷出产，《渴望》带给全社会强烈情感共鸣的同时也带来深刻的媒介文化消费快感，这种快感甚至在以后的若干年内被重提和怀念；电视新闻节目也不断创新扩张，1993 年被认为是中国电视新闻又一个标志性的改革元年："央视从 1993 年 3 月 1 日开始设立早间新闻，从而实现每天十二次的新闻争夺播出；而 5 月 1 日开播的《东方时空》则被广泛认为是这一轮电视改革的发端。"[1] 如果将这场新闻改革看作实验，在《东方时空》以及后来的《焦点访谈》、《新闻调查》、《实话实说》、《时空连线》等深度栏目背后，实验的恰是新的媒介话语形态、新的媒介运作过程和新的产品生产机制。正是在这些实验推动下，"制片人制"、"主持人制"、"第二用工制度"等新的运作体制显示出对生产力的释放功能，也由于新的电视理念而制作形成众多新鲜的媒介文化产品。

仔细盘点，还有更多的新的媒介文化形态，竞技体育、国产大片、娱乐节目、畅销书籍等等，这些缤纷的面貌在 80 年代是无法想象的。

最后，再从媒介及其产品的消费层面看：媒介化社会中，媒介文化生产是一方面，媒介文化消费的力量更不容忽视，媒介、市场与消费三者缺一不可。中国媒介文化生产告别了 80 年代的精英主导，在市场机制的参与下形成政治与市场的双重制约模式。新的文化生产机制，不仅使媒介文化产品丰富且多样化，更帮助建构了一个生产与消费的庞

---

① 孙玉胜：《十年：从改变电视的语态开始》，三联书店 2003 年版，第 1 页。

大群体，"生产—传播—消费—再生产"的产业循环也初现规模。随着电视媒介的普及，广告得到了爆发型增长，资本市场被彻底打开；媒介文化生产和消费的中心集中化、城市化，同时，媒介也借助这种消费向消费者受众推行着"自以为是"的生活方式和认识途径。

早在 20 世纪 30 年代的美国，由大众媒介主导的文化形态是这样的："在整个三十年代，几乎没有什么比新闻影片、画报、广播节目以及好莱坞电影更能影响人们对世界的看法了。对于知识界及一般公众而言，大众传播媒介的影响是无孔不入、无法回避的。不管电台播放些什么，不管电影公司放映些什么，数以百万计的人每天晚上听无线电，每星期看两场电影，已养成习惯。甚至人们对社会问题的看法也日益取决于《生活》杂志和《时代的进展》节目中卢斯的观点；人们认为恰当的举止也要以电台或银幕明星为典范。"[1] 这与中国 90 年代的情形多么相似：人们每晚守在电视机旁用电视剧或综艺节目打发时间；每个城市都有数种面目相似的"都市报"争相用"老百姓喜欢的新闻"收买市民；电影院里看电影成为都市人群时尚潮流的休闲方式……

当然，"媒介化社会"只是对 90 年代社会文化整体转型界定和认知的方式之一，"消费社会"、"信息社会"等概念也是通过不同视角对复杂性的某种体认。从媒介文化生产的层面考虑，90 年代文化"媒介化"的基本现实不可否认。

二、媒介文化的生产机制转换与文化生产的空间拓展

汪晖在 1997 年发表长文《当代中国的思想状况与现代性问题》并于开篇指明："1989，一个历史性的界标。将近一个世纪的社会主义实践告一段落。两个世界变成了一个世界：一个全球化的资本主义世界。

---

① ［美］理查德·H.佩尔斯:《激进的理想与美国之梦：大萧条岁月中的文化与社会思想》，卢允中等译，上海外语教育出版社 1992 年版，第 312 页。

中国没有如同苏联、东欧社会主义国家那样瓦解，但这并没有妨碍中国社会在经济领域迅速地进入全球化的生产和贸易过程。……中国社会的各种行为，包括经济、政治、文化行为甚至政府行为，都深刻地受制于资本和市场的活动。"[①]资本与市场的作用和与之相伴的消费主义文化开始渗透到社会生活的各个领域，更具深刻性的意义在于，市场的确立并非仅仅是简单的经济事件，而是社会的基本构造和运作方式都被要求按照市场运作的方式来进行。

美国文化理论家詹姆逊也用"晚期资本主义"来标识西方国家20世纪70—80年代的社会转折："其中前资本主义最后所残存的内、外地带——即先进世界的内部、外部那些没有商品或传统空间的最后遗迹——现在最终也被侵占和殖民化了"，这是"一个在古典资本主义中仍幸存的那些自然痕迹，及第三世界和无意识领域最终被消灭的阶段"。[②] 他的用意很明显，即资本主义全球化是一股非常有力的力量，不仅裹挟了那些"传统空间"即处于资本世界体系以外的"第三世界"，也覆盖了其内部不曾被侵占的领域，那就是文化生产领域。

王岳川在谈到文化从审美向消费的转换时划分了几个阶段：前现代时期文化的特性是审美；到了现代，文化表现出一种审丑的特性，比如很多现代派的绘画都变得很丑，原因在于人们感受到普遍异化的压力和恐惧；而到了后现代时期，艺术无谓审美还是审丑，消失了所有内在的反抗性成为媚俗的存在，艺术彻底沦为消费品。"1990年以前画家们总是说自己在想构图，在想系列，在想画的灵魂。1992年以后的商品大潮中，开始想他的画的定价，在想画怎么拍卖好价钱，被拍

---

① 汪晖：《当代中国的思想状况与现代性问题》，三联书店2008年版，第58页。
② ［美］弗雷德里克·詹姆逊：《六十年代断代》，张振成译，天津社会科学院出版社1999年版，第22页。

出了一幅画就感觉了不得，更想拍出天价。在大众消费时代，人们不再谈艺术的审美价值，而津津乐道它的价格。"[1]艺术和文化同人类的关系也因此彻底改变，从需要"凝神关照"的膜拜对象转变为提供体验快感的消费物，这也许就是本雅明所说的"机械复制时代"对艺术及文化形态所进行的最为彻底的影响了。

90 年代确立的市场经济对文化的影响是多方面的，最深刻的一点在于，市场经济体制开拓了多样化的、更巨大的文化空间，这种开拓既是市场发展的必然结果，更是市场发展的内在需求。"市场经济期待并非定于一尊的、多元的文化空间。只有这样的空间，才能激活市场经济需要的社会意识，使市场经济的能力得到充分释放。当网络写手放言'文坛是个屁'，所谓'文坛'就是一个肥皂泡的时候，其实质并不是在做一个文学判断，而是代替市场去表述一种多元主义的价值观，帮助市场经济打开新的文化空间——虽然他们也许并没有意识到这一点。时代造就人，生活造就人，这话一点没错；市场已经培养了属于它的一代人，并通过他们去冲击原有的文化秩序"。[2]

自由竞争是市场经济的本质，并倡导公平公正的竞争环境下的经济伦理发展——"利益面前人人平等"；在这个逻辑下，自由选择即市场的自由选择就是最大的意志。市场经济认为必须对市场的选择无条件的认可和接收，这一点也人人平等。同时，市场经济的显著倾向是多元性，垄断是市场最大的制约也是市场最大敌人，而对多元性的认可是自由竞争和自由选择的基础保障。从文化生产层面观察，市场经济的多元倾向也在其中产生影响，市场经济总是多元文化的催生剂。

对于 90 年代媒介文化生产而言，市场化机制的转换带给媒介文化

---

①　王岳川：《全球化语境与当代传媒文化》，《湖南城市学院学报》2003 年第 24 期。

②　李洁非、杨劼：《共和国文学生产方式》，社会科学文献出版社 2011 年版，第 214 页。

面貌最重大的改变就是多样化：不仅仅是媒介文化形式上的多样化，更指文化价值评判标准的多元。比如文学生产，网络文学的兴盛与多元化的文化观念密切相关，在价值评价话语权方面，极具市场色彩的"点击率"这个概念轻松突破了精英文学或传统文学的标准与秩序，市场的选择与认可就是最大的合理性所在。

媒介文化在市场逻辑的介入下，以"商品"的样态存在。

在世界发达国家的 20 世纪中后期，是文化产业后来居上的时期并且显示出巨大的发展潜力："美国 400 家最富有公司中有 72 家是文化企业，美国的音像产业仅次于航天工业居于出口贸易的第二位，占据了 40% 的国际市场份额；英国文化产业年产值近 60 亿英镑，平均发展速度是经济增长速度的 2 倍；日本娱乐业的年产值早已超过汽车工业的年产值，国民经济总产值的 70% 来源于文化产业；加拿大文化产业的发展也超过了农业、通信及信息技术等行业；韩国自不待言，之所以能从东南亚经济危机中脱离苦海后重攀新高，文化产业的发展可以说是居功至伟"。[①] 数据显示的传媒机构及其活动首先被视为经济机构，其运行的终极目标是追求高经济收益和剩余价值，然后才是作为意识形态工具存在。

媒介文化生产者在媒介市场中投放自身产品，销售成功后得到利润，这是最简化的媒介文化商品化的过程。所以，媒介文化商品生产的主要目的和任何商品一样，直接或间接地面向购买与消费。从媒介文化作为"商品"的角度出发，我们就很容易理解 90 年代许多文化现象，比如"唯收视率"与"末位淘汰"等等。

---

① 天海翔：《中国文化产业》，中央编译出版社 2006 年版，第 3 页。

三、从审美到消费：媒介文化效用转型

20 世纪 90 年代的媒介文化生产的市场化转型，既是中国经济社会整体转型的必然结果，也是文化整体现代化和全球化的一种表征和构成。媒介文化在社会效用层面发生的转变，也有应对 80 年代媒介文化的危机与不适的主动性调整因素：如何认识文化价值观念转变之后社会的文化需求问题、如何平衡主流文化倡导和个体文化自由选择的问题等等。

1. 大众传媒功能效用的自我调适与分化

方汉奇教授在《十四大以来的中国新闻事业》中描述了 1992 年到 1994 年以来中国新闻事业的变化，并指出媒介在自身功能认知上的自我调整："由过去的只看到报纸作为党和人民的喉舌的功能，发展为既看到它的喉舌功能，也看到它的传播信息、普及知识、文化娱乐和舆论监督等方面的功能……由过去重视新闻的政治价值发展到既要重视其政治价值，也重视它在经济、文化等方面的价值"。[1] 大众媒介生产在悄然改变它自身的功能定位，或者更谨慎一些说，至少是在进行巨大的功能拓展，以前不曾体现的娱乐功能、消费功能被不断重视并在实践中放大。

大众传媒在进行功效调适方面，还有一种重要表现，那就是媒介功能分化。在"核心媒体"体现国家意志和意识形态控制的功能之外，积极开拓新媒介，实现新功能。比如党报党刊等媒体，其主导思想仍然是"政治家办报"、"维护社会稳定"、"舆论指导"等，但由党报党刊主管下创办的各种子报子刊，却体现着全然不同的社会功能，媒介的商业性特性明显、消费意识强烈。

---

① 方汉奇：《十四大以来的中国新闻事业》，《郑州大学学报（哲学社会科学版）》，1994 年第 2 期。

但值得注意的是，虽然大众媒介在功能定位上有自我分化的调适行为，但占据核心地位并体现意识形态控制功能的所谓"主流媒体"却日渐边缘化，从发行量到市场占有率来讲都难以担当"主流"二字，相反，那些原本是边缘化的小报却日渐"主流化"，仅从发行量和影响力来讲就已经高高占据主导位置，都市报在中国的发展就是一个非常鲜明的例证。从影视方面讲，所谓"主旋律"影视作品很难有大的影响，而"商业大片"却被公众津津乐道。这说明，虽然大众媒介在进行功能分化，但媒介产品的娱乐功能、消费功能是当下社会被重点簇拥和呼唤的功能，其他功能在事实上被淡化、边缘化。

究其原因，消费社会中普遍存在的消费意识形态是主导，这种意识形态主导了媒介产品的使用者，当然也决定了媒介产品的生产方。

2. 媒介演化推动媒介文化消费

在媒介演进如何影响社会文化的问题上，媒介生态学的研究很有代表性。尼尔·波兹曼继承了麦克卢汉的媒介思想并进一步对其"媒介即讯息"的提法作以修正，认为媒介不仅仅是讯息，媒介更是"隐喻"，"和语言一样，每一种媒介都为思考和抒发情感的方式提供了新的定位，从而创造出独特的话语符号。……他们更像是一种隐喻，用一种隐蔽但有力的暗示来定义现实世界。不管我们是通过言语还是印刷的文字或是电视摄影机来感受这个世界，这种媒介—隐喻的关系为我们将这个世界进行着分类、排序、构建、放大、缩小、着色，并且证明一切存在的理由。"[1]他实际上是在揭示不同媒介对我们思维方式和文化形态的定义性功能，而我们接受着媒介对文化的定义性的、趋向性的制约与裹挟中却不自知。

---

[1] ［美］尼尔·波兹曼：《娱乐至死》，章艳译，广西师范大学出版社2004年版，第11页。

如果以这种分析的视角关照 90 年代以来的中国媒介文化功能效用的转变，我们会发现一种媒介形态演化与媒介文化功效变迁的同步性，即 90 年代市场经济起步上路、文化消费功能渐成主潮的过程也正是电子媒介、数字媒介飞速发展并走向成熟的过程。

在消费社会，"商品"是它的核心词汇，同时，"商品"也在现代广告所赋予的符号价值中尽展光彩。"商品"被精心设计、精致包装，被请进橱窗做最大限度的展示，其使用价值与符号价值被极力放大以获得关注和重视。"商品"不仅仅是衣服、电器、汽车或饮品……更是品位、高贵、爱情、自由、幸福、青春……因此："商品物化的最后阶段是形象，商品拜物教的最后形态是将物转换为物的形象。"[1] 于是，为了更有利于刺激和适应消费，"商品"需要被视觉化，并因此与擅长与偏好传递形象的电子媒介达成一种一拍即合的联盟。

正如许多研究者已经揭示的那样，我们已经认识到大众媒介在催生、形成并诱导文化形态过程中作用强大。80 年代的主要媒介和 90 年代的主要媒介也大不相同，占据中心地位的不同的大众媒介也决定着不同的文化样态：印刷媒介是 80 年代审美文化的生产基础，而 90 年代以来兴起的电子媒介更是消费文化崛起背后的有力推手。

当然，在媒介文化效用转型的过程中，并不是指审美性文化就完全消亡，而是指审美性文化在当下失去了它的历史语境，从而被极度边缘化。同时，我们还要认识到当下消费文化对审美文化的改造和偷用，即表面上指涉审美文化而本质上是消费文化的嫁衣，如近年来文化界热烈讨论的"日常生活审美化"。周小仪的质问能够揭示这种复杂性：文化和审美传统的革命性和解放性的功能在当下社会已经消失殆

---

① ［美］杰姆逊：《后现代主义与文化理论》，唐小兵译，北京大学出版社 1997 年版，第 224 页。

尽，而文化与审美曾经具有的启蒙主义内涵与人文主义精神也已经变质异化，尤其是在资本扩张的推动下，人们的日常生活完全纳入到市场化运作过程之中，审美所带来的体验彻底改变了。"试想，当你可以在市场上以普通商品的价格轻易地买到任何一种审美物品、审美活动甚至审美经验时，审美价值还如何能够唤起你心中的敬重之情？当广告商人明白无误地告诉你，'美丽，当然可以定制'，那么审美活动又如何能与古往今来的艺术家的辛勤劳作以及人文学者所珍视的境界与顿悟相提并论？"①

现实改变定然会引发学界的关注与讨论：中国社会科学院新闻研究所在 1996 年 12 月 9 日召开的"大众传播消费理论研讨会"，以"大众传播消费"为主题，成为中国传媒学术界第一个重要的关于传播与消费的专题学术会议。会议重点讨论了如下问题：大媒介产业进程特征；大众文化消费及信息素养；新闻的商品属性；大众文化消费；大众传播消费者的利益及其保障等等。这些问题与 90 年代以来媒介文化生产和消费现状密切相关，与媒介文化效用转型密切相关。

3. 媒介文化生产中的消费意识形态

对比 90 年代和 80 年代的文化景观，差异和变化非常明显。如赵勇先生所言：我们不能把审美文化只是简单地认为是一个逻辑层面的提法，而是应该把这个概念纳入具体的历史语境之中思考，大致而言，我们会发现，20 世纪 80 年代就是审美文化兴起并兴盛的时期。② 审美文化伴随 1970 年代末开端的第三次美学大讨论，在哲学界、美学界、文学理论界等领域都引发热烈而认真的思考，人的主体性研究成为众

---

① 周小仪：《唯美主义与消费文化》，北京大学出版社 2002 年版，第 248 页。
② 赵勇：《从审美文化到消费文化——论大众媒介在文化转型中的作用》，《探索与争鸣》2008 年第 10 期。

多学术研究的焦点和重镇，审美意识形态全面复苏：文学界奉行纯文学的创造理念；电影界出现极具探索性和先锋性的第五代导演；出版界出版一大批各类西学名著如"美学译文丛书"、"走向未来丛书"等；在阅读界，艰深难懂的哲学美学著作倒成了人们热衷的流行读物……如果套用尼尔·波兹曼的说法，他把美国的 18 世纪和 19 世纪看作是印刷媒介影响下的"阐释年代"①，那么中国的 20 世纪 80 年代也可以如此称呼，是一个审美意识形态笼罩下的阐释时代。

　　这里想要强调的是，这种审美主义倾向的文化并没有延续它进一步繁荣的可能性，而是在短暂的辉煌之后迅速走向衰退甚至面临终结的结局，而取而代之的则是另一种文化形式的崛起，即消费意识形态影响下的消费文化。或者用另外一种表述：精英文化退场，大众文化崛起。

　　费瑟斯通认为："消费文化，顾名思义，即指消费社会的文化。它基于这样一个假设，即认为大众消费运动伴随着符号生产、日常体验和实践活动的重新组织……消费文化的一个重要特征就是，商品、产品和体验可供人们消费、维持、规划和梦想，但是，对一般大众而言，能够消费的范围是不同的。消费绝不仅仅是为了满足特定需要的商品使用价值的消费。相反，通过广告、大众传媒和商品展示技巧，消费文化动摇了原来商品的使用或产品意义的观念，并赋予其新的影像与记号，全面激发人们广泛的感觉联想和欲望。"②这段话揭示出消费文化一个重要的特质，即消费文化是对人的"消费"从物质到符号、从身体到精神、从实用到想象的全方位的扩张。换句话说，"消费"不是原来物质使用意义上的消费了，"消费"在不断为自身开疆扩土，几乎占

---

① ［美］尼尔·波兹曼：《娱乐至死》，章艳译，广西师范大学出版社 2004 年版，第 69 页。
② ［英］迈克·费瑟斯通：《消费文化与后现代主义》，刘精明译，译林出版社 2000 年版，第 165 页。

据人类社会生活的所有领域，包括物质领域和意义领域。

同时，消费主义也逐渐从日常生活渗透到文化领域，"在现代资本主义社会，从整体上看，文化已经演变为消费文化，一切文化产品都以商品的形式被生产、交换和消费，就像商品一样，它为了获取利润被大规模地生产出来，然后在一个'异化'的社会体系中被消费。它构成了这一体系不可分割的一部分"[①]。

媒介文化生产更加集中体现了这种消费目的性，大众媒介生产和传播的文化产品，其终极目的是向着消费而生产的，在面向消费的同时，也不断制造文化消费的新空间。比如时尚，中国的《时尚》杂志创办于1993年，创刊号中的《主编寄语》显示出强烈的"培养与制造消费"的愿望："时尚是一种文化，一种品位，是富有深刻精神内涵的社会现象。时尚是价值的体现，是修养的外化，是消费领域足以折射人的素质的全方位关照。作为旅游消费杂志，《时尚》将反映海内外最新潮流，引导人们在吃、住、行、游、购、娱现代旅游'六要素'中的种种文明消费，成为使用指南。"这里潜藏着一个逻辑：消费不仅是购买和使用，而是"足以折射人的素质"的衡量标准，从消费文化的角度讲，"时尚"就是一种典型的符号消费。

"一如'周末版'、休闲类报刊、电视购物栏目，类似《时尚》这种'国际开本'、全部铜版纸、充满了国际品牌的精美广告与图片的豪华杂志的问世，是1993年前后中国社会再度出现巨变的表征之一"[②]。这个巨变，实际上是指中国社会在经济积累达到一定程度之后呈现出消费社会的具体特征，并且，社会结构也随着经济发展重新调整，产生了可以拥护和践行消费主义理念的主体人群："白领阶层"或曰"中

① 罗刚、王中忱：《消费文化读本》"前言"，中国社会科学出版社2003年版，第18页。
② 戴锦华：《书写文化英雄》，江苏人民出版社2000年版，第264页。

产阶层"。

消费文化产生的基础和前提是消费社会，消费文化和消费社会紧密相关，那么，中国社会是否在它的 90 年代开始向消费社会演化呢？肯定性的依据表现在这么几个方面：

首先，经济层面的改革与政府对消费的普遍激励。从十一届三中全会决定中国以经济建设为中心到 1992 年市场经济机制全面确立，中国改革尤其是经济领域的改革经过十余年的发展创造了一个快速跃进的阶段，社会生产力得到极大的解放。在发展经济促进生产的过程中，拉动和扩大内需一直是政府使用的主要手段，因此，政府对社会各个领域的消费需求一直保持刺激和激励的态度，认为这是保障经济高速发展的重要方针。在这种广泛意义的政治支持下，中国民众进入 90 年代以后体现出强大的消费欲望，同时也具备了一定的消费能力，尤其是城市人群："城市家庭对耐用消费品的购买已经变成对高档音响、大屏幕彩电、分体空调等方面的追求，'新富'家庭开始以名牌服装、私人洋房和私家汽车来显示自己与众不同的档次和品位。"[1]

其次，伴随中国经济发展，社会阶层也产生了剧烈的调整和重新分化，一个新的"富裕阶层"出现，这是购买力的主体保障。冯小刚在 2002 年的贺岁影片《大腕》中阐释："什么叫成功人士你知道吗？成功人士就是买什么东西都买最贵的，不买最好的。所以，我们的口号就是：不求最好，但求最贵！"对于这样的"成功人士"，无论我们如何称谓他们，都是在表明一个事实，那就是社会中出现了一种新的人群，这些人具有较为强大的购买能力和消费能力，甚至在很大程度上决定着当下社会所流行的文化潮流与趣味；这种"炫耀式"消费的心理在电

---

① 陈昕、黄平：《消费主义文化与中国社会》，《上海文学》2000 年第 12 期。

影里貌似有些夸张，但却一针见血地传递出了社会的普遍欲望和消费热情。因此我们可以肯定的是，中国社会已经具备成为消费社会的经济基础，而恰恰是有了这种经济基础，消费文化才能有滋生和发展的条件。

或者从意识形态的角度观察，中国在进入90年代之后，其社会心理已经发生急速改变——从审美意识形态转变为消费意识形态。更具体地说，传统的审美意识形态的观念核心在于从精神层面向人们传递一种非功利性的价值判断和思想观念，因此，在这种审美意识形态影响下，人们更愿意注重心灵和精神层面的建设与完满，更愿意探究艺术和形而上的命题；但这种情形在90年代却发生了重大的改变，审美意识形态逐渐衰弱，而消费意识形态渐占主流。"消费意识形态把人们从精神界引到了物质界，从形而上引到了形而下，于是拜物主义、消费主义、享乐主义成为基本的价值观念。"[①] 于是，消费意识形态大张其道，而文化领域也无法避免。媒介文化生产也体现出明显的效用转型，媒介文化生产集中指向消费。

第三节 行进：奇观化的当下媒介文化生产

一、视觉化的观感追求

进入20世纪下半叶后，整个现代文化产生了一个明显的现象即视觉化特征，很多学者用"图像的转向"或"视觉文化"来描述这种文化变迁。丹尼尔·贝尔在《资本主义文化矛盾》一书中认为："当代文化正在变成一种视觉文化，而不是一种印刷文化，这是千真万确的事

---

① 赵勇：《大众媒介与文化变迁——中国当代媒介文化的散点透视》，北京大学出版社2010年版，第28—29页。

实"。① 而我们对视觉文化的理解主要是指大众媒介生产的主要领域从印刷内容发展到视觉内容为主，并由此导致以媒介为主体的文化生产的整体变化。这种文化视觉化的特征，在 90 年代以后的当代中国表现强烈，每个人都能感受到图片对文字的挑战、影视对文学的挑战，还有视觉媒介对印刷媒介的挑战；观察每一个当代普通人的日常生活和信息获取方式、娱乐休闲方式，便可理解视觉文化是如何深度浸淫着这个时代。

1. 读图时代

"读图时代"是我们对视觉文化这种文化事实的最初命名。当人们在图书中、报纸上、杂志手册甚至各种资料中看到越来越大、越来越多的图片时，当"图文书"这种图书新类型出现并受到热捧时，② 当人们目力所及的范围内被各种户外广告、移动媒介所牵引时，人们形象直观地把这种现象定义为"读图时代"——过去"读文"，现在"读图"。

"读图时代"注重精美新奇、极具视觉冲击力的图片，并用之作为吸引读者"眼球"的重要武器。各大报社中流行一句"五步三秒"的衡量标准，即在普通读者经过报摊时的"五步"之内、在他们决定要不要买这份报纸瞧瞧的"三秒"之内，用报纸封面上的大图、富有刺激性的图片吸引他们；同时，报社也开始更加重视图片编辑、平面编辑的作用，甚至在下设机构中专门设立"视觉中心"来强化报纸的图片使用和版面设计等工作，比如西安的《华商报》。所以，"读图时代"的命名也在暗示，过去文化的基本形式是文字阅读，现在却不是了；过去文字占据中心位置的文化形式，现在也已发生了深刻改变。

---

① ［美］丹尼尔·贝尔：《资本主义文化矛盾》，严蓓雯译，江苏人民出版社 2010 年版，第 5 页。
② 林白《一个人的战争》在 2004 年刊行新版本，由北京十月文艺出版社出版后在读书界引起很大反响，此版本定性为"新视像读本"的小说全文 238 页，共配有 212 幅图片插画。

"'读图时代'的命名，意味着一种被视觉、图形、影像全面控制了的文化现实。图画与影像不是作为读书的辅助方式，而是成为阅读快感的主要来源；不是阅读过程中的额外趣味，而是阅读目的本身；不是文化生产与消费的形式之一，而是大众文化的最高形式。这个时代的如此命名，不是仅仅建立在时尚或心理趣味等偶然因素的基础上，其背后有强大的压倒性社会背景做后盾，因而它的存在将对整个文化样态产生根本性的触动和改变。"① 所以，尽管小人书、漫画书等以图片为主体的书籍早就存在，而书籍中存在插图的情况也在明清刻本中出现并较为流行，但也无法用"读图时代"去命名它，因为"全面控制"文化样态的仍然是文字而非图像。

所以，对"读图时代"这个称谓，既要认识到它是对大众文化生产与消费的最高形式的揭示，更有必要思考这个时代"整个文化样态产生根本性触动和改变"的社会必然性因素。

技术发展是"读图时代"得以产生的坚实背景，视觉文化可以看作是媒介科技发展的必然结果。

影像文化最大的特点是图像的可复制性（Copy），摄影技术、电影技术、电视技术、电脑技术和数字化影像集成技术正是影像文化可复制的技术保障。这五大技术进步简单勾勒出现代传媒技术发展的基本线索，并且给复制提供越来越强大、越来越便捷的手段，其复制的水平和高度在不断突破。摄影技术是视觉化最重要的技术开端，正是有了摄影技术，图像文本才可能被大量复制并批量传播。而在摄影技术诞生之前，图像传播只能经由一次性的绘画手段进行。电影技术在摄影技术的基础上对其功能既有延伸又有扩张，影像画面从静止变成动

---

① 周宪：《"读图时代"的图文"战争"》，《文学评论》2005年第6期。

的、连续的画面；电视技术最大的突破在于使电影技术创造出来的可复制活动画面变得更易得和更廉价，电视机的迅速普及让视觉文化日常化和广泛化。而多媒体的数字化技术，更是实现了各种符号的相互兼容与无障碍整合。在计算机平台上，声音、文字、影像、图像等各类符号自由组合转换，而各种软件硬件的开发也让符号的兼容整合变得更容易操作。

同时，消费主义对文化视觉化的建构性作用也是我们必须考虑到的社会背景。

消费时代的物质不仅仅是物质，更是一种物质想象。19 世纪末，世界博览会、百货商店和便捷超市等新事物首先出现在"时尚之都"巴黎，其意义是非凡的。这标志着商品经济不再局限于生产、流通、使用和享受，而且商品也形成一种展示，诉诸视觉诉求。这种诉求作用于视觉刺激，根植于人们内心的物质想象，并且通过视觉等直观方式刺激、唤起人们的某种想象，让物质进入文化的领域甚至人们的心理与情感。实际上，它是用移情法把商品的实用性提升到文化层面和生活方式里，用商品去营造一种审美视野、价值观、品质定义和身份认同。因此，商品经济同时为我们提供了两种东西：一是商品本身，二是由商品定义、构建与描述出来的一种文化想象。而在这种文化想象的过程中，视觉，就是最直接的刺激性手段。商品经济用视觉刺激推广自己，效果直观且迅捷，关于物质的文化想象和认同也在"看"的过程中悄然建构。

2. 影像"霸权"

在"读图时代"影像得到空前膨胀和扩张，张艺谋在 2003 年推出的商业大片《英雄》就是一个典型的影像文本。很多人认为，《英雄》

电影没有传统叙事电影必须具备的完整的情景、没有塑造出性格鲜明的人物形象，甚至在影片主题上也存在问题，但张艺谋的追求恰恰不是这些："过两年以后，你说你想起哪一部电影，你肯定把整个电影的故事都忘了。但是你永远记住的，可能就是几秒钟的那个画面……但是我在想，过几年以后，跟你说《英雄》，你会记住那些颜色，比如说你会记住，在漫天黄叶中，有两个红衣女子在飞舞；在水平如镜的湖面上，有两个男子在以武功交流，在水面上像鸟儿一样的，像蜻蜓一样的。像这些画面，肯定会给观众留下这样的印象。所以这是我觉得自豪的地方。"[①]事实上也如此，观众的确牢牢地记住了那些美轮美奂的景色，那极具冲击力的画面、色彩、光影等等。电影《英雄》成为视觉文化时代追求视觉力量的代表性文本。

这仅是一个典型文本而已，在张艺谋之后的电影《十面埋伏》、《满城尽带黄金甲》等都体现了这种思路。更重要的是，这种对视觉效果的追求并非张艺谋一个人所有，而成为一种普遍存在："在视觉文化时代，电影正在经历一个从叙事电影向奇观电影的深刻转变。好莱坞大片、中国'第五代导演'均表现出这一转向。……从叙事电影向奇观电影的转变，表征了电影文化从话语中心模式向图像中心模式、从时间模式向空间模式、从理性文化向快感文化的转变"。[②]

影像不断影响甚至侵占传统的非影像文化资源。

文学作品的影视化是"读图时代"影像侵吞非影像资源的典型例证。许多古今中外的文学作品被一再搬上荧幕或改编成漫画作品，造成了很多青少年对文学名著的领悟完全来自影视作品，比如中国四大名著，青少年们已经很少去关注文字作品本身，几乎都是从电视电影

---

① 柴静：《面对面：印象·张艺谋》，http://news.cntv.cn/society/20101024/102457.shtml，2010-10-24。
② 周宪：《论奇观电影与视觉文化》，《文艺研究》2005年第3期。

中了解作品。因为从轻松愉悦的程度考虑，选择看电视当然比读小说更容易更轻松。

有很多小说作品，都是被改编成影视剧获得公众关注之后，才带动了小说文本的阅读，比如作家六六的《蜗居》、艾米的《山楂树之恋》等等。还有一些作品，甚至就是为了改编成影视剧而进行有针对性的生产，以便使文学作品更具有视觉表现的空间。一些作家成为专职编剧，完全服从于影视创作的要求。文学"生态"由于视觉化的冲击不得不改变。

影像"霸权"不仅仅体现在影视对文学空间的侵占、对文学生态的改变，也体现在电子媒体（或称视觉媒体）对印刷媒体的冲击与威胁。进入 21 世纪后，几乎所有的报人都在感叹"报业的冬天来了"，几乎所有的报社或报业集团都在谋求数字化时代的生存之道。电子媒介对报纸的巨大威胁来自电子媒介对公众的巨大诱惑，来自于影像对其他文化符号的巨大压制。布尔迪厄也关注到电视对传统文字媒体如报纸的挑战，他认为，报纸面临着新的危机并造成很多报纸在电视的压迫面前无法生存，而电视的经济实力和影响力则占据新闻场的统治性地位。[①] 布尔迪厄所分析的报纸与电视之间的地位调整，实际上就是影像符号与文字符号的地位互换问题，电视的魅力就是影像的力量。

二、奇观化的现实生产

居伊·德波认为现代社会是一种景观化的存在，并将其概括为"景象社会"（或"景观社会"）。德波认为，景象并非指的是现实世界的某种装置或装饰，而是作为一种现实存在的模式，甚至占据了现代生产的大部分空间和时间。因此，景象在德波那里是作为"社会现实的总体性"

---

① ［法］皮埃尔·布尔迪厄：《关于电视》，许钧译，辽宁教育出版社 2000 年版。

出现的，或者说，整个社会生产的目标和结果都是"景象符号"，"景象既是现存的生产方式的筹划，也是其结果"①。因为"景象社会"的法则是，只有看得到的内容才是好东西，无法诉诸视觉的符号是无意义的。实际上，喻国明所提出的"注意力经济"也在表达这个意思，认为图像（景象）就是生产出消费者"注意力"的基本手段。所以德波进行研究得出的结论是，现代社会之所以成为景观社会的主要原因是，景象已经成为一个自主的目标设定和结果呈现，甚至成为一个直接塑造不断增长的形象物品的发达经济机构、构成了当今社会生产的主要部分。

美国著名文化学家道格拉斯·凯尔纳也认定："新千年的到来（指21世纪）为人类历史翻开了新的一页，但媒体文化仍然是链接人类经济、政治、文化和日常生活领域的轴心势力。"而且"不管现在和未来出现怎样的兴衰和变动，媒体文化都会对社会政治事务行使裁决权，决定什么是真实的，什么是重要的和致命的。媒体文化会继续成为新千年社会变革的主要动力之一，其影响比以往任何时候都要大得多"②。他将美国的社会文化定义为一种奇观化的存在，并认为媒介奇观是："能体现当代社会基本价值观、引导个人适应现代生活方式并将当代社会中的冲突和和解方式戏剧化的媒体文化现象，它包括媒体制造的各种豪华场面、体育比赛、政治事件。"③

无论是"景观社会"还是"媒介奇观"，这种总体性的社会文化形态在本质上是由媒介造成的，现代传媒的爆炸式增长和作为"轴心势

① Guy Debord.*Society of the Spectacle*, New York:Zone, 1994 : 6。
② ［美］道格拉斯·凯尔纳:《媒体奇观——当代美国社会文化透视》，史安斌译，清华大学出版社2003年版，第5—6页。
③ ［美］道格拉斯·凯尔纳:《媒体奇观——当代美国社会文化透视》，史安斌译，清华大学出版社2003年版，第2页。

力"的影响力,决定了媒介文化本身就是奇观化的生产状态。

作为当代社会最重要的文化形态,媒介机构的生产不断印证着媒介文化的巨大能量。根据《2013 年传媒产业发展报告》显示,全国报纸种类 1934 种,期刊种类 9885 种,出版社 581 家,广播电视播出机构 2579 个,电影银幕 13118 块,网民 5.64 亿,手机用户 11.125 亿……[1]同时,就广播电视而言,2012 年全国广播电视人口覆盖率达到 97.51%和 98.20%,截至 2013 年 1 月 21 日共开办节目 4165 套,其中广播节目 2831 套、电视节目 1334 套。再看电影方面,2012 年电影总票房高达170.73 亿元,较之 2011 年激增 30.18%;而中国电影市场自 2002 年起年增幅都近 40%,已经成为世界第二大电影消费市场。[2] 这些数据表明,以媒介为中介的当代社会生产出了最为膨胀的符号象征领域,各种符号充斥了现代生活几乎所有的时间和空间:广播电视 24 小时不间断播出、网络最大限度填平空间距离、"三网合一"后智能手机随心所欲随时随地获取和发布信息,这些在分分秒秒中制造出来的符号在不断膨胀之中。

这是一个"极速"的时代,早在 20 世纪 70 年代提出的"四个现代化"中,"科学技术现代化"就反映了中国对技术进步的强烈要求。20 世纪 90 年代后,中国在技术媒介(交通及信息传输)、文化媒介(大众传媒)方面的投入迅速增长,成为发展的重点。交通的改善,电信技术的发展及电话的普及,激光照排和新印刷技术的运用,卫星传输和电视的普及,以及 Internet 等使时间与空间更大程度地分离,构建了新的社会和生活空间。新传媒技术使文化传播的速度极大地加快,使我们进入"极速"时代,媒介生产的数量呈几何倍数增长。

---

[1]　崔保国主编:《2013 年中国传媒发展报告》,社会科学文献出版社 2013 年版,第 7 页。
[2]　崔保国主编:《2013 年中国传媒发展报告》,社会科学文献出版社 2013 年版,第 36—37 页。

但这些无法计数的海量信息，会帮助人们更清楚地认识本真的现实吗？媒介建造象征领域的方式有自身的规定性，这种规定性如波德里亚所言：消费社会生产的信息是提供消费的信息，是媒体根据消费者的需要对世界进行剪辑、戏剧化和曲解的信息，是把消费当成商品进行赋值和包装的信息。"未经加工过的事件，只有被生产的整个工业流水线、被大众传媒过滤、切分、重新制作，变成与手工业——生产的制成物同质的——制成且组合的符号材料后，才变得'可以消费'。这与'面部化妆'术是同样的操作：似乎出于技术要素以及某种强加意义的编码规则（'美'的编码规则）的抽象而协调的信息之网来系统取代真实却杂乱的容貌。"[①] 所以，要让信息"可以消费"，就必须进行设计编排，在设计编排的过程中，作者意图、材料选择、叙述规范、修辞虚构和程序性表演统统都是其中应有之义。所以，经现代传媒尤其是电视传媒处理过的社会现实就不能看作是现实反映，而是可以虚拟和操纵的；从某种意义上说，我们"后现代人"是经由电视屏幕（报纸版面）而获得"现实"经验的，或者说是电视屏幕、报纸版面将"现实"给予人们的。也正是在这个意义上，道格拉斯·凯尔纳才认为，文化工业在新的领域和空间大量制造媒体奇观，并且使得这种奇观现象成为组成当代政治、经济活动和日常生活的基本原则之一，并逐渐改变着当代政治和社会生活。

大众传媒机构及其生产的爆炸性增长以及所制造的各种符号连续不断的冲击，都包裹和挤占着人们的日常生活。马克·波斯特曾经指出：在发达社会，人们看电视所花费的时间仅次于工作和睡觉，这些时间都是从其他活动中挤占出来的，比如宗教仪式、亲友交谈、社区生活、

---

① ［法］让·波德里亚:《消费社会》，刘成富、全志刚译，南京大学出版社 2001 年版，第 135 页。

自我沉思等等。① 而且，"电视已经殖民到社会现实的基本层面，……它既是一个打扰者也是一个抚慰者，这是它的情感意义；它既告诉我们信息，也会误传信息，这是它的认知意义；它扎根在我们日常生活的轨道中，这是它在空间与时间上的意义；它随处可见，这么说不仅仅指电视——一个角落里的盒子，它体现在多种文本中——期刊、杂志、报纸、广播电台……"② 的确是这样，当我们讨论电视对日常生活的彻底重构的时候，哪种大众媒介又不是这样呢？目前的智能手机尤其严重，当手机与网络联系在一起的时候，手机对日常生活的侵犯是再明显不过的事实了。当人们离开手机的时候，心情会变得焦虑不安，当人们拿着手机的时候，手机随时在干扰和影响人们。

当代媒介文化生产由于视觉化转向，制造出更多复杂缤纷的"媒介奇观"。大众传媒作为消费性娱乐商品生产、流通和消费的平台，表现出越来越奇观化的特征。比如晚近许多传媒文化的现实：国产大片、全民选秀、奥运盛世、时尚杂志、微博围观等等，一个又一个"奇观"被生产出来。

这些奇观化的媒介产品一方面吸引着公众眼球、挤压着公众日常生活的时间和空间，另一方面又不断碎片化和平面化，客观上剥夺了传媒内容生产的文化价值和思想内涵。如同哈贝马斯在分析电视和电影时所指出的，类似这种视觉传媒取消了印刷传媒所具有的读者与读物之间的距离感。"随着新传媒的出现，交往形式本身也发生了改变，它们的影响极具渗透力，超过了任何报刊所能达到的程度。'别回嘴'迫使公众采取另一种行为方式。与付印的信息相比，新媒体所传播的

---

① ［美］马克·波斯特：《信息方式——后结构主义与社会语境》，范静哗译，商务印书馆2009年版，第48页。

② ［英］罗杰·希尔菲斯通：《电视与日常生活》，陶庆梅译，江苏人民出版社2004年版，第4—5页。

内容，实际上限制了接受者的反应。……剥夺了公众'成熟'所必需的距离，也就是剥夺了言论和反驳的机会。"[①] 而我们只要对当代中国传媒文化中走红的各种表征形式稍加关注，就不难发现这个特征。

三、狂欢化的内在心态

1. 虚拟现实中的自我狂欢

20世纪俄国著名的思想家米哈伊尔·巴赫金提出一个非常重要的文学理论概念："狂欢"，并用来说明文学创作中的解放性存在，他的两部著作《陀思妥耶夫斯基诗学问题》和《弗朗索瓦·拉伯雷的创作与中世纪文艺复兴时期的民间文化》中都对这个概念作出重要说明。他认为，生活在中世纪的人们实际上体验着两种不同的生活形式和状态："一种是常规的、十分严肃而紧蹙眉头的生活，服从于严格的等级秩序的生活，充满了恐惧、教条、崇敬、虔诚的生活；另一种是狂欢广场式的自由自在的生活，充满了两重性的笑，充满了对一切神圣物的亵渎和歪曲，充满了不敬和猥亵，充满了同一切人一切事的随意不拘的交往。"[②] 第一种形式的生活是常规性的，而第二种形式的、解放性的生活则以节庆的途径实现，这里所说的节庆，成为人们体验第二种生活的绝好机会，在节庆中人们进入到虽然短暂但却极其享受的乌托邦王国，自由而平等，富足而共享。这些节日成为"狂欢式生活"的特定时间，比如农神界、愚人节、狂欢节、复活节等，人们进入特定的广场、街区体验另一种生活样态：人们不再是自己，而是奇装异服、戴着面具的非自我形象，人们是小丑、是傻瓜、是国王、是怪物……总之，在另一个存在状态中戏谑现实、发泄情绪。

如果我们借用巴赫金的思路，可以把网络媒体看作是人们制造并

---

① ［美］雷恩哈德·本迪克斯：《公共领域的结构变迁》，王立秋译，学林出版社1999年版，第196页。
② ［苏联］巴赫金：《巴赫金文选》，佟景寒译，中国社会科学出版社1996年版，第104页。

体验"狂欢"的特定"广场"。从 20 世纪 90 年代以来，因特网在全球包括中国产生了非常巨大的影响，其震撼性作用在于它决定了人类"数字化生存"的基本格局。威廉·J. 米切尔认为，"我们正进入一个新的时代，在这个时代里，得到了电子化延伸的身体居住在物理世界和虚拟世界的交汇点上"。[①] 现实世界是我们一种生活领域，而网络所制造的虚拟世界是另一种生活场所，更重要的是，虚拟生活越来越产生着对现实生活的反作用；或者可以说，现实世界的空间是日常性的生活，而网络则建构着一个可以"狂欢"的"广场与街区"。

网络文化的生产主体极度复杂丰富，任何人都可以使用网络并为我所用，同时网络文化的消费主体也同样复杂丰富。人们既可以隐藏自己的身份，也可以扮演和体验各样角色；网络媒介不仅仅是传递信息的渠道，更是全民参与的"狂欢化舞台"。现实生活的秩序与规范无法逾越和逃离，而互联网中自我释放的可能性和"双向去中心化的交流"让"自我"尽情扩张。在这个舞台上，青年人成为尤为活跃的主体，因为他们既拥有熟练使用网络的技术，又拥有狂欢戏谑、反抗现实的内在热情。

来自中国互联网信息中心（CNNIC）《第 33 次中国互联网络发展状况统计报告》结果显示，中国网民截至 2013 年 12 月已经达到 6.18 亿的规模，互联网普及率达到 45.8%，较 2012 年增长了 3.7%。同时，互联网发展持续扩容，从数量到质量都不断提升。尤其是三网融合和智能手机的诞生，手机上网人数迅速达到 5 亿。[②] 在网络这个狂欢化的广场里，人们生产着另一种"狂欢的文化"。

① ［美］威廉·J. 米切尔：《比特之城：空间·场所·信息高速公路》，范海燕、胡泳译，三联书店1999 年版，第 166 页。
② 中国互联网信息中心（CNNIC）：《第 33 次中国互联网络发展状况统计报告》. http://www.cnnic.net.cn/hlwfzyj/hlwxzbg/hlwtjbg/201403/t20140305_46240.htm，2014–1–16。

无尽的信息：信息在网络那里，已经用"海量"来形容其多，用"冲浪"来形容人们在利用网络信息资源时的刺激与爽快。在 3G 甚至 4G 的时代，网络与手机联手更创造惊人的速度与优势：网络提供无比丰沛的信息，手机则随时收发信息、异常便捷。互联网与传统媒体在容量上有本质性的突破，各种资讯、数据、新闻的存贮不受数量和时间的限制；同时，各种"超文本"链接使具体内容具有进行更丰富展示的可能性空间。人们在这个信息的海洋中感受不受限制的自由，在自由中解放自我。

恶搞的抵抗：网络恶搞以青年人为生产主体，这些作品被用来表现他们独特的文化品位和立场选择，并用恶搞的方式表达自身对"父辈文化"的抵抗与不满。这些利用网络技术对主流文化或社会上引起广泛关注的事件为对象，以戏仿、拼接、讽刺、暗喻等方式为表现的各种图片、视频、声音及文字等文化样本，都是网络恶搞一贯使用的手段。恶搞就像恶作剧，表面上带来一片笑声，但这种笑只是表象，狂欢恶搞的搞笑背后，则是对现实世界的不屑、对既有价值体系的讽刺和嘲笑，通过对权威的另类歪曲的解读表达自我精神的超越性。

热闹的跟帖：网络跟帖和造句看似是一种无聊甚至无序的表达，但在词句喧嚣的背后体现出的是各种权力的较量和微话语的肆意表达。比如 2010 年让人记忆深刻的"李刚门"事件，在网络上迅速引发几十万的跟帖留言，各种声音各种观点交织在一起，造成了一个含义极为丰富的复杂文本。这只是一个简单的例证，本文想要说明的是跟帖留言造句等匿名观念与情绪表达，正是当下文化生产喧嚣热闹的表征。

潮流的制造：同时值得思考的是，以青年为主体所制造的网络文化，其内部文化认同感非常高。从网络写作、游戏族、哈韩族到现在的恶搞族、跟帖族、屌丝族等等，网络文化有属于自己的文化个性，也有个性鲜明的文本特征，网民们相互分享并自我满足。文化潮流后浪推前浪，不断涌生，而网络文化则是这些文化潮流的推动者、鼓舞者。"鸟叔"的流行似乎毫无根据没有逻辑，但他独特的舞步迅速席卷全球，每一个模仿者都非常认真非常虔诚地表达自己对此潮流的忠诚，但很快，"鸟叔"又消失了，换来了"苏珊大妈"或者其他万众追捧的对象。在共同制造潮流或参与追捧的过程中，个体也在体验权力感和快感。

自我的炫示：网络文化带有强烈的自我展示和自我炫示特征，"秀"、"晒"成为人们利用网络进行自我满足的主要方式，如同身处狂欢节中的民众一样，他们表现自我并毫无顾忌。无论是"秀"还是"晒"，强调的是以"我"为中心的价值观，强调的是"我"的宣泄与满足，强调的是"我"的个人追求和需求。同时，这种敢"秀"敢"晒"的精神深受网络群体的认同，"芙蓉姐姐"尽管举止怪诞毫无美感可言，但她的勇气得到很多人的赞同，甚至认为她是新一代的"励志女神"。也许，在"芙蓉姐姐"被"神化"的过程中，每个网民心里想的是"这样我也可以是女神"的逻辑吧，于是，传统的审美标准、衡量成功的标准统统被篡改了，"我"才是一切的标准。

可以说，无论从文化产品的数量还是种类而言，在网络技术打造的强大平台中，网络媒体的文化生产总是能达到震撼性效果；同时，在新的时代条件下，以网络技术为平台，网络媒体及其文化产品在种类、数量以及质量方面有惊人的发展。网络文化生产也在狂欢化过程中"抵制"（Resistance）传统主流文化的压制和主导，试图巧妙地达成一种自我意志的体现。正如法国思想家米歇尔·德塞都在他的《日常生活的实践》中所解释的那样，实践主体在日常生活中小心探求各方权力平衡并选择在统治者不易察觉的地方施展自己的抵制行为，因为这种方式既能够体现实践主体的意志又能够保护处于弱势的人们不受打击。德塞都这样概括"抵制"手段的基本要义："既不离开其势力范围，却又得以逃避其规训"，①或者简单描述为"避让但不逃离"的主旨。这也或许也是网络媒介文化生产的解放性价值所在吧。

2. 媒介娱乐中的快感追求

无论从内涵还是外延上讲，"娱乐节目"这个概念都不够明确，并且在不同的语境中有不同的界定。比如在美国，娱乐节目主要指电视喜剧和电视连续剧；德国业内认为，娱乐节目主要指电影、电视连续剧、体育比赛等；中国香港则一般认为娱乐节目包括音乐、综艺和影视剧三类。②而概括起来，广义上的娱乐节目包括影视剧、电视文艺、曲艺、电视综艺、体育赛事、娱乐游戏等各种以发挥娱乐功能为主的节目，主要以电视节目为主，在形态方面主要包括谈话、益智、游戏、真人秀等。③

从《快乐大本营》开始，娱乐节目成为当代中国备受瞩目的节目形态，自 1997 年 7 月 11 日开播，迅速在全国爆发影响：短短一年多时间，全国有超过 100 家的省市级电视台开办游戏娱乐类节目。这种娱乐节目的模式可以概括为"明星+游戏+观众参与"，而其中的观众参与具有狂欢性的意义。娱乐的狂潮席卷全国，每个季度每个晚上甚至每个时段，只要观众打开电视，扑面而来的是娱乐的欢声，多到甚至无法选择。

同时，选秀、益智、亲情等真人秀节目也迅速跟进，带来娱乐模

---

①　练玉春：《论米歇尔·德塞都的抵制理论——避让但不逃离》，《河北学刊》2004 年第 24 期。
②　张志君：《创新精神·平常心态·平等关怀——世界各国电视娱乐节目整体扫描及对中国同行的启示》，《当代电视》2000 年第 4 期。
③　宗匠：《电视娱乐节目：理念、设计与制作》，中国广播电视出版社 2003 年版，第 16 页。

式的新变化，使得娱乐节目成为一种游戏式的记录，同时在娱乐的渗透性和日常性上更明显。无论是益智的《开心辞典》、还是选秀的《超级女声》，还是 2013 年最火爆荧屏的亲子真人秀《爸爸去哪儿》，都成功地引发起全民的娱乐大狂欢：一方面，参与者在游戏中展示自我，同时另一方面也极大地满足观众的窥视欲望。正如评论者所言，电视栏目要"姿态放低，让电视娱乐节目真正变'俗'，让观众看娱乐节目只用小脑，不经大脑的思考就能高兴起来，电视娱乐节目就有生命力。说穿了，电视娱乐节目兴旺发达的秘诀可能就是这样一句再简单不过的话——生产廉价快乐！"[①]

娱乐节目追求娱乐与游戏的快感，似乎理所当然，但匪夷所思的是，新闻节目的娱乐化程度也越来越高，甚至成为当代媒介文化的一种特点。

新闻与娱乐，本应具备明显的分界：新闻是"对新近发生的事实的报道"，目的是为人们提供对现实世界的认知从而采取合理恰当的行动；而娱乐则是为了调节人们内在的紧张情绪，是"以不干预实际生活的方式释放情感的一种方法"。[②]新闻追求理性价值，娱乐追求快感趣味；新闻风格应该庄重严肃，娱乐风格则轻松活泼。然而，新闻的样态在悄然发生改变，新闻也沦为娱乐的方式之一，新闻与娱乐的分界模糊了。1996 年《羊城晚报》率先将"文化新闻版"改为"娱乐新闻版"，而"星"、"腥"、"性"的内容充斥全国各类都市报，新闻选择上的低俗、媚俗和庸俗化倾向成为新闻娱乐化的初级表征。

新闻娱乐化的具体表征体现在题材内容和表现形式两个方面：在

[①]　陈序：《娱乐模式：从明星表演到百姓游戏——浅析中国电视娱乐节目的四个阶段》，《新闻记者》2005 年第 2 期。

[②]　［英］科林伍德：《艺术原理》，王志元等译，中国社会科学出版社 1985 年版，第 81 页。

内容选择方面，传媒偏向"软新闻"或者尽量将"硬新闻"软化。减少严肃新闻的比例，将名人明星、花边花絮及带有刺激性和煽情性的社会新闻、犯罪事件、灾害灾难、体育事件、暴力事件、奇闻异事等内容作为新闻报道的重点，同时从严肃的政经新闻中挖掘和放大其娱乐要素和娱乐价值；在形式处理方面，传媒强调故事化和情节性，从最初强调新闻报道中的贴近性、趣味性演变为追求吸引力和冲击性，在新闻报道中强化使用悬念、煽情等手段，使新闻报道故事化、文学化、戏剧化。比如在很多省级或地方台的新闻报道中，总是能看到将"新闻"演绎成"故事"的局面，并形成几种常见模式：

（1）悬疑式：以剥笋解疑的方式引起关注，比如警察探案、科学探秘等内容；

（2）案件追踪式：刑侦、司法报道常用此模式；

（3）真情咏叹式：报道中重点在于用拳拳之心、殷殷之情打动人并引起共鸣、赚取关注，总是用于表现亲情、爱情、友情等内容；

（4）揭丑式：丑闻总是公众感兴趣的内容，曝光丑恶、揭露腐败等内容；

（5）戏剧式：生活变故、命运弄人的非正常人生，是媒体追逐的目标；

（6）旧闻翻新式：类似于揭秘性内容，比如历史故事等。

这些做法都是将新闻变成了五花八门的故事情节，人们看新闻的心态似乎也和看电视剧一样了。这样做的结果，是新闻与娱乐呈现出合流样态，人们面临的是一个面貌模糊的"信娱"（infotainment，即information 和 entertainment 的混合）环境。

这个英文新词各取了"information"和"entertainment"一半合成

一个词，意思就是"信息 + 娱乐"或者"既是信息又是娱乐"，"信娱"以大众娱乐的方式来实现信息传播的目标。[①] 或者更具体而言，就是对严肃的新闻报道与娱乐化的节目进行内容和形式上的混合，使二者原本泾渭分明的区分变得模糊甚至难以辨别，这种混合所带来的结果值得思考：一方面，新闻或政治报道原本应该保持的严肃性消失了，接着，其真实性与可信性也变得不重要；另一方面，娱乐精神大张其道，在加入一些信息价值之后变得更吸引受众。观察当下大众传媒，新闻报道娱乐化的倾向非常明显，政治新闻明星化、花絮化、娱乐化；民生新闻戏剧化、故事化、离奇化；新闻报道形式轻松化、随意化、日常化等等。这种信息与娱乐的混合形态最早体现在报纸的周末版当中，后来蔓延到晚报和都市报的报道策略，逐步表现为电视综艺节目的娱乐化风潮带动席卷全媒体的娱乐生产模式。2013 年中央电视台进行又一轮节目改革，人们惊呼，就连《新闻联播》都开始"卖萌"了（尽管是形式上的）！

但媒体的娱乐化风潮背后也隐忧重重，在媒介文化生产者与消费者越来越青睐于媒介生产娱乐化的快感时，研究者们又在警示着全媒体娱乐化带来的危机与文化伤害。

在 2000 年第 2 期的《中国记者》上发表了一则魏颖的批评文章：《警惕新闻娱乐化现象》，尽管文章只有数百字，但可以看作是对当代新闻娱乐化问题的最初警醒。文章认为，1999 年香港电视台使用当红艺人做新闻主播的现象，还有当下时尚、娱乐类报刊兴盛的现象等，都充分揭示大众媒体忽视"社会公器"责任、一味追求利润的表现。[②] 同

---

① A.David Cordon and John Michael Kittross, Controversies in media ethics（second edition）, Landon:Longman,1999.P.231。

② 魏颖：《警惕新闻娱乐化现象》，《中国记者》2000 年第 2 期。

年，李良荣教授发表文章：《娱乐化、本土化——美国新闻传媒的两大潮流》，认为"传媒的娱乐化不单是指报纸、电视台、广播，娱乐性内容所占比重越来越大、新闻内容和版面受到冷落和挤压，而且新闻本身的娱乐性内容越来越多，严肃新闻也竭力用娱乐性来包装。……新闻的娱乐化是指犯罪新闻、名人的风流轶事、两性纠葛"。① 之后，石磊的文章《传媒娱乐主义解读》中明确提出"传媒娱乐主义"的概念，并认为，传媒娱乐主义是传媒机构创造娱乐欲望、刺激并扩大消费以实现自身商业利益的重要手段，是传媒与资本的合作合谋的产物，是后资本主义时期消费社会必然的文化现实。② 借用波兹曼的话来说："问题不在于电视为我们展示具有娱乐性的内容，而在于所有的内容都以娱乐的方式表现出来，娱乐是电视上所有活动的超意识形态。"他甚至惊呼："我们的政治、宗教、新闻、体育和商业都心甘情愿地成为娱乐的附庸，毫无怨言，甚至无声无息，其结果是我们成了一个娱乐至死的物种。"③

3. 游戏精神中虚无的放纵

当代媒介文化生产与消费中普遍存在一种游戏的心态，"神马都是浮云"，戏言背后掩藏着虚无主义的放纵。

无论是论坛上的"跟帖"、"造句"，还是视频中的"恶搞"与"山寨"，还是影视剧中的"戏说"与"雷剧"，无不体现出一种大众审美的游戏心态与放纵意识，"这种狂欢精神追逐的是一种忽略历史真实和现实生活秩序的叙事逻辑，……它不再把所谓真实性作为大众审美的先在条件，而是把诙谐、幽默、讽刺、嬉戏、游戏、狂欢作为大众审

① 李良荣：《娱乐化、本土化——美国新闻传媒的两大潮流》，《新闻记者》2000年第10期。
② 石磊：《传媒娱乐主义解读》，《新闻界》2006年第2期。
③ ［美］尼尔·波兹曼：《娱乐至死》，章艳译，广西师范大学出版社2004年版，第114页。

美的自足性归结。大众从那些谐谑的语言、滑稽的表演和超现实的叙事中所获得的快乐体验，正在于它接近节日狂欢的心理感受"[1]。

如影视剧中的"戏说历史"的热潮，能够非常典型地体现媒介文化生产与消费中的游戏心态。在"戏说剧"出现之前，编剧与导演们对如何处理历史题材也颇有争议，"剧作家们大多主张虚构，但包括历史学家在内的文艺理论家、学者们却大多主张写实，两者之间互不理解、互不相容的现象普遍存在"[2]。尽管争论不小，争论的主要话题还是集中在如何解决"历史事实性"与"艺术虚构性"之间的关系问题。80 年代所拍摄的四大名著、《司马迁》、《林则徐》等电视剧，都能够站在严肃的立场上弘扬中华传统文化并试图影响人们的精神价值取向，"这其中，中国知识分子的启蒙立场及洋溢着理想主义的就是情怀得到尽情地抒发。在对意识形态的建构及知识分子的激情言说中，历史无疑隐匿或昭示着某种精神性的东西，正是这种精神性的东西招引着知识分子不断去阐释历史的冲动"[3]。但是，"戏说剧"的出现，让这种精英色彩的戏剧叙事模式彻底改变了。

我国 90 年代以后出现的"戏说历史剧"肇始于《戏说乾隆》（1991年）和《宰相刘罗锅》（1994 年），之后出现的《康熙微服私访记》、《还珠格格》、《少年包青天》、《铁齿铜牙纪晓岚》等，将历史戏说到底。这些影视剧"以游戏的心态述说历史"。[4] 这种叙事方式并不以历史与生活的真实性为目标，甚至也不把影视语言中的细节真实和正常逻辑作为构件，它只是按照一个好玩儿的标准和原则，让文本和大众共同参

---

[1]　王黑特:《诙谐、游戏与狂欢追逐——90 年代中国部分电视剧再解读》,《当代电影》2003 年第 4 期。

[2]　孙书磊:《20 世纪历史剧争论之检讨》,《南京师大学报（社会科学版）》2005 年第 3 期。

[3]　郑春凤:《欲望化时代的文化消费——谈影视剧中的戏说历史》,《戏剧文学》2005 年第 5 期。

[4]　季广茂:《笑谈古今也从容——试论"戏说历史"的文化内涵》,《北京师范大学学报（社会科学版）》2005 年第 4 期。

与并制造出一种游戏的快感体验和服务。于是，乾隆就不再是历史人物清朝皇帝了，而是一个行走江湖的人物，在他身上聚集着各种大哥、公子、帅哥和老大的标签，令人向往。在这里，没有国家的意识形态立场、没有历史的崇高感受、也没有文化人的理想主义激情，只需要狂欢式的文化体验，而这种体验快感成了媒介文化生产和消费的原始推动和终极追求。

这种"戏说历史"的游戏性狂欢心态还体现在对经典的戏拟性解构过程中。

电影《大话西游》1995 年面世并于 1997 年在中国大陆掀起近乎癫狂的追捧和轰动，人们尤其是年轻人非常热衷于其中"无厘头"的电影话语和戏拟式的解构行为，孙悟空、唐僧等经典的人物形象被完全改造，他们的语言也极具后现代的荒诞感。当然，对经典的解构不仅仅指传统经典，甚至还延伸到"红色经典"。文学杂志《江南》2003 年第 1 期刊登小说《沙家浜》，这里的阿庆嫂完全颠覆了"样板戏"中智勇双全的正面形象，被戏说成一个"风流成性"的女人，引起了很多讨论。"游戏"的心态，从历史题材扩大到革命经典题材，打破了所有之前被认为"神圣"的东西，而越是这样，越觉得快感强烈。

同样带着"解构神圣"的念头，近年来流行的"山寨文化"也很值得一提。"山寨"一词，原本用来形容 IT 业对品牌产品的模仿、复制的低成本生产的有侵权盗版嫌疑的经济行为，这个经济领域的词汇从 2008 年开始也成为文化领域的热词，用来形容由普通人生产并传播（尤其是通过网络渠道传播）的对经典、权威文化作品的模仿性文化行为。这一现象通常被认为是彰显了草根大众与文化精英、民间与经典、亚文化与主流等一系列二元对立的文化结构，因此也获得了非同一般的社会影响与关注。

经常用于解释山寨文化的典型个案分别是山寨百家讲坛、山寨红楼梦和山寨春节晚会：

商人韩江雪，曾向中央电视台名牌栏目《百家讲坛》自我推荐主讲岳飞，但遭到拒绝，理由是其不具备主讲的学术资格。韩干脆在自己的新浪博客中播放自己录制的视频，名字就叫《从靖康耻到风波亭》，引来一票网友关注支持，甚至被封为民间"易中天"；①

四川网友陈维实，对北京台新版《红楼梦》的炒作行为极度不满，干脆自己导演自己拍摄《红楼梦》，尽管制作的道具极其简单，参与者均为毫无表演基础的家人朋友，但发布在网易博客上的视频也引起大力热捧；②

网民"老孟"，于 2008 年 11 月 28 日向央视春晚宣战，声称要办一台完全由草根参与的网络版春节联欢晚会，并于除夕晚与央视同步直播。此行为引起众多网民的强烈反响，甚至组织开办了专门的山寨春晚网站。③

从文化生产和消费的心态而言，这是"从'恶搞'到'山寨'的一系列草根狂欢"④。无论山寨的对象是什么，这种文化行为都或多或少透露出对现有文化品牌权威的不满和不屑，"狂欢"中"对个人文化表达自由的强调和对挑战文化权威行为的支持"也体现出某种程度的文化解放价值。⑤

---

① 杨博：《〈百家讲坛〉出山寨版，网上冒出民间易中天》，http://ent.sina.com.cn/v/m/2008-10-24/07442219236.shtml，2008-10-24。

② 孔悦：《山寨版〈红楼梦〉网上流传，网友最爱"林黛玉"》，http://ent.ifeng.com/movie/news/mainland/200810/1021_1845_839981.shtml，2008-10-21。

③ 朱丹：《2008 年山寨成最火名词，山寨文化进行时》，http://media.people.com.cn/GB/8474430.html，2008-12-08。

④ 李凌凌：《山寨文化：Web2.0 时代的草根狂欢》，《新闻界》2009 年第 1 期。

⑤ 王绍光：《民主四讲》，三联书店 2008 年版，第 108 页。

再比如当下流行的各种电视剧类型中，"谍战剧"、"清宫剧"、"穿越剧"、"悬疑剧"等等，在游戏心态的支配下，在忽略历史真实和现实生活秩序的脱轨逻辑上越走越远，所谓"雷剧"，就是指这种对事实和逻辑的全然抛弃不顾的行为。艺术真实和逻辑合理已经不再是文化生产的先在条件了。比如引起讨论的"抗战剧"中"手撕鬼子"的设计，这种荒诞的设计也引起了广电总局针对抗日剧戏剧化、科幻化和武侠化的整治。究其原因，是游戏式的创造生产心态和消费心态，一方面感到"雷人"，另一方面又市场走红，公众一边骂一边看的心态矛盾又合理。

以上所呈现出的"游戏"和席勒所强调的"游戏"是截然不同的，席勒所说的"游戏"是主体性的完全释放，只有在"游戏"的高度主体性释放下才能生产艺术与文化。但现在的文化生产"游戏"，抱着自我放逐的心态，快感自不必说，但意义价值却无从寻觅。

第四章　1990 年代以来媒介文化生产的机制嬗变

媒介文化生产方式在某种程度上可以看作是媒介文化在一定历史阶段内"游戏规则"的具体操作和常规实施，在一定规则范围内生产方式如果发生较大改变和更新，则会导致媒介文化本身发生必然的重大改观。中国进入 90 年代尤其是 1993 年以来，媒介文化生产方式在技术配合与推进下，产生了深刻的变化：

首先，媒介文化生产与传播的渠道剧增。无论是印刷媒介还是电子媒介，传播渠道数量上的增加是惊人的，传播方式也极大丰富。比如电视，由于数字技术的发展，电视频道由原来仅有的几个增加到如今的几百个，频道不再是稀缺匮乏的了。原来播出频道平台无法满足内容生产的局面改变了，如今的内容生产甚至有些满足不了频道播出的容量与速度。报纸上每日几十个、近百个版面等待内容填充，网站每日的频道和网页等待更新，电视台每天 24 小时不间断播出，这都需要大量信息，因此，内容生产的速度和数量成为最重要的指标之一。由于媒介数量和传播渠道平台的激增，传播渠道与内容生产的关系也发生深刻变化。同时，内容生产的方式、形式、速度和数量等都产生了变化，比如为了适应传播渠道的需求，内容生产在速度上一再提高，2014 年农历初一全国上映的影片《爸爸去哪儿》只用了五天时间拍摄、一个月的时间制作后期，创下了影片生产周期的历史之最；再比如，媒介的内容生产在数量方面每年都会有提高和突破，运用工业流水线式的方式生产尽可能多的生产文化产品，才能最大限度地保障消费、迎合消费需求。

其次，媒介文化生产环节中产业融合特征明显。90年代以来的全球化文化产业发展以知识经济为背景，同时依托发展迅速的数字化信息技术，"传媒汇流"、"融合发展"、"跨行业"、"跨地区"、甚至"跨所有制"的特点非常明显。产业融合特征一方面表现在媒体间的兼并联合，比如，在网络媒体积极与传统印刷媒体合作以寻求强大内容支撑的同时，传统印刷媒介也不断同新媒体融合以提高传播能力和范围。可以说，传统媒体与新媒体的联合成为媒介两方面双赢的必然途径。另一方面，产业融合的特征表现在媒介文化产业链条立体化。媒介文化产品被"一次开发、多次利用"，使得产品实现效益最大化。比如近几年影响很大的"喜羊羊与灰太狼"系列，从最初的动画片到如今众多关联产业的立体开发，比如图书、漫画、歌曲、玩具、道具、文具、各类饰品等等，产业链不断扩展。正是由于文化产业融合的缘由，一些文化企业才得以不断扩展甚至出现巨型文化企业。当前国际领先的文化企业，都融合了广播、影视、报刊、音像、出版、网络、娱乐等多种行业，形成综合性企业集团，只有这样才能拥有强大的生产力和国际竞争力。

再次，媒介文化生产与消费的边界趋合。网络媒体的出现，打破了文化生产与消费原本泾渭分明的疆界：即由专门的文化生产部门和机构为社会提供不同形式的文化产品。使这一特征更加显著的是以智能手机为代表的移动自媒体。在"三网融合"的技术支持下，宽带通信网、数字电视网和新一代互联网技术功能逐渐一致，三网互联互通、资源共享，能为用户同时传送语音、数据和广播电视等服务。当手机也成为网络信息的收受终端时，这种信息接收和发表的便捷性大增，更重要的是，网络媒体和移动媒体使文化生产与消费的关系改变了，文化产品的生产者和消费者集于一身，比如微博、微信等，人们既是信息的提供者又是信息的消费者。同时，媒介文化消费处于快速增长的时期，比如电影，2006 年全国电影观众为 0.98 亿人次、全国票房总收入 26.2 亿元，而到了 2010 年全国电影观众为 2.81 人次、票房总收入达101.7 亿元，票房增加近 3 倍。[①] 对文化消费起到很大刺激和推动作用的是数字化和网络化媒介给人们带来的新的消费体验，视听媒介产品成为文化消费的核心对象。

这些变化与 90 年代以来媒介文化生产机制的转换密切相关。

第一节　生产机制的转换与联动

一、"新闻改革"与"体制改造"

1992 年春邓小平"南方谈话"之后，我国新闻改革呈现出前所未有的活跃与解放之态，其改革的深度与广度已经广为人知；同时，新闻改革的参与者与研究者们也拥有一致的看法，那就是由于市场机制的许可和引进使得媒介及其相关领域发生了深刻而广泛的变化，一系列的变化中关涉到许多环节和因素，如媒介工作者的个人行为、媒介机构的组织行为、媒介机构同社会其他领域的关系等各个方面。

这些行为及关系层面的改变，不可避免地引发新闻体制的变化。

---

① 张晓明、王家新、章建刚主编：《中国文化产业发展报告（2012—2013）》，社会科学文献出版社2013 年版，第 37 页。

"'体制'代表了社会学中所指的'机构'及其稳定关联所形成的结构，以及这种关联所遵循的原则和规范。当这两方面固化于某种社会实践中时，我们便指这一实体为'体制'或'系统'。'体制'的核心是'制度'，即定义、制约和促成社会个体行动和互动的正式或非正式规则。"[1] 所以，体制代表着规范性的社会秩序，而"制度"则是体制及其变化的核心内容。但需要指出的是，我们不能局限于"制度决定论"的逻辑之中，并且认为制度合法性的存在与社会主体的实践和行动无关；恰恰相反，制度正是社会主体实践的结果，并非空泛的条条框框。换句话说，制度及制度的改变与社会主体的行为实践互为条件。因此，当新闻改革广泛而深刻地改变新闻生产实践后，由此也引发了新闻生产机制不可避免的变革。

有学者总结 90 年代新闻改革的三大特点：1. 既有新闻体制所包含的基本原则不予改变；2. 新闻改革从总体上缺乏清晰完整的目标设置；3. 因为第 2 点的原因，新闻改革体现出非常明显的"摸着石头过河"的不确定性。[2] 所以，新闻改革的发生和进展带着"临场发挥"的行为特征。但值得追问的是，为什么 90 年代的新闻改革在缺乏既定目标的情况下能够如火如荼地展开并且受到管理者极大限度的宽容、默许甚至事后的认可与支持？或者可以解释的理由之一是，中国当代的政治体制改革本身也具有"摸着石头过河"的鲜明特征，社会主义国家在政治体制改革中并没有现行成功的案例可以模仿，更没有成熟的理论能全面指导，因此这种边改革边探索的特点反映在新闻体制改革领域中，也就表现出"临场发挥"的特征了，换句话说，新闻领域的改革是业

---

[1] 潘忠党：《新闻改革与新闻体制的改造——我国新闻改革实践的传播社会学之探讨》，《新闻与传播研究》1997 年第 3 期。

[2] 潘忠党：《新闻改革与新闻体制的改造——我国新闻改革实践的传播社会学之探讨》，《新闻与传播研究》1997 年第 3 期。

务突进之后带动的观念变革。

实际上，我国的新闻改革在 80 年代中后期就开始有较为重大的动作，比如对新闻制作和报道一些实践层面的改变，"散文化写作"对教条死板的文风的突破、反对新闻假大空，强调新短多、恢复批评报道等等。①这些最初的行为更新，很大程度上促进了90年代传播领域对"信息"、"传播"等概念的理解以及对新闻"商品属性"的热烈讨论与重新认可。随着十二届三中全会经济体制改革的启动，到社会主义市场经济发展道路的确定，再到 1992 年邓小平南方谈话之后，经济发展改革和思想解放的社会氛围愈加浓厚，新闻界的改革浪潮涌动，从管理者到业界实践者体现出一种"合作"或"合谋"的推进模式。

称作"合谋"，是在强调官方管理与新闻实践主体虽各自拥有不同的追求和具体目标、不同的思考新闻改革的角度，但在追求方面却有某些重合之处，或者各自关注的重点领域有重合之处，这是在客观上能形成"合作"的前提。比如政府需要降低财政负担并激发文化产业的生产力和经济效益，而传媒实践者则需要扩大自主权、自谋好出路等等，虽然目标各有所向，但客观上有很多一致之处，因此，也就能一拍即合。再比如在新闻体制改革的过程中，媒体恢复刊播广告是很关键的一步，这一改变被称为媒介组织的"断奶"过程。政府为了减少财政赤字决定停止向新闻传媒机构提供财政经费支持，许多媒介机构立刻面临经营经费从哪里来的问题，而媒介机构则希望能够拥有更多更灵活的经营权以解决经费不足的矛盾，这两种力量上下共同作用，逐步开放广告市场。其结果是中央财政减负成功、媒介机构逐步商业化。当然，改革行动是在政府管理层和传媒实践主体共同策划协

---

① 童兵：《市场经济：中国新闻界的新课题——兼议新闻改革的价值取向及其纠正》，《新闻知识》1993 年第 3 期，第 6 页。

商中进行的，在那些双方利益追求重合之处，改革就进行得非常顺利，如果改革行为违背了基本的新闻原则，这种行为则会遭到限制和规约。因此，"上下合谋"的"商议"行为"并不代表上、下双方具有平等的地位。恰恰相反，这种商议以新闻从业人员认可官方所定义的基本原则为前提条件。因此，这种商议的表现形式往往是下面'突破'一些原有的框框，即采取一些'非常规'的行动；上面把握方向，以意识形态、政治、行政、经济甚至法律手段认可某些'突破'，否决另一些'突破'"①。所以我们要高度重视在新闻改革过程中主导意识形态的限定性和领导作用，而不能将上层宏观控制和下层微观行为的协商结果看作是平等合作的表现。

这种"上下协商"的新闻改革实践在客观上造成了90年代以来逐渐加强强度的新闻体制改造。之所以称为体制改造，目的是强调体制层面改革是在一定空间内进行的，并非完全彻底的改变既有体制。从整个新闻改革实践来看，新闻改革中所取得的突出成就主要表现在新闻观念的更新和新观念的确立这个层面，比如：首先破除了唯一性的党报观念，确立了国家和人民的新闻观念，形成多类型、多层次的传媒结构；其次突破了传媒唯一性的党性观念，并在确立党性观念核心地位的前提下将传媒事业的党性、人民性、群众性等结合起来；第三，突破了唯一性的媒体指导观念，提出媒体的服务性、趣味性、思想性与指导性相结合的观念。②可以说，在新闻改革过程中，传媒观念、传媒功能、传播模式等层面都进行了全面的探索与大胆的实践。但毋庸置疑的是，新闻改革中也有一些不能更改的原则，比如对党性原则、

---

① 潘忠党：《新闻改革与新闻体制的改造——我国新闻改革实践的传播社会学之探讨》，《新闻与传播研究》1997年第3期。

② 童兵、林涵：《20世纪中国新闻学与传播学·理论新闻学卷》，复旦大学出版社2001年版，第392—393页。

党管媒介的坚持，还包括一些既定的新闻观念和规范：比如政治家办报、政府出资办报、新闻采写要接受各级党委的指导和管理、遵守党的宣传纪律等等。这些不能改变的内容一方面框定了改革的运行空间，另一方面也决定了新闻改革的基本基调。

改革当然意味着变化，市场机制的引入成为 90 年代新闻改革最强大的动力源泉。由于市场机制的作用，新闻传播也发生了诸多层面的变化，比如市场成为调节媒介各种资源的重要手段；新闻机构逐渐变为经济实体并走向企业管理、企业经营模式；各种层次和形式的大众媒介产品都在市场或准市场环境下展开竞争；市场法则和行政手段共同成为管理媒介经营和生产的有效方式。

尽管改变颇多，但新闻改革始终在有限度的空间内寻求突破和创新。新闻媒体作为"党的宣传工具"的基本原则是中共历届领导人反复强调的重点，同时，新闻媒体必须接受党的领导这个原则也是不能改变的，新闻媒体与党中央在政治上保持一致成为最需要遵守的"宣传纪律"。新闻改革讨论的不是这些原则该不该坚持的问题，而是市场化运作下如何落实和实行这些原则的问题，所以，新的时代条件下加强对传媒机构的宏观管理和规范成为管理部门研究和发力的重点。因此，新闻改革与其他层面的改革相同之处在于，新闻改革的问题不是改与不改，而是怎么改、并且怎么在改革中坚持和强化党的领导的问题。由此可见，90 年代风起云涌的新闻改革（在更集中意义上可以看作是媒介文化生产层面的改革）对于上下各层的改革主体而言，都不是要去彻底革新既有的新闻体制，而是在当前的基本框架中进行"体制改造"，而改造的核心手段便是引进新型的传媒生产与运作机制。

二、市场机制与管控机制的联动

"机制"一词最早源于希腊文，指机器的构造和动作原理。对机制的这一本义可以从以下两方面来解读：一是机器由哪些部分组成和为什么由这些部分组成；二是机器是怎样工作和为什么要这样工作。或者简单地理解，"机制"就是以一定的运作方式把事物的各个部分联系起来，使它们协调运行而发挥作用。那么，媒介文化的生产机制就是要研究生产过程中各生产要素究竟如何联系并协调影响生产。

复旦大学新闻学院李良荣教授在分析 90 年代以来的中国媒介文化生产模式时使用了一个词，将之称为"完全国有的有限商业运作模式"，[①] 同时认为媒介文化生产虽然仅仅引入"有限商业运作"，但却在这个限度内将商业运作表现得非常充分，甚至大众媒体经常表现出突破限度的企图和行动来。为什么是"有限的商业模式"呢，主要原因在于中国传媒的所有权归属问题。我国的报纸、电台、电视台等重要新闻机构的所有权都为国家所有，并构成党的事业的一部分；虽然 90 年代中后期绝大多数媒介机构开始自主经营和独立核算，"事业单位、企业管理"的双重定位赋予传媒机构市场追求的合法性和积极性，但政府的管控和规制仍然是非常重要的方面。与完全的市场运作方式不同，除了资本成为对传媒生产施加影响的重要手段之外，另外两个因素也在控制媒介生产：一是意识形态标准，主导性的意识形态标准构建着传媒生产的行为边界；二是中国传媒严格的等级差异，客观上造成传媒资源配置的不平等。所以我们可以将 20 世纪 90 年代以来所探索和建立起来的传媒生产机制称为"控制与市场的联动机制"，一方面是市场化、商品化，另一方面是政治和意识形态控制。可以说，相对于单

---

① 李良荣：《西方新闻媒体变革 20 年》，《新闻大学》2000 年第 4 期。

纯的集中控制机制，"联动机制"更为灵活也更能适应时代发展和社会需求，同时，传媒生产的"联动机制"也更符合"中国模式"的要求。

何为"中国模式"，近几年来这个词在各种层面上被使用，但主要是在政治经济学意义上强调中国独特的政治体制、发展道路和经济体制。中国改革开放三十余年的发展，在自身极具特殊性的独特道路选择方面备受世界关注，因为在改革路径和方法上借鉴欧美和日本等发达国家的不同经验，与新中国成立以来所坚持的社会主义方向相结合，形成了具有中国特色的道路，人们用"中国特色"、"中国经验"、"中国模式"等称谓也表达出这一路径的特殊性和复杂内涵。同时，这个道路和发展模式之所以备受关注，与它所取得的瞩目成绩分不开：2010年中国的经济总量已经超过日本，成为全球仅次于美国的第二大经济体；超过德国成为世界第一大经济出口国；中国依靠这种发展模式制定并成功落实了许多体现国家利益的重点战略，并能够在全球经济危机的严重影响下继续保持 GDP 超过 9% 的高速增长。"中国模式"从政治经济学的意义上讲，既在政治上保证了中国共产党的领导权，又促进了经济的高速发展，使民众的生活水平显著提升。

"中国模式"的基本含义包括三个方面：首先是一党执政的核心理念。"中国模式"强调列宁主义中最核心的内容，即绝对不允许一切力量挑战一党执政的核心权力；其二，社会控制系统的独特性，无论是社会行为控制还是意识形态控制都具有中国特色；第三，经济层面的突出特点表现在政府操控下的市场经济，换句话说，中国所实行的市场经济并非同西方国家一样的自由市场经济，而是受到政府宏观调控与影响的市场经济。[①]

---

① 何迪、鲁利玲：《反思"中国模式"》，社会科学文献出版社 2012 年版，第 149—150 页。

尤其是经济层面的路径选择，最初的称谓出自 1992 年 10 月中共十四大所提出的"社会主义市场经济"，并开始确定市场化改革的总体方案。但在经济改革领域，"中国模式"显然也有局限性，比如："（1）虽然国有经济在经济活动总量中并不占优势，但它仍然控制住国民经济的命脉，国有企业在石油、电信、铁道、金融等重要行业中继续处于垄断地位；（2）各级政府握有支配土地、资金等重要经济资源流向的巨大权力；（3）现代市场经济不可或缺的法制基础尚未建立，各级政府拥有很大的自由裁量权，并通过直接审批投资项目、设置市场准入的行政许可、管制价格等手段对企业的微观经济活动进行频繁的干预。"[①]这样一来，"中国模式"所包含下的经济体制实际上意味着管制与市场的复杂结合和广泛交叉。

当然，"中国模式"的探索和选择有非常深刻的历史和社会根源。从八十年代真正进入改革开放的 10 年中，国门刚刚打开之后扑面而来的是各种国际国内新状况。对新中国成立以来社会主义实践的反省和批判，再加上探索中国未来发展之路的思路和努力，这种思想基础成为之后"中国模式"选择的必要准备；而 1989 年的重大政治风波和 90 年代初全球范围内社会主义国家所遭遇的危机与挑战，成为形成"中国模式"的决定性环境因素。

中国政府经过历届领导集体的探索与实践，选择并继续进行着"中国模式"主导下的改革和发展路径，这也深刻地影响到社会各行业各领域的发展样态。在文化建设和发展方面，"中国模式"依然是决定性标准和依据：文化建设既要保障意识形态层面的主导性，为政治稳定做好文化保障；又要达到将文化产业作为国民经济的支柱性产业和新的

---

① 何迪、鲁利玲：《反思"中国模式"》，社会科学文献出版社 2012 年版，第 4—5 页。

经济增长点的目的。从这个角度观察，文化生产中独特的"控制—市场联动机制"虽然产生诸多矛盾和问题，却又极具合理性和可理解性。

中国媒介文化生产首先要在意识形态方面体现"社会主义文化领导权"。孟繁华认为，"现代传媒在中国的出现，是被现代化的追求唤出来的，它适应了社会政治动员的需要，国家民族的共同体认同，……现代传媒推动或支配了中国思想文化的发展动向。那些与现代民族国家相关的观念和思想正是通过传媒得以播洒的。从这个意义上也可以说，传媒甚至成了某一时代的象征"[1]。同时，传媒所表现出来的新的话语权力更不能轻视，传媒的话语权力"在其传播过程中如果为民间所认同，它也就获得了'文化领导权'。传媒和文化领导权的关系是密切联系在一起的"[2]。在政治经济领域广泛施行的"中国模式"的指导下，文化领域的改革也在确保"文化领导权"的前提下开始了引进市场机制并最终走向产业化的更高级发展状态。

正如"社会主义市场经济"这种带有强烈中国特色的表述所揭示的，经济运行层面的市场机制和政治控制层面的社会主义体制同时存在，一方面向传统经典的经济学和政治学理论提出了挑战，另一方面也带来改革行为的创新。在这样的背景下，当代传媒文化生产也体现出复杂的样态。经济领域改革的不断深入，给传媒文化生产带来压力也带来了机遇，政策的推进给传媒文化规范的同时也给它"松绑"，市场化和产业化的机制不断从外部冲击和改变着媒介文化的基本格局。把西方发达国家成功的文化产业化的实践与中国追求经济强国和文化强国的目标联系起来，在国内消费文化崛起的环境下，思考文化生产

---

[1]　孟繁华：《传媒与文化领导权——当代中国的文化生产与文化认同》，山东教育出版社 2003 年版，第 2 页。

[2]　孟繁华：《传媒与文化领导权——当代中国的文化生产与文化认同》，山东教育出版社 2003 年版，第 2 页。

的新型机制是极为迫切的问题。

一方面，文化生产积极引进市场运作机制：自 1992 年始，党中央陆续提出了推进文化体制改革的思路，①到 1996 年则更加明确地提出文化领域改革的任务，并指出改革的关键是要"发挥市场机制的积极作用"。②倘若把 90 年代初这些政策层面的推进看作前奏，那么 2000 年则是文化生产市场化、产业化发展的重要转折点。在这一年召开的中共中央十五届五中全会上，会议再次明确地对文化领域改革的目标、手段和进程提出了要求，与此同时更着重强调要在文化产业政策推进方面、强化文化商城管理与建设方面、推动文化产业化进程方面做出努力。③例如，对传媒机构的预算办法进行更改并采取预算包干的新形式，而实行这一预算新办法之后，中央电视台的总体收入突飞猛进，从 1990 年的 1.2 亿元增加到 2000 年的 57.5 亿元；电视节目也较之十年前翻了三倍，中央电视台的电视节目信号在 2000 年的时候覆盖全球 98% 的国家与地区。④

实施文化产业发展的集团化战略是市场化机制改革的另一项重要举措，扩大市场规模和竞争力也是应对中国加入世界贸易组织之后的国家竞争。《广州日报》在 1996 年 1 月 15 日成为中国报业集团第一家试点单位，广州日报报业集团正式挂牌，这被视为中国传媒产业化发展的标志性事件。在《关于同意建立广州日报报业集团的批复》中新闻出版总署这样解释："我国报业发展迅速，至今已有公开发行的报纸

① 《江泽民在中国共产党第十四次全国代表大会上的报告》，http://cpc.people.com.cn/GB/64162/64168/64567/65446/4526308.html，1992–10–12。
② 《中国共产党第十四届中央委员会第六次全体会议公报》，http://cpc.people.com.cn/GB/64162/64168/64567/65398/4441784.html，1996–10–10。
③ 《中共中央关于制定国民经济和社会发展第十个五年计划的建议》，http://china.findlaw.cn/fagui/jj/23/60680.html，2000–10–11。
④ 韩永进：《我国文化体制的改革与新进展》，《出版参考》2005 年第 10 期。

2000 多种。随着社会主义市场经济体制的建立，报纸的竞争也日趋激烈。在这种形势下，适时组建以党报为龙头的社会主义现代化报业集团，可以带动我国报业由规模数量型向优质高效型转移，由粗放型向集约型转移。因而，它具有十分迫切的现实意义。……建设社会主义现代化报业集团，是中国报业发展迈向新世纪的一个重要飞跃，是中国报业改革带有方向性的大事，它必将为中国报业各方面带来深刻的变化。《广州日报》经过几年思想理论、物质条件和运作机制等方面的准备，已经具备了较有影响的传媒实力，较灵活通畅的发行实力，在社会效益和经济效益两个方面都取得了较好成绩。由《广州日报》组建中国首家报业集团，条件已经成熟。为此同意《广州日报》作为报业集团试点单位。"[①] 新闻出版总署在 1996 年 1 月到 1998 年 7 月期间共批准了 6 家报业集团，即广州日报报业集团、羊城晚报报业集团、南方日报报业集团、光明日报报业集团、经济日报报业集团以及文汇新民联合报业集团。首批报业集团集中在北京、广州和上海这三个城市，这恰恰是中国经济改革最有成就活力、经济发展水平最高的三个城市，可以说，传媒产业化发展与地区经济发展水平直接相关。

　　但如果分析中国第一批报业集团产生的背景与过程，就会发现非常鲜明的特征，即我国报业集团的诞生并非自发形成而是市场力量和行政力量共同作用的结果，或者说，中国传媒的产业化路径既是市场行为，更是政府行为。

　　从市场角度来看，早在 90 年代初期，中国报界开始呈现复苏繁荣之态，并随着一些市场化试水较早的报纸尤其是晚报类报纸进入高速增长期，报社经济实力也不断增强，许多报纸开始图谋经济实力进一步

---

①　孙燕君：《报业中国》，中国三峡出版社 2002 年版，第 307 页。

扩大的方案，集团化发展成为报社负责人首先想到的手段。在 1990—1994 年间，《北京青年报》、《经济日报》、《新民晚报》、《深圳特区报》等许多报纸已将集团化发展的方案转变为实际行动，都宣称要走报业集团化发展的道路，甚至自我称呼为报业集团。鉴于这种动向，1994 年 5 月 18 日，新闻出版总署研究并给出最终意见和行为规范：第一，书报刊音像出版单位组建集团是改革的新尝试，目前只做少量试点；第二，书报刊音像出版单位组建集团，目前阶段只限于本省区范围内的联合，不组织跨省、区的集团，不组织股份报业机构；第三，书报刊音像出版单位组建集团其集团的成员以新闻出版单位为主，也可吸收与新闻出版相关的单位，不吸收与报业无关的企业、商业参加；第四，书报刊音像出版单位如要组建集团须在经济、人员素质、管理等方面具有一定实力后方可组建。组建前要写出可行性报告并认真论证；第五，书报刊音像出版单位组建集团须履行正常审批程序，同时统一取消各种已经宣布自己为"报业集团"的称呼。[①] 这些意见和规定同自由自发的市场行为并不一致，国际上通行的报业集团是指拥有两家或两家以上报纸的报业联合体，这种"报业联合体"同其他行业集团一样，完全遵循市场经济规律，无需限制与批准。而我国首家报业集团——广州日报报业集团从 90 年代初报业集团化发展的规划到 1996 年最终亮相，这正好体现了媒介发展与运作过程中市场力量和政府力量权衡联动的典型特征。

可以肯定的是，广州日报报业集团能够成立，有市场因素在起作用，因为当时《广州日报》的经济实力已经无人能比，堪称中国报界首富：1996 年，《广州日报》的日发行量超过 60 万份，广告收入超过 5

---

① 中华人民共和国新闻出版总署：《新闻出版署关于书报刊音像出版单位成立集团问题的通知》，http://www.people.com.cn/electric/flfg/d2/940518.html，1994-05-18。

亿，报社总收入高达 12 亿（当年全国报纸广告收入为 77 亿元）。在当时，只有《广州日报》一家的广告收入突破 5 亿元，《人民日报》的广告收入只有 8000 万元。① 这个经济实力"全国第一"的地位是市场认定和给予的，并非政府的认定或给予。但同时需要强调的是，广州日报报业集团能够得以组建更是一个政府行为，其中行政力量的参与不可忽视。《广州日报》作为广州市委机关报，从级别上说并不能和《人民日报》、《经济日报》等中央级报刊相提并论，也低于省级报刊，尽管在广告收入上全国第一，但发行量和地位并非最强。新闻出版总署批准成立广州日报报业集团，既考虑到广州日报社雄厚的经济实力，又考虑到用三级报纸做试点更为稳妥、更少风险。因此，作为一种综合考虑权衡的结果，行政力量甚至是决定性的。因此，广州日报报业集团作为综合考虑权衡的结果，行政力量在其中甚至是决定性的。

传媒产业化、集团化发展从试点到全面展开，行政力量起到主要的推进性和方向性作用。截至 2002 年，全国共组建 72 家传媒集团，包括 38 家报业集团、12 家广电集团、10 家出版集团、5 家发行集团和 5 家电影集团；2008 年，共有 13 家文化企业成功上市参与融资运作。文化实力目前已被认为是国家"软实力"的象征，故而我国文化产业的生产力与国际竞争力的全面提高是政府大力推进传媒产业化发展的主要目的。如国务委员刘延东所强调，我国经济快速发展必须要有与之相匹配的文化发展，只有这样，文化才能成为我们建立现代化强国的力量之源，才能成为我们屹立于世界民族之林的精神支持。②

毫无疑问，当政治力量和市场力量共同介入媒介机构运作与生产领

---

① 孙燕君：《报业中国》，中国三峡出版社 2002 年版，第 308 页。
② 刘延东：《培育强大的文化软实力 为建设富强民主文明和谐的现代化国家提供强大支撑》，http://www.gov.cn/ldhd/2009-11/24/content_1472268.htm，2009-11-24。

域的时候，媒介文化的生产机制突破了之前政治力量主导的单一的指令型运作模式。市场机制介入媒介文化运作之后，必然导致媒介运行领域内的机制张力：一方面，媒介生产仍然且必须遵循政治力量的规范和制约，并承担主导意识形态的宣传与建构功能；同时，市场运营的利益追求和大众文化的广泛需求，不断促使媒介生产在市场化、产业化发展的道路上越走越远，甚至在事实上不断调整政治力量的约束。既有的"控制机制"和新的"市场机制"在媒介机构的意识形态导向、产品生产、目标诉求等方面有一致更有冲突和抵牾，这种复杂的联动机制必然会导致媒介管理的调整、媒介体制的改造和媒介生态的变化，或者也可以说，这种复杂的联动机制必然导致一个诸多力量复杂博弈以追求动态平衡的过程。

第二节　生产逻辑的调整与更新

在上述政治经济改革的大背景下，媒介生产层面的变化体现在从宏观到微观的各种层面，也体现为从体制改造到机制转换的全方位变化，因而 90 年代以来的媒介文化的生产逻辑也随之进行着重新调整。

一、媒介文化的产业定位与资源开发

1. 媒介文化生产的产业定位

国家统计局在 2004 年 3 月发布的《文化及相关产业分类》中，将文化产业划分为三个层次，分别是文化产业核心层、文化产业外围层和相关文化产业层（见图 1），在这三个层级中包含了具体不同的文化产业形态。很显然，媒介文化主要集中在文化产业核心层中，也就是说，媒介文化产业是文化产业发展的重要组成部分。

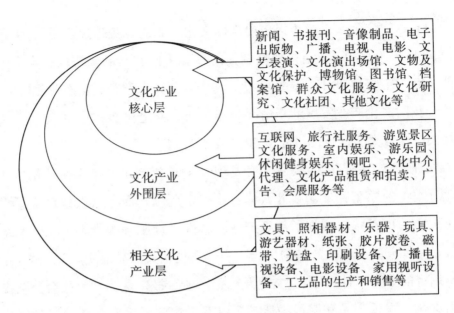

新闻、书报刊、音像制品、电子出版物、广播、电视、电影、文艺表演、文化演出场馆、文物及文化保护、博物馆、图书馆、档案馆、群众文化服务、文化研究、文化社团、其他文化等

互联网、旅行社服务、游览景区文化服务、室内娱乐、休闲健身娱乐、网吧、文化中介代理、文化产品租赁和拍卖、广告、会展服务等

文具、照相器材、乐器、玩具、游艺器材、纸张、胶片胶卷、磁带、光盘、印刷设备、广播电视设备、电影设备、家用视听设备、工艺品的生产和销售等

图 1 文化产业的三个层次

"在国民经济行业分类中，一个行业（或产业）是指从事相同性质的经济活动的所有单位的集合。在统计分类中，行业与产业在英语中都称为'industry'。对国际上的有关分类我国一般翻译为'产业'，而我国相对应的分类叫'行业'。目前，在我国使用'产业'一词往往更强调其经营性或经营规模。"[1]这个文化产业统计是国家统计局和中宣部及国务院相关部门共同研究的结果，其主要目的是用以规范文化及其相关产业的生产和管理，落实党中央的十六大针对文化建设和文化体制改革所提出的整体性要求，提出的关于文化建设与文化体制改革的整体方案，并反映我国当时文化产业发展的基础信息和基本状况。

党中央在十七届五中全会提出使文化产业发展成为国民经济的"支柱性产业"的战略目标，并把它作为文化发展的重要指导方针；接着

---

① 国家统计局：《文化及相关产业分类》（2004），http://www.tctj.gov.cn/art/2012/7/11/art_2125_160326. html，2012-07-11。

十七届六中全会又进一步提出要推动文化产业的"跨越式发展"，力争使文化产业成为经济结构战略调整的重要手段和新的经济增长点。因此，2011 年 9 月 28 日，国家统计局和中宣部联合召开文化产业研讨会，结合我国文化产业发展的新情况和新变化，决定对 2004 年的《文化及相关产业分类》进行修订并于 2012 年 6 月完成。

研究这次修订的主要变化会发现，2004 年制定的《文化及相关产业分类》的原则和方法在此次修订中得以延续，而且这次修订根据文化生产的现实状态增加了创意产业、软件设计服务等类别，在分类结构上主要分为"文化产品的生产"和"文化相关产品的生产"。2004 年所制定的分类统计显示，"文化及相关产业"被定义为"为社会公众提供文化、娱乐产品和服务的活动，以及与这些活动有关联的活动的集合"，① 而且根据这一定义又划分出文化及相关产业的范围，包括文化产品的生产活动、文化产品生产的辅助生产活动、文化用品的生产活动和文化专用设备的生产活动四个方面。其中文化及相关产业的主体是文化产品的生产活动，其他三个方面作为补充。

文化产业分类的第一部分也就是主体部分是文化产品的生产，其中包括 10 项：第一项为新闻出版发行服务；第二项为广播电视电影服务；第三项为文化艺术服务；第四项为文化信息传输服务；第五项为文化休闲娱乐服务；第六项为文化创意和设计服务；第七项为工艺美术品的生产；第八项为文化产品生产的辅助生产；第九项为文化用品的生产；第十项为文化专用设备的生产。媒介文化产品成为文化产品生产的主要构成部分：新闻、图书、报刊、音像、广播、电视、电影等文化产品都位于最首要最主体性的位置。虽然在 2012 年文化产业分

---

① 国家统计局：《文化及相关产业分类》（2004），http://www.tctj.gov.cn/art/2012/7/11/art_2125_160326.html，2012-07-11。

类修订的时候，由于文化体制改革的进一步深入与文化业态的不断更新、不断融合，许多文化产业在进行分类时难以分辨属于核心层还是外围层，所以 2012 年的文化产业分类不再延续 2004 年提出的"文化产业核心层、文化产业外围层和相关文化产业层"的三层分类法，而是适应文化发展的现实情况采用新的分类方法，即"文化产品的生产活动、文化产品生产的辅助生产活动、文化用品的生产活动和文化专用设备的生产活动"。文化生产的各个层面媒介文化生产都有涉及，在国民经济发展中起到越来越重要的作用，真正成为新的"经济增长点"。

中国当代媒介文化的产业化特征是在 90 年代之后逐步被确认并实践的。在媒介文化生产产业化转型的过程中，政府明确的定性和认可非常关键。1992 年 12 月，"全国新闻学术年会"在山东济南召开，这次学术年会之所以在媒介文化生产产业化演进中具有重要意义，是因为时任中央宣传部常务副部长的徐惟诚在会议上明确指出，将报纸等媒体定位为"信息产业"；同时，这次会议也有《人民日报》、《解放日报》、《光明日报》等中央级权威媒介机构的负责人参加，使得这次会议不仅仅是一个"学术年会"，更反映出政府对媒介生产定性和管理的导向性和决策性价值。徐惟诚指出，在开放社会中民众的信息需求非常重要：读者看报并不是为了看看小说读读文章之类，而是对信息的需求越来越迫切，这种迫切需求与社会政治经济环境的逐渐开放分不开、与人们社会分工与交往的扩大分不开。[①] 徐惟诚实际上指出的是社会民众对媒介消费或信息消费的需求，而当时代表着中央宣传部门的高级官员把以新闻为主体的大众传播业定义为"信息产业"，也体现着管理者对大众传播业新的和更开放的态度，这种态度实事求是地从媒

---

① 艾丰：《挑战与机遇并存》，《新闻界》1993 年第 1 期。

介生产的现实状态出发。在这种情况下，发达国家的一切经验，对我国的新闻领域也同样适用。很明显，在经过十几年经济改革之后，政府对大众传播领域在管理与推进方面更强调如何面对现实的技术层面的策略和操作。可以说，这次会议在思想上和理论上为中国传媒的市场化机制转换做出准备。

当然，这里所提出的"信息产业"，只是对媒介生产的市场化运作方向和实际操作作出了某种肯定，不能完全和媒介发展"产业化"等同。市场化是产业化的前提，而产业化则是市场化方向的更高级阶段，产业化包含更多诸如产业结构调整、产业规模化经营、资产重组等因素和特征。如果说媒介生产市场化在 80 年代末 90 年代初逐渐显现，那么 90 年代末媒介集团的建立可以成为媒介生产产业化发展的重要标志。

2011 年作为"十二五"规划实施的第一年，也是文化产业真正走向国民经济支柱性产业的开始："2011 年最为重大的政策面动向当属 10 月 18 日中国共产党十七届中央委员会第六次全体会议通过的《中共中央关于深化文化体制改革推动社会主义文化大发展大繁荣若干重大问题的决定》（以下简称《决定》）。《决定》对于贯彻十七大精神，实现'十二五'时期奋斗目标，提高国家文化软实力，推动社会主义文化大发展大繁荣，作出了全面的战略部署。《决定》在我党历史上首次确立了'建设社会主义文化强国'这一长期战略目标。"[1] 可以说，从 2011 年《决定》的出台到 2012 年"十八大"召开并提出"建设社会主义文化强国"，处在快速发展和不断转型中的当代文化产业进入一个新的发展周期，文化生产总体上从"短缺"向"丰富"发展。

---

[1] 张晓明、王家新、章建刚主编：《中国文化产业发展报告（2012—2013）》，社会科学文献出版社 2013 年版，第 2 页。

2. 媒介生产与市场开发

我国媒介文化生产在90年代以后显示出普遍的市场化转向，并为了满足市场化的生产规范和消费逻辑，开始积极拓展文化市场并展开全面的市场竞争——包括受众市场、新闻源市场、广告市场和资本市场。

改革开放前大众媒介渠道匮乏，同时由于媒介技术落后且更新迟缓，媒介生产力也非常低下。1970年的中国，7亿多的人口只有42种报纸、21种杂志，远远不如1965年343种报纸、790种杂志的数量。到了80年代，媒介生产呈现出大范围的恢复性生产。之所以称之为恢复性生产，是想说明80年代媒介文化生产从数量到种类的增长主要原因在于经济开放带动的不自觉、粗放式的扩张，再加上思想解放释放出较大的文化增长空间，所以媒介文化生产从数量到种类都激增，故称之为恢复性生产。但即使如此，媒介文化生产并未在生产机制层面做出相关反应和改变。媒介文化领域的投资、生产和消费等环节并没有得到自上到下的体系化改观，生产与消费仍然处于脱节的状态，消费者多样化的文化需求也并未受到充分重视。所以在政治上拨乱反正的修复氛围下，依靠经济建设的带动，也在一定程度上开发了媒介生产的市场与资源，而且恢复旧报刊、创办新报刊，电视也逐渐进入寻常百姓家庭，为民众带来新的媒介文化产品和新的媒介文化体验。但这种媒介生产是以增量为主导的，主要表现为媒介内容和形式的变化，所以并不是真正的市场化。媒介生产的市场开发在90年代才有本质性的体现。

市场开发的首轮发力显示为激活资本市场、抢占受众市场。比如报业改革，"国家花钱办报、国家花钱订报"的旧体制束缚作用非常明显，从国家层面来讲负担非常之大，从民众层面来讲无报可看（并非数量上无报可看，而是内容上无法吸引和满足公众的信息需求）。在这个背景之下，1992年全国报纸管理工作会议上，时任国家出版署报纸管理司司长的梁衡就已经认识到报纸的商品属性需要得到认可和承认，报纸作为文化商品虽然有其意识形态性，但长期忽视其商品属性也造成了报纸发展的局限。因此，对报纸商品属性的重新认定是把报纸推向市场的观念性前提。于是，报纸"吃皇粮"的局面被打破了。官方提出和认可的媒介生产的市场化机制作为新的管理思路，在具体的做法上体现为"保证主体，逐步转向"，即在媒介生产市场化推进过程中，对政治属性强烈的党报党刊仍然采取旧有的管理办法，而对那些服务性强的、生活化的报刊采取新机制进行激励，决定对报纸审批只要求具备必要的开办费用，而无需必须具备充分的、长期的固定收入来源，同时决定参照企业破产法管理报业，让那些社会效果不好且发行量小的报纸被其他媒体收购兼并甚至破产。这一系列的决定都是在促进报社企业化市场化，让报纸在市场中获得地位，在竞争中生存和发展。后来梁衡在回顾这一时期管理思路上的突破时总结道，这个时期"理论层面的一个重要突破是，1992年9月新闻出版署召开的全国报纸管理工作会议提出报纸的四个属性，即政治属性、信息属性、商品属性和文化属性，特别是指出报纸的商品属性。这是第一次区别于以往的'喉舌'、'工具'论而尝试全面解释传媒本质。这可以看作是新闻领域'姓社姓资'问题的突破，是媒体思想解放和事业发展后的理论总结。以后又更进一步系统提出'报纸是商品，报社是企业，报业是产业'的市场运作思路，传媒业的经营才名正言顺，放手大干"①。

1992年以后中国大众传媒的资本扩张和市场开发正是这种管理思

---

① 梁衡：《改革开放30年——中国的新闻与政治》，http://news.xinhuanet.com/newmedia/2009-01/12/content_10643069.html，2009-01-12。

路的集中表现。一方面，突破国家财政作为唯一投资主体的限制之后，大众媒介扩大再生产的资金来源要依靠市场，尤其是广告市场、发行市场甚至投资市场；同时，媒介企业化管理的模式也使得媒介质量和生产效率大大提高，媒介文化生产不断贴近受众、与现实需求相对应。与财政支持作为唯一资金支持的旧有模式相比，市场扩大使得大众媒介资金来源获得更多自主性。媒体在经营方面各显其能，无论是广告还是发行，都有了非常大的突破，比如自办发行。很多报纸在走向市场的时候，选择发行作为突破口，原因很直接，既然报纸是商品，就必须销售出去，也只有在市场上销售出去才能有所收益；另一个原因是广告市场，报纸的主要收入来自广告，而如果发行量上不去广告自然吸引不到，因此，发行自然而然地成为报纸走向市场、开拓市场的第一步。《广州日报》在 1991 年开始自办发行，可以看作是我国报纸真正意义上自办发行的开始。由于全国邮件统一发行的速度迟缓、效率低下、成本极高、约束太多等原因，报社自办发行在某种程度上是被逼出来的方法。比如《广州日报》要早早面市而邮发的低效率则无法保障送报时间、报社要扩版而邮局则要另行增加发行费用等等，报社用自办发行这种当时风险极大、投资极大的方式为自身市场开发保驾护航。

扩大发行从更本质上理解，是抢占受众市场。扩张版面、更新栏目、变换内容、转变风格……都是为更好地获得受众资源、更多地赢得市场服务。1987 年以前，中国所有的报纸全部呈现一种样态：对开 4 版，这不仅仅是纸的单薄，更映射出内容的贫乏和单薄，扩版既是媒介产品内容的丰富、更是面向市场竞争的手段和方法。而有了受众市场，广告市场自然就被吸纳了。1993 年，全国有 8 家报纸年广告收入首次突破 1 亿元；1997 年，全国共 10 家报纸年广告收入突破 2 亿元；而到了 1998 年底，全国 36 家广告收入超过亿元的报社中，有 30 家是走市场化路线的都市类报纸，他们的广告收入占到了全国报业广告总体收入的 63.6%。[①] 因此，报纸"扩版"并不只是进行内容增量和调整，更是以这种手段去满足读者的文化消费需求并最终指向资本和市场的开发及占有。而资本与市场占有又会导致报纸进入"投资→生产→消费→扩大再生产"的良性循环的生产模式，显示出媒介文化生产方式的根本性转变。由报业改革波及并辐射其他大众传媒，在市场巨大利益的诱惑下，纷纷对其生产内容和形式进行调整，比如杂志调整定位、增加内容，广播电视延长播出时间、改变节目风格、提高制作能力等等。

3. 市场化生产机制下的媒介文化语态转型

话语为谁而改变？以新闻产品为例，电视人孙玉胜在他的《十年——从改变电视的语态开始》一书中，重点谈及中国媒体话语形态的改变，当然他以他熟悉的电视为主要分析对象："我认为当年无论是早间栏目的传播，还是运作体制的改革，其成功的深层原因更在于《东方时空》实验了一种新的电视理念——重新检讨我们与观众的关系，重新认识电视的'家用媒体'属性及其特有的传播规律。"[②] 电视是"家用媒体"，用另一个词来表述其含义就是"家庭消费品"，而我们对媒体的这种商品属性的认知的确是在 90 年代尤其是 1993 年后才被深刻认识。然而深具意味的是，为什么在这个时候，开始"重新检讨我们与观众的关系"呢？

这个时候，是"观众"作为"消费者"的身份分量日增的时候，"重新检讨我们与观众的关系"实际上是在重新审视和思考"消费者"的

---

① 孙燕君：《报业中国》，中国三峡出版社 2002 年版，第 190 页。
② 孙玉胜：《十年——从改变电视的语态开始》，三联书店 2003 年版，第 3 页。

权利。

在计划经济时代的生产模式下，不需要过多考虑消费者的权利，原因在于公众对媒介文化产品只有被动地接受而谈不上主动的、个性化的消费。而在媒介生产的市场机制条件下，消费者的需求和权力才被提升到一个非常重要的位置，那是因为消费市场直接影响并制约着生产，媒介文化生产的商品化过程也只有在充分尊重消费者需求和权力的前提下才能实现和完成。布尔迪厄强调说："新闻界是一个场，但却是一个被经济场通过收视率加以控制的场。"① 他实际上是在说明，在媒介文化生产中各方权力斗争所围绕的中心是市场和商业利益。因此，在中国的"新闻场"开始逐步转向市场化运作的时候，对商业利益的追求是不可阻挡也是极其自然的。

正是在遵循商业规律的主旨下，媒介生产与消费链条中的"消费者"的权力、权利和地位才日渐提升，媒介生产的主要目标是通过出卖受众的注意力为广告商获取他们最感兴趣的消费者，为自己获取最大限度的利润。正如美国传媒学者约翰·麦克马那斯在他的著名论著《市场新闻业：公民自行小心？》中指出的："市场逻辑是一种模式，它指导着新闻生产的例行程序，包括：发现有新闻价值的事件、选择其中有用的信息、把信息整合成一篇报道。这些例行程序的日常表达构成了组织文化，即某个媒介企业中关于如何生产新闻的普遍认识。"② 于是，那些曾经的"新闻生产的例行程序"被更新了，传播内容从传播者主导向受众主导转换，而媒介话语形态也从"我想怎么说就怎么说"变成了"你想怎样听我就怎样说"。

---

① ［法］皮埃尔·布尔迪厄：《关于电视》，许钧译，辽宁教育出版社2000年版，第61页。
② ［美］约翰·麦克马那斯：《市场新闻业：公民自行小心？》，张磊译，新华出版社2004年版，第129页。

于是，随着 90 年代中国传媒文化生产的市场化，传媒话语表达方式产生了不少革新。仍然以新闻话语为例，"软新闻"的表达方式强烈挑战着传统新闻报道模式。新闻写作模式化、语言生硬老套、报道技巧陈旧落后等现象都成为新闻报道改革的对象。改革的结果，是出现了大量新的文体形式和报道方法：现场短新闻、新闻故事、新闻特写、特稿、新闻纪实、深度报道等等新文体，带来的灵活多样的叙事方式、新鲜不同的阅读体验。传统的"新华体"、"党报风"等报道方式不断被突破，其中社会新闻、娱乐新闻等领域表现出更大的自由度和灵活性。

再比如电视话语方式更新与多样化发展，胡智锋教授把中国 90 年代的电视发展描述为五种话语方式，分别是"电视纪实"、"电视栏目化"、"电视谈话类节目"、"电视直播"和"电视游戏娱乐节目"。如果从话语方式的视角看待这五种电视节目形式，这五种不同的电视节目形式本质上体现了五种不同的话语样态和交流语境。[1] 多样的话语形态使生活化语言、知识化语言、娱乐化语言和政治化语言一起，成为媒体话语形态的共同构成因素。

二、媒介文化生产的商品化及其泛化

1. 媒介文化生产内容的商品化

媒介生产在走向市场化的时候往往以内容更新为起点，这是因为"传播的商品化过程涉及了信息（或者是一份资料，或者是具有体系的思想）如何被转化为可在市场上买卖的产品"。[2] 信息要转换为商品，或者说媒介文化生产者要将其生产的产品投放于消费市场使它具有交换价值，那么产品的使用价值就非常重要。

人们使用信息或者媒介文化产品可以获得什么样的使用价值，成

---

① 胡智锋：《十年来中国电视发展历程的一种描述》，《中国电视》1999 年第 4 期。
② ［加］文森特·莫斯克：《传播政治经济学》，胡正荣等译，华夏出版社 2000 年版，第 141 页。

为生产者绞尽脑汁去研究的问题。市场规律奉行等价交换的原则，买卖双方都必须有相应的回报，否则任何一方的利益受到损害都会使市场的稳定性受到影响。我国的媒介文化生产由于长期处于严格的主导意识形态控制，必然对受众的利益考虑甚少，因此，受众对媒介产品消费的积极性受到严重挫伤、受众作为消费者的需求也没有受到应有的重视。而传媒市场的培育和开发需要媒介生产和消费遵循市场的规律，受众的地位被放置到最高，并按照他们的需求进行内容生产，这种思路的改变完全是传媒市场的必要逻辑走向。

"卖点"这个词很能反映当时媒介生产者的心态。"卖点"一词是90 年代都市类报纸在内容定位和策划方面广泛使用的词，它完全借鉴了商品营销的概念用以强调媒介产品的交换价值。所谓的"卖点"是指商品与生俱来的或者他人创造的与众不同的特点和特色。而这些特点和特色只要能落实到营销的战略与战术中并被消费者认同并接受，就可以达到营销出畅销产品、建立品牌的终极目的。简而言之，"卖点"对于产品就是一个或几个值得消费的理由。为媒介产品寻找、开发、创造"卖点"，本质意义就是希望能够更好地把商品销售出去，其途径是满足受众的"需求点"。

于是，媒介产品的整体面貌在改变。报纸、期刊、影视等内容越来越丰富、形式越来越灵活、语言越来越活泼、功能越来越多元，努力在最大限度上满足受众对信息、知识、休闲和娱乐的需求，这些媒介生产新方式极大地刺激了公众的消费热情。比如《北京青年报》在1992 年推出的独具特色的《青年周末》，创刊号就达到 19 万份，第二月发行攀升至 30 万份，发行量最高时甚至达到 50 万份。再比如，之前的报业市场基本上属于公费订阅，可谓"官办、官订、官看"，甚至

"只订不看"，因为除了少数晚报之外，绝大多数的报纸和普通百姓生活没有太大关系。但随着报纸内容改革，报纸尤其是都市类报纸成为人们愿意去消费的文化产品，哪怕自掏腰包也愿意购买。"1995年，根据中宣部的调查，中国报业市场中自费市场已经占到54%，公费市场下降到46%；到了1999年，自费市场的比例已经上升到70%以上。"[①]很多都市类报纸，其自费订阅率都高达80%甚至90%以上；一些机关报也由于市场意识的增强，在内容和风格上日趋活泼并颇受青睐，比如广州最早走市场化经营道路的正是广州市委机关报《广州日报》。再比如电视台，节目频道化设置使内容产品特征更明显，消费更具针对性。电视台分化出的诸如新闻频道、资讯频道、经济频道、教育频道、文化体育频道、休闲娱乐频道、都市生活频道、综合频道等等多种分化定位，在频道内容定位上特征清晰准确，并把媒介产品的差异化、针对性作为发展策略，既吸引了观众，又扩大了市场规模。

　　2. 媒介文化消费主体的商业化

　　90年代以来当代媒介文化生产逐渐商业化，其中媒介产品的商品化是其在机制层面进行商业化转换的重要表现。传媒机构生产出大量媒介产品供受众消费和使用，而这些媒介产品因为具备交换价值而可以在媒介市场上流通，并在交换流通的过程中产生剩余价值。但媒介产品的商品化与一般物质产品还有所不同，大众媒介产品的价值几乎都取决于受众接受的数量及其潜在的消费能力，而不是交换价格的高低。媒介产品通过刊发广告并吸引受众消费来间接地实现它的价值，也就是媒介向广告主（企业）收取广告费为其扩大消费者、销售企业产品这种方式，而代表潜在受众数量的"发行量"和"收视率"等指标就

---

　　① 孙燕君：《报业中国》，中国三峡出版社2002年版，第191页。

直接决定着广告经营额。如此一来，"受众这个概念也不像阶级、性别、种族那样是学术分析的范畴，而是媒介产业自身的产物。即，大众媒介不仅生产以符号性内容为主体的媒介产品，而且生产受众，并将其出售给广告商"。[①]

媒介内容商品化的生产思路直接导致的结果是媒介产品与表现形式的多样化，传媒生产所提供的产品不仅仅包含新闻，而信息、文化、娱乐和知识等也成为媒介文化产品的重要构成。而从新闻内容层面分析，国际新闻、体育新闻、社会新闻和文娱新闻等产品呈现空前膨胀的状态；从报道形式层面分析，各种跟踪报道、专题报道、特别报道、系列报道、深度报道、体验式报道等新形式也全面出击。比如，介于文学与新闻之间的"特稿"形式曾在都市报中风靡一时：《华西都市报》是"特别报道"的始创者，报纸每天用一个专版、四千到五千字的篇幅讲述一个故事，内容主要包括新闻事件、典型案例、各类人物和热点话题。这种集新闻性、通俗性、可读性和故事性于一体的报道形式很容易吸引人，在叙事上讲究悬念、注重细节并刻意进行情节渲染，这个"特别报道"栏目迅速成为报纸的名牌栏目，为报纸吸引到数量可观的读者，甚至面向全国其他地区的报纸比如《沈阳晚报》、《西安晚报》等报纸出售特稿，可见其影响之大。

这些手段都是媒介产品在商品化过程中的必要手段，而在媒介产品的商品化背后，更具本质意义的商品化体现在受众本身。

表面上是传媒内容在拼命地讨好受众，为了让观众看得满意、让听众听得满意，但实际上在这个媒介内容商品化的背后、在受众看电视看电影的过程中，受众本身也被打造成一种"商品"。传媒在用各种

---

① ［加］文森特·莫斯克：《传播政治经济学》，胡正荣等译，华夏出版社 2000 年版，第 254 页。

丰富的内容邀请和吸引受众的同时，就将受众按类"打包""出售"给广告商，传媒在制作节目的同时"生产"出这一节目的受众，而广告商表面上是在购买媒介产品或媒介渠道，实际上依附于节目之上的各类受众才是其真正想要去购买的"商品"。政治经济学家达拉斯·斯密塞于1977年就提出了"受众商品理论"，正是对这一内在逻辑的解释——受众本身才是真正的商品！受众在全神贯注地享受传媒工业为他们提供的免费节目大餐的时候，就已经被愉快地整体"打包"出售给了广告商。因此，最重要的"不是信息，也不是受众，而是收视率"。[①]斯密塞同时也指出，受众作为大众传媒的主要商品形式，其商品转换的过程是对媒介商品化观点的进一步补充和扩张。[②] 因此，在这种思路指导下，大众媒介的首要目标是生产大量广告商们需要的受众，而不仅仅是生产媒介产品，也就是说，大众媒介要按照广告商们的意愿大规模地吸引、建构受众群，并将其整体"打包"出售给广告商。其实，这是一个二次生产和二次出售的过程，第一次生产的媒介产品为物质形态，而第二次生产的是媒介产品被受众消费之后才产出"受众商品"。所以，这个二次生产的过程不仅仅包含经济层面上的价值关系，也隐含着一定的权力关系。

当然，从传播内容的商品化到受众的商品化，也必然带来传媒业竞争和垄断的趋势。1982年默多克就已经意识到：集中化与集团化是传媒产业发展过程中两个非常明显地趋势，越来越多的传媒被少数大型传媒集团控制，这种趋势在当下中国也日渐显著，其中隐含的经济剥削和权力控制也成为关注媒介文化生产中需要深思的问题。

---

① ［加］文森特·莫斯克：《传播政治经济学》，胡正荣等译，华夏出版社2000年版，第146页。
② ［加］文森特·莫斯克：《传播政治经济学》，胡正荣等译，华夏出版社2000年版，第144页。

第三节 "联动机制"下媒介文化生产的多极化现象

如同上文所分析，当代中国媒介文化生产受到政治力量和市场力量的双重钳制，显示出复杂的机制性张力和空间内的博弈过程。其实，除了政治力量和市场力量这两种决定媒介生产运行机制的本质性力量之外，还有两种参与性因素也一起构成了传媒生产机制的复杂性，那就是媒介生产的专业因素和审美因素。专业因素主要指在技术构成层面和操作理念层面"专业主义"的影响，而审美因素则是指媒介文化除了作为"商品"所具有的商业价值之外，还必然蕴含着作为"文化"而存在的审美价值或称文化价值。

因此，中国当代媒介文化生产自 20 世纪 90 年代以来，从单一的政治控制性力量规范下的一体化生产，逐步演化为多种力量参与博弈下的复杂联动式生产模式，其文化生产及其样态也呈现出明显的多极化现象。

一、政治化：权力机构的宰制性生产

1. 构成"意识形态国家机器"的文化生产

媒介文化及其生产是一个非常复杂的文化客体，既是实践主体在文化实践过程中的成果显现，又同时构建了一个极具张力的意义世界，更具深意的是，媒介文化及其产品还应该被看做是一个复杂的权力纷争的场域，其中呈现着各种力量和利益的对决。其中，政治权力对媒介文化生产的支配与限制是重要而普遍的。

正如研究者所提醒的那样："在报刊与社会关系或政府关系的四种理论中，从历史上和地理上来说，集权主义理论是最有普遍性的。当社会和技术充分发展到足以产生我们今天叫做公众通讯工具的时候，

这一理论就为许多国家所自动采纳了……就是不采纳这个理论的地方，它自然继续影响一些在理论上信守自由主义援助的政府的实际行动。这一理论的应用，并不以 16 世纪和 17 世纪为限，在其后的世纪里，这一理论仍然是地球上大部分地区的基本理论……人们可以大胆地断言，集权主义理论比任何其他的理论在较长的时期内，决定了公众通信的方式。"① 这一提醒向人们揭示出，这种受制于政府或社会的大众媒介及其运作机制的特点既是普遍的也是惯常的。无论是处于何种时空下的大众传媒，在本质上属于一种社会机构，同时也是一种与政治、经济、文化等体制关联密切的社会机构，"它事实上是三位一体的，既是意识形态国家机器，又是资本主义企业，又是公共领域。"②

对于大众媒介的政治宰制性生产，葛兰西的理论极具启发。葛兰西于 1926 年被捕入狱，在之后 11 年的特殊环境里，他反复思考的问题集中在：一个现代国家到底依靠什么来维持其统治秩序？他给出的答案是，要维护一个现代政权，必须要依靠两种手段，其一是政治、经济的统治，其二是文化霸权（Cultural Hegemony）。文化霸权也可以称为意识形态霸权，它与前一种手段最大的不同之处在于，政治、经济统治依靠暴力强制，而意识形态霸权则是一种潜移默化的说服，因此更适用于现代国家和和平年代。文化霸权普遍运行于"市民社会"之中，与"政治社会"所包含的行政机关、军队、法院、警察等机构不同，"市民社会"包括学校、工会、教堂、传媒等等自发性的民间组织，文化霸权正是通过这些组织不断延伸、自觉甚至不自觉地将统治者的思想灌输给社会大众。同时，葛兰西思想中更具洞见的地方在于，他认为，

---

① ［美］韦尔伯·斯拉姆等：《报刊的四种理论》，中国人民大学新闻系译，新华出版社 1980 年版，第 8—9 页。

② 肖小穗：《传媒批评——揭开公开中立的面纱》，黑龙江人民出版社 2002 年版，第 61 页。

统治阶级的意识形态要获得霸权地位，需要一个不断抗争的过程和相当复杂而漫长的通俗化路径。这个过程就是统治阶级所认可的价值体系和生活方式不断渗透至从属阶级中去的过程，就是文化霸权逐渐成为社会民众所广泛接受的过程。当然，在这个过程中极有可能遭遇被统治阶级强烈的抵制和反抗，所以意识形态霸权会为了赢得同意而表现出一定的退让与妥协，比如放宽审查尺度、开放报禁等等。英国学者托尼·本内特对葛兰西的霸权理论有进一步的分析和说明："他强调资本主义社会统治与被统治阶级之间的文化和意识形态之间的关系，与其说体现在前者对后者的统治，不如说体现在争夺'霸权'的斗争。这就是说，在统治阶级和主要的被统治阶级即工人阶级之间，争夺整个社会的、道德的、文化的、知识的，因而也是政治的领导权。"① 所以，用"霸权"的概念取代"统治"，意味着在统治阶级成为霸权阶级的过程中，还必须提供能在不同程度上容纳对抗阶级文化和价值的空间，并能够使得不同领域文化和意识形态因素合理搭配和有机组合，并最终受控于统治阶级的价值体系和兴趣目标。与此同时，"统治的方式也不再是硬邦邦的、血淋淋的，而是拉帮结派的、双赢共治的、彼此留有一定空间的，允许相互交换意见甚至于达成共识的统治，颇有几分温情脉脉"②。

葛兰西所关注的文化霸权的争夺过程，在阿尔都塞那里成为一种既定结果，也就是说，国家机器已经将文化霸权作为"共识"并按照自己的轨道推行。阿尔都塞沿用葛兰西的模式将上层建筑分为两个部分：其一是强制性国家机器（Repressive State Apparatuses），包括军队、法庭、

---

① ［英］托尼·本内特：《大众文化与转向葛兰西》，陆扬、王毅：《大众文化研究》，三联书店 2001 年版，第 59 页。

② 鲍海波：《媒介文化的阐释与批判》，中国社会科学出版社 2009 年版，第 189 页。

警察等系统；其二是意识形态国家机器（Ideological State Apparatuses），包括学校、教会、传媒等组织。如此一来，传媒等文化机构本身就成为意识形态国家机器的构成性要素，与现行的霸权体制建立密切关联。当然，这种意识形态国家机器不是强制性地推行统治阶级的意识形态，而是通过发动"召唤"机制（Interpellate）将人们建构成现行霸权体制的主体。当人们接受了某种思维和行动方式是自然的、合理的存在时，人们就除了接受这种自然法则之外，还会自觉主动地复制与巩固这种思维方式和行为方式，因此，个体就不仅仅是一个接受霸权机制的个体，更是参与构建和复制权力机构的霸权意识形态主体。

因此，无论是葛兰西的文化霸权理论的解释，还是阿尔都塞的国家意识形态理论的进一步判断，传媒及其生产都处于权力机制的操控之下。中国当代媒介文化生产的多种文化样本、媒介的生产模式以及媒介的组织架构等等方面，都能表现出媒介文化生产服务于意识形态霸权的生产特征。

2. 媒介生产中的"意识形态隐喻"

当我们将传媒称为"喉舌"的时候，对传媒的立场要求就非常明显了，同时，按照阿尔都塞的理论分析，大众传媒本身就是意识形态国家机器的构成部分，并持续不断地在它的文化文本生产中呈现着各种显性的和隐性的意识形态的传播手段。

媒介文本中的意识形态隐喻与涵化是最重要的手段。当今传媒已经成为制造、传播和强化意识形态的最重要且最有效的渠道，它通过将某种特定的价值体系传递给公众并解释其为可被普遍接受的"自然"，成为意识形态的发散地。意识形态的涵化功能是指让受众在不察觉的情况下接受媒介的意识形态侵略与进攻，相当于沃纳·赛佛林所提出的

"教养理论"（Cultivation Theory）："对大量看电视的观众来说，电视实际上主宰和包容了其他信息、观念和意识的来源。所有接触这些相同消息所产生的效果，就是格伯纳等所称的教养作用，或者说电视起到了教导人们共同的世界观，共同的角色观和共同的价值观的作用。"① 传媒对意识形态涵化的过程通常需要两个步骤：首先是对生产的文本进行意识形态装扮并最终以媒介产品的形式进入公众关注的视野；其次，涵化的最终效果需要公众的参与和解读，因此，这个最终的效果并非是确定的。

很多典型的媒介事件都能充分地解释这种意识形态涵化的目的性。比如"春晚"：中国中央电视台从 1983 年开始举办每年除夕夜的"春节联欢晚会"，至今已有 33 年，这种中国电视生产出的典型而重大的传媒产品甚至被称为中国人的"新民俗"。这台"文化大餐"不仅仅是一个娱乐电视节目，更承担着重要的意识形态建构功能。在"春晚"的关键词中，除了与新年除夕相关的"团圆"、"祝福"、"欢乐"之外，更有"民族团结"、"中华儿女"、"凝聚力量"、"强国之梦"等等对民族国家理念的强烈追求。每一段舞蹈、每一支歌曲的背后都有可以被渲染的意识形态意义，比如 2013 年春晚一支歌曲《家人》之后主持人董卿的串词："谢谢谭晶的精彩演唱，'家人'这两个字，我想对于此时此刻身在异国他乡的海外游子来说格外能感受到它的分量和意义，每逢佳节倍思亲，在这里我们也要向港澳同胞、向台湾同胞、向海外侨胞、向在世界各地的中华儿女，恭贺新春。虽然你我相隔遥远，但隔不断的是血浓于水的骨肉亲情，隔不断的是生生不息的文化根脉。"在这个串词中，歌曲完成了它从"家人"到"全球华人"这一民族国家共同

① ［美］沃纳·赛佛林等：《传播理论：起源、方法与应用》，郭镇之、孟颖等译，华夏出版社2000年版，第 292 页。

体的概念的意义转换。

再比如，从 2003 年"神舟五号"首次载人航天飞行的报道，到"神六"、"神七"、"神九"等载人飞行试验的报道，这个中国航天科技发展的新进展被赋予了更重要的政治意义。如《人民日报》将"神五"新闻放置一版要闻："（2003 年 10 月）十五日九时整，我国自主研制的'神舟'五号载人飞船在酒泉卫星发射中心用'长征'二号 F 型运载火箭发射升空。九时零九分五十秒，飞船准确进入预定轨道，将中国第一名航天员成功送上太空。这标志着我国首次载人航天飞行初战告捷，也标志着中国人民在攀登世界科技高峰的征程上又迈出了具有重大历史意义的一步。"[①] 同时，人民网于当天发布消息《台湾媒体持续热报神五发射圆满成功》："台湾媒体今天继续热报中国首次载人航天飞行圆满成功的消息，各大电视台于今天上午滚动播出"神舟"五号返回舱安全着陆的消息及画面，各大报纸及晚报仍然以头版头条位置及正版篇幅刊载"神舟"五号的消息、图片及相关背景资料介绍。《联合报》以头版照片新闻及一个半版的版面详尽报道"神舟"五号的新闻，《"神舟"五号发射成功 今晨返内蒙》、《出长城 上太空 神舟抢占新高地》、《神舟升空 美俄同祝贺》等大标题占据显著位置。《联合晚报》仍将神舟着陆作为头版头条处理，并登出《太空衣 10 公斤 降落伞缝一年》、《台湾种子 15 天内回家》等细节文章，并刊登多幅新华社彩色照片。

可以说，秉承这样思路的报道对所有中国民众而言都不陌生。这些重要事件之所以被铺天盖地地大加报道，在于事件背后更重要的政治意义和意识形态强化价值。科技新闻也被赋予如此重要的意义，从一个"科技突破"的事实升华到"国家强大"的象征性意义。而从效

---

① 《神舟五号载人飞船发射成功》，《人民日报》2003 年 10 月 16 日。

果上看，意识形态的隐喻与涵化功能的确在发挥着它的强大作用。因此，媒介生产从本质上讲生产和传播的是价值观，并且通过价值观经营实现意识形态的霸权统治，这是通过传媒进行社会控制的真正目的。

二、市场化：资本之手

如前文所提到的李良荣教授在分析 90 年代以来中国的媒介文化生产时认为，这种生产模式是"有限商业运作模式"，但在有限的、被允许的空间内，商业运作却表现得非常充分。资本力量成为政治力量之外控制和规制传媒生产的另一重要因素。

1. 新的文化生产主体：文化企业

文化生产因为政治因素和经济因素不同程度的介入而导致分化，从而使文化生产主体也呈现出复杂的面貌。20 世纪 90 年代以来，经济因素成为影响媒介生产的一个越来越重要的手段，同时，在资本运作领域赢利为首要目的的逻辑支配下，文化生产越来越向大众文化的方向集中，因为大众文化生产可以大量复制从而极大降低生产成本、大众文化消费旺盛因而交易量大且利润可观。文化生产的经济逻辑与政治逻辑分化的另一结果，是产生了截然不同的文化生产主体，即商业性文化生产主体。

这种商业性文化生产机构最大的特点就在于从事文化生产活动过程中的商业目的，换句话说，这些文化生产主体进行生产的主要目的，是要通过文化产品的生产和销售赢利，因此，这些文化生产机构必然采用商品化和市场化的运作方式；同时，"文化工人在等级森严、有高度劳动分工的'职业'管理组织中工作"①，从而能够做到高效率生产、大规模生产和复制生产。但商业性生产主体也存在弱点，比如"每家

---

① ［英］利萨·泰勒、安德鲁·威利斯：《媒介研究：文本、机构与受众》，吴靖、黄佩译，北京大学出版社 2005 年版，第 93 页。

公司都在试图获得大众市场最多的份额，垄断组织的成员之间竞争激烈，但每一家几乎都没有创新动力。这些公司更倾向于避免与创新联系在一起的风险，乐意生产高度标准化的和同质的产品。只有这些公司失去了对市场的控制而面临日渐增多的竞争压力时，它们才被迫进行创新，利用标准化程度不高的内容来销售它们的产品"①。这也很能说明为什么影视生产会产生许多可以预判市场价值的"类型片"，也能说明为什么媒介产品会出现"同质化"，为什么一旦一个产品获得商业上的成功后会引来一众"跟风"与"模仿"，根本原因就在于文化生产机构对资本安全性和利润可控性的考量。

　　换一种说法，就是明确区分"文化事业单位"和"文化企业"这两种不同的文化生产主体，并规划各种不同的目标定位与社会功能。自 2003 年国家启动文化体制改革试点以来，对文化生产主体的身份和功能进行明确区分成为文化体制改革的重点内容，目的是要将"事业单位，企业管理"这种充满矛盾的过渡式运作机制理顺，同时培养真正有能力创造经济增长点的市场主体。"转企改制"的方式有两种，一是整体身份改变，包括出版社、电影制片厂、电影发行放映公司、非时政类报刊、新华书店等；二是将原来文化事业单位中一部分机构剥离出来并进行企业身份确认，比如时政类媒体的经营发行部门等。再如对广电系统，基本的制度安排是"提供公共文化服务的机构和单位，包括电台、电视台实行事业体制，生产和提供文化消费产品和服务的文化机构，包括广电网络转制为企业"②。2011 年 5 月，《中共中央、国务院办公厅关于深化非时政类报刊出版单位体制改革的意见》出台，

---

① [美]戴安娜·克兰:《文化生产:媒体与都市艺术》，赵国新译，译林出版社2012年版，第50页。
② 姚军毅:《艰难的嬗变——当代中国广电网络体制改革沉思》，张晓明、王家新、张建刚:《中国文化产业发展报告 2012—2013》，社会科学文献出版社 2013 年版，第 63 页。

该意见确定了根据非时政类报刊不同的性质和功能，更明确了非时政类报刊分批分期进行转制的任务和要求，提出要在 2012 年 9 月前全部完成。截至 2011 年末，581 家图书出版单位中，除了少数公益性和军队系统的出版社外，中央各部门及地方、高校出版社都完成身份更换和机制转换。①

媒介文化领域产生了新的生产主体，并遵循和使用市场运作机制进行生产，很大程度上冲击并改变着媒介文化的单一面貌，迅速变得多样化。

2.“中心稳固”与“边缘开放”

2004 年国家统计局将文化产业分为文化产业核心层、文化产业外围层和相关文化产业层三个层级；这个分类在 2012 年新调整为五层，这种更改显示出一个基本的技术标准，即根据产品内容的重要性逐层递减。凡涉及内容生产与传播的产业均属于核心层次，而与此不相关的物质资料生产或技术装备生产则属于相关层次。这种分类标准显示出管理部门对文化内容生产的极度重视与严格控制。

对内容生产的管理而言，管理部门“中心稳固、边缘开放”的管控思路非常明显。因此，媒介生产机构尤其是市场性生产主体为了保障资本安全和资本回报，进行边缘开发和深挖，甚至也经常表现出对核心领域进军的企图。由于商业媒体不同的生产逻辑，它看重的是利益而并非政治，其内容生产当然重点考虑“安全”和“收益”，因此，其内容生产的指导思想是以“消费者的喜好”和“销售”作为标准。

“中心稳固、边缘开放”的市场状态体现了一个逐步开放的过程：由于时政新闻的高标准与高要求，同时又极具意识形态建构功能，所以

---

① 张晓明、王家新、张建刚编：《中国文化产业发展报告 2012—2013》，社会科学文献出版社 2013 年版，第 7 页。

媒体在社会新闻、民生新闻、体育新闻和娱乐新闻等边缘领域展开竞争；由于网络媒体不具备独立新闻采访权，许多网站开始在原创视频节目上开疆扩土；由于重大题材、敏感题材等要受到严格审查，所以影视剧选题总是"家庭剧"、"爱情剧"、"戏说剧"、"武侠剧"扎堆竞争……这个边缘地带指的是意识形态色彩相对较淡的内容。在生产领域进行边缘性开放与开发就成为一条不成文的行为规范。例如，中央电视台的新闻栏目《新闻联播》在内容选择、编排形式、镜头语言、主持风格等方面基本保持不变，而在其他节目形式上却在不断突破，尤其是服务性和娱乐性节目；再比如新闻栏目的一些新尝试，比如《东方时空》等都首先在电视台的"非黄金时段"进行尝试和实验，之后才进入"黄金时段"。

对于资本而言，市场化运作在边缘地带表现得非常充分。资本总是直觉地找到能够使自身升值的领域，而如今的媒介生产领域正是资本热切涌入的领域。从 2004 年到 2011 年，我国文化产业增加值从 3440 亿元激增到 11052 亿元，年平均涨幅为 23.6%；据最新统计，2011 年我国主要文化产业门类全部实现增长，且增长速度除了期刊为 8.0% 以外，其他门类均以两位数的增长速度高速增长，比如网络游戏的增长速度是 34.2%，动漫增长 32.04%，数字出版增长 31.0%，音像制品增长 29.1%，电影增长 28.93%。[①]所有主要文化产业门类产值激增的背后，也显示着资本投资的热烈与力度。比如各种热钱涌入影视剧投资领域，甚至有些投资者"使用挖煤挖矿的经验在对待影视"[②]，因为媒介产品与煤矿最本质的相同之处是都能为资本带来暴利。

---

① 张晓明、王家新、张建刚：《中国文化产业发展报告 2012—2013》，社会科学文献出版社 2013 年版，第 3 页。

② 韩寒：《论电影的七个元素》，韩寒新浪博客，http://blog.sina.com.cn/s/blog_4701280b0102eo83.html，2014—1—14。

细察 2013 年的电视荧屏，我们能够很清晰地看到市场化运作在"中心稳固、边缘开放"的隐性规范下的资本走向。清华大学尹鸿教授认为，"2013 年电视行业走进了'轻时代'——全年高速运转，貌似很热闹，但没有鸿篇巨制，也没有创造性的举动，拿着遥控器按一圈，荧屏上到处是形形色色的小人物，过着甜甜蜜蜜的小日子"。[①]《假如生活欺骗了你》、《辣妈正传》、《咱们结婚吧》、《抹布女也有春天》等等，电视剧生产题材大部分集中在城市生活方面，他们过日子油盐酱醋、他们谈恋爱分分合合、他们当爸妈小小烦恼……可以说，抛开和放弃了让人纠结的历史感与沉重之后，电视剧生产全面展现着"轻"的审美趣味——既包含话题，又轻松安全。

"轻"选题形成的原因有两个，一是政策规范和审查制约，二是资本的选择。比如 2013 年 5 月 16 日，国家新闻出版广电总局电视剧管理司针对部分抗战题材电视剧创作中过度娱乐化的现象出手整治，使得原本被认为是安全容易的"抗日"题材也变得不好掌握，而都市情感和家长里短等内容，自然成为最容易通过审查的题材。同时，从 2012 年 1 月 1 日起广电总局《关于进一步加强电视上星综合频道节目管理的意见》正式实施（民间称为"限娱令"），要求全国 34 个电视上星综合频道要提高新闻类节目播出量，同时对婚恋交友类、才艺竞秀类、情感故事类、游戏竞技类、综艺娱乐类、访谈脱口秀、真人秀等类型节目实行播出总量调控，以防止过度娱乐化和低俗倾向。[②]连娱乐节目都不那么容易获得批文，轻松愉悦的电视剧似乎成为最好的选择。但"轻"选题集中呈现的另一个重要原因是资本选择。出于成本考虑，这样题

---

① 陈一鸣：《2013 年度文化清单：越轻越保险》，《南方周末》，http://www.infzm.com/content/97760，2014-1-14。

② 国家新闻出版广电总局：《关于进一步加强电视上星综合频道节目管理的意见》，http://wenku.baidu.com/view/747fe4d584254b35eefd3470.html，2011-10-26。

材的电视剧成本很低，主要是演员尤其是知名演员的演出费用，甚至不用花太多钱去大规模制作服装、道具和特殊场景等等。在这里，资本的选择起到了非常关键的作用。著名编剧兰晓龙认为："投钱做电视剧的人越来越多，目的清晰直接，就是用电视剧赚钱。这当然无可厚非，哪个投资者是想赔本的呢？……我自己特别想做一部1910年代的年代戏，大纲都有了，但自己掂量一下成本就放弃了。"① 所以，观众看到的就是温情的《爸爸去哪儿》、充满励志故事的《中国好声音》、充满有趣包装的《非诚勿扰》……还有"就像口红，轻轻抹一下也很美"的电视剧。

3. 资本控制下文化生产主导权的易手

资本力量对媒介文化市场的操纵已经是不可忽视的现实，更为重要的是，资本力量正在有意识地让自己成为当代文化的新组织者和控制者。

我国文化生产的管理与控制在相当长时间里基本上遵照行政管理模式，具体表现在：不同文化行政部门分管不同的文化行业，如广电总局主管广播、电视、电影，新闻出版总署主管报刊与出版（2013年国家新闻出版总署与国家广播电影电视总局合并，组建"国家新闻出版广播电影电视总局"）文化部主管演艺等；同时按照行政区划进行资源配置，比如全国581家出版社，被分配至中央各部委、各省、市及军队、高等院校等，报纸报号、期刊刊号也按照行政区域进行分配和规划；每种文化领域均按照行政级别进行结构部署，比如电视台实行中央、省、市、县"四级办台"，每个行政级次的频道设置也基本相似。

起初这样的结构布局是为了便于管理和控制，但这样的管控模式

---

① 国家新闻出版广电总局：《关于进一步加强电视上星综合频道节目管理的意见》，http://wenku.baidu.com/view/747fe4d584254b35eefd3470.html，2011-10-26。

必然导致严重的行业与区域壁垒，这些壁垒对传媒行业发展的束缚作用在当下越来越明显，也导致媒介资源分配的不公和效率低下。

当下传媒发展的态势，传媒生产已经出现了跨行业融合的现象，这种可以称为"大传媒产业"的现象被凯文·曼尼认为是一种全新的传播理念："是向人们提供包括通信、影视、音乐、商业、教育等内容，覆盖面极广的全方位资讯，并提供娱乐生产的全部内容、设备和过程"。[①]尤其是在"三网合一"的推进下，以技术融合和创新为前提的产业融合和市场融合，使传媒产业与其他相关产业之间的界限变得模糊甚至消融，更重要的改变在于这种大范围的产业融合现象带来了传媒机构间竞争合作关系的改变及管控方式改变的必要性和必然性。

资本已然成为影响传媒产业发展和相互融合创新的重要力量，国家"十二五"规划也鼓励一部分社会资本进入传媒市场并鼓励通过市场方式进行兼并和收购，这也造成市场化传媒在媒介数量、规模分布、市场份额和市场集中度等层面的重要变化。而资本在追逐利润的时候，对于出品产品的内容定位和营销方式都需要有符合自身要求的定义，这种力量在很大程度上塑造着当代媒介文化消费的风格与趣味。从这个意义上说，资本已经是当代文化新的组织者与控制者，尽管被控制在一定的空间内。

三、政治市场化：政治化与市场化的分殊与合谋

由于中国传媒文化生产领域中行政与市场并行的二元机制，其内部的张力与矛盾也并存：政治主导性的"喉舌"要求与传媒市场化的诉求显然存在矛盾，前者以维护意识形态安全为目的，后者则以单纯的市场原则为导向，如何解决矛盾并缓解二者之间必然存在的紧张关

---

① 傅玉辉：《大媒体产业：从媒介融合到产业融合》，中国广播电视出版社 2008 年版，第 82 页。

系，成为政府、传媒和投资者等各方都不得不考虑的问题。

关于这个问题的主要现状是什么呢？"只要对当下中国传媒文化的版图结构稍加观察就会注意到，解决这一张力简单有效的办法，就是依据内容生产和传播方式的差异，在其结构—功能上加以区隔，将政治宣传空间与娱乐消费空间加以区分，并保持各自的相对独立运作。比如，在报纸、广播、电视、出版等主要传媒形式中，通常会有一些功能相对单一的政治宣传性栏目和节目。诸如中央电视台的新闻、专题等时政类节目，或是中央党报和地方党报报纸的头版重要栏目等。传媒市场化和娱乐化的扩张是不能挤占这个独立空间的，其功能单一化是确保实现传媒市场化时代主导文化宣传导向的策略。在此之外的其他空间里，则充斥着大量丰富多彩的娱乐信息，其功能完全是面向市场和大众的娱乐消遣。娱乐话语不但形式花样极富变化，而且内容方面无所不包"。① 这看似是一种解决办法，通过区分传媒的功能定位来区隔政治话语和娱乐话语的界限；同时两种话语类型分别按照自己的规制与指向运行，比如《新闻联播》播报新闻时有固定的表述和特有的修辞，从内容到表达都有严格的规范和定式。但在政治话语之外，各种传媒包括政治性强烈的新闻传媒都拥有另外一种游戏规则和话语方式，并形成一个空间越来越大的高度产业化和市场化的竞争性领域。

这种状态正是本文上述的媒介文化生产的"政治化"与"商业化"两极，或称媒介文化形态中两种集中典型的模式。但除了这两种典型的媒介文化样态之外，还存在着另外一种特殊的运行机制，即在政治化与市场化生产严格分殊的情况下，还存在着政治与市场的合流或合谋。

政治化生产与市场化生产在生产方式和目标上不尽一致，同时，政

---

① 周宪、刘康：《中国当代传媒文化研究》，北京大学出版社 2011 年版，第 6 页。

治化生产与市场化生产的空间和形态分离既能在某种程度上保障政治化生产的严肃性和可控性，也能够为传媒文化市场化、产业化发展提供相对充分独立的空间。但尽管分殊如此，两种不同样态的媒介文化生产又在现实中呈现出互惠合作的态势。其一，在内容生产方面，政治话语希望能够"寓教于乐"，并在某种程度上采用了市场化的传播理念和运作方法，从结果上看改变了政治宣传原有的刻板样态而被重新接受。比如《感动中国》获得良好的社会反响，这很大程度上来自传播理念和传播方式的扭转。其二，在格局划分方面，市场化的娱乐话语通过自觉地"不越界"来体现自身存在的合理性，并以此作为条件换取政治许可和支持。

所以，当政治性目标想要借助市场力量达成时，当资本之手表面上迎合意识形态宣传而实则图谋更大的经济回报时，两种力量便能达成暂时的一致进行合作。比如"春晚"，在这个典型的文化样本中，意识形态教化、娱乐大众、经济回报，这三种不同取向的追求都获得了实现。于是，春晚发展到今天，人们问的最深刻的问题是：到底是谁更需要春晚？

第五章　1990年代以来媒介文化生产中的
权力结构嬗变

在研究者对媒介文化理解的基础性认识中，媒介文化作为当代社会生活的"轴心力量"，不仅仅是一个文化产品不间断生产与消费的循环过程，更体现在媒介在这个过程中不断创造并实现其文化意义；在这个文化空间中，媒介文化及其生产体现出鲜明的斗争性与竞争性。具体而言，这个社会的主要群体或者各个处于竞争中的意识形态都试图在这个文化空间中获得控制权，因此，媒介文化生产及其意义生成的根本性规定体现为一种动态的权力结构。从这个意义上说，"大众文化研究，在狭义上不应该是心理学的。而且它具有更明确的目的，在于查明社会整体中的客观事物是如何在大众传媒中被生产和再生产的。这就意味着不能把'大众的趣味'（Taste of Masses）作为一个基本范畴，而是要坚持查明这种趣味是如何灌输给消费者的，因为其是技术、政治和经济环境以及生产领域控制者利益的特定派生物"[①]。从这一角度来看，对媒介文化及其生产进行权力结构分析是理解媒介文化并对其进行深入研究的必然要求，也是必然的结果。

---

① 陶东风编：《文化研究精粹读本》，中国人民大学出版社2010年版，第259页。

第一节　媒介文化权力关系的多维解读

20世纪以来媒介文化研究的诸多学派从不同的理论体系出发研究媒介文化生产领域的权力关系，其多维度的阐释极富解释力。这些对媒介文化及其生产的内部、外部权力关系的多角度研究，也成为我们理解当代媒介文化的重要思想资源。

一、意识形态视角下的媒介文化权力关系

从整体上来看，媒介文化并不是意识形态理论直接研究的核心对象，但是意识形态理论与媒介文化有一定的关联性，即它所阐释的意识形态运行的机制与功能非常符合媒介文化的诸种表现；同时，意识形态理论对媒介文化研究而言真正意义在于，它揭示了媒介文化领域中更为复杂的社会权力结构，并且赋予媒介文化在一个更大的系统框架内相对独立的活动机制。因此，意识形态理论中对社会权利结构的研究在媒介文化研究领域，也具有理论深化的作用和意义。

其中，葛兰西的意识形态霸权理论和阿尔都塞的意识形态国家机器理论最具启示意义。葛兰西的理论重点分析意识形态社会制约结构的权力关系。葛兰西的《狱中札记》结合意大利革命斗争的现实状况并审视第一次世界大战之后整个欧洲共产主义运动的失败与受挫，提出一种全新的意识形态理论，并以"霸权"（Hegemony）这个概念解释西方资本主义社会的内在结构性特征。葛兰西认为在国家或社会集团的控制系统内部存在某种权力地位，而真正的权力地位需要两种力量来维持：一是暴力性、强制性的政治统治力量，二是"智识与道德"的文化统治力量，更简明地说就是政治霸权和文化霸权，这正是葛兰西提出的意识形态霸权理论的深刻之处。政治和文化这两种力量在兼

顾平衡的同时缺一不可，共同发挥作用并维系国家或社会集团所追求的领导权与控制权。但需要说明的是，这两种力量在发挥与实现自身权力职能的时候并非通过同一渠道，而是在不同渠道不同层面上体现：文化霸权通过"市民社会"体现领导权，而政治霸权则"通过国家和'司法'政府所行使的'直接统治'或管辖职能"。① 这两种霸权职能在社会控制的整体系统中共同作用并形成了有机的权力结构关系。在社会控制的整体系统中，政治霸权和文化霸权这两种职能共同作用并结成有机的权力结构关系。

在葛兰西思想中，霸权（也可以理解为"领导权"）作为一个核心概念，既是政治系统的组成部分，又是达到葛兰西所构想的革命的重要手段，领导权重新构成和重新组织，不仅可以重组整个社会，也可以达到改变社会系统控制与反控制结构的作用。在媒介文化形成的过程中，其主要实践形式是大众传媒的传播活动，故在"政治—文化"的权力结构关系中，媒介文化本身就是构成意识形态权力的一部分，所以作为一种文化力量的媒介文化能够影响社会实践，有一定的权力实践空间和特定的权利意义。也就是说，在"市民社会"的权力框架内部，媒介文化的社会实践处于"智识与道德"的权力地位，它凭借自身的文化影响力参与社会控制与霸权统治，在参与控制的过程中也形成了另一种权利运作机制，并与"政治社会"强制性统治相互制衡。但葛兰西也指出了，文化霸权的形成是一个不断抗争的过程，必然经历非常复杂的通俗化过程，从而使统治层面的价值体现和意识形态潜移默化地渗透到从属阶级中。

阿尔都塞则从结构主义的角度重新解释了马克思关于上层建筑的

---

① ［意］安东尼奥·葛兰西：《狱中杂记》，曹雷雨等译，中国社会科学出版社 2000 年版，第 7 页。

理论，并把上层建筑一分为二：强制性国家机器和意识形态国家机器。强制性国家机器包括军队、警察、法院等，而意识形态国家机器则包括学校、教会、媒体等等，这种观点也明显地同葛兰西的市民社会与政治社会的划分相似。意识形态国家机器并非强制暴力地推行统治阶级的意识形态，而是不断地通过各种途径告诉人们什么是合适的、自然而然的思维方式与行动法则。更为重要的是，意识形态对个体的建构或者"召唤"具有再造功能，将众多个体建构和"再造"成权力机构所希望形成的、可以接纳的意识形态主体。因此，意识形态国家机器是在一种非常隐蔽的、不被察觉的甚至是象征性的情态下大范围运行着。

当代社会，无论是发达的西方资本主义国家还是发展中国家，大众传播机构通过各种信息投放行为制造出一个无孔不入的媒介环境，这个环境包裹着每个个体并无时无刻不在塑造着意识形态国家机器所想要塑造的主体存在。所以，阿尔都塞的意识形态国家机器理论为大众传媒的批判性研究提供了重要的理论武器，他所揭示出的权力结构，让人们在传媒包裹的环境中清醒地反思传媒与自身，包括传媒与意识形态之间的关系、传媒的欺骗性与物质性、斗争与权利等等。

二、文化研究理论中的文本对抗

对于文化研究理论而言，从文本视角出发考察媒介文本活动内的权力结构关系是其重点内容，或者说媒介文化内部和外部之间的权力斗争，其全部实践与主要形态可以看作是文本的对抗、斗争与冲突。因此，大众文化成为一种"冲突性"文化，需要一种梳理和解读的方式去理解在文本内部、文本周边的各种层级关系。将文化研究理论的研究视角同意识形态理论相比较，会发现文化研究理论不同于意识形态理论的宏观社会观察，它在研究大众传媒的运作机制时更倾向于从微观文本的视角出发，去理解、阐释文本的形成及接受方面隐含的复杂斗争与权力关系。

正因为如此，文化研究理论特别关注媒介文本生产和大众接受之间可能存在的权力斗争与对抗。霍尔在 1973 年发表的《电视话语的制码与解码》一文，被认为是文化研究阐释文本权力抗争的最重要的文章。霍尔将媒介意义建构的过程称为"编码"，将大众对媒介文本进行意义解读的过程称为"解码"，并认为媒介文本的意义建构和受众的意义解读之间存在着不同的立场，因此也显示着其间不同程度的权力较量关系。霍尔进一步指出，受众在阅听解读文本时有三种不同的立场：一是"主导统治性立场"（Dominant Hegemonic），也就是受众的阅读和解读是在编码者既定的意义框架内进行；其二是"协商式立场"（Negotiated Position），这种立场同时包含适应性因素和对抗性因素，在承认和接收文本既定意义框架的同时又保留着将其运用于"本地情形的权力"；其三是"对抗性立场"（Oppositional），对抗性立场使用重组的方式解读媒介文本既有的意义内容以试图颠覆其意义结构，在颠覆和重组的同时赋予媒介文本新的话语意义。因此，在这个意义重新生成的过程中，受众的权力意识和权力行为非常自觉和主动。这三种不同的解读立场实际上代表着几种不同的权力较量形式，但无论是哪种形式，在霍尔看来，所有的媒介文本的生产和阅听过程都是文本意义"制码"与"解码"的过程，更是双方权力斗争的阵地和场所。

霍尔分析媒介文化构成中的权力结构关系的主要视角是从受众的文本接受行为出发，并概括出几种不同的行为类型，而费斯克则主要从文本接受的可能性上探究其中隐含的权力结构关系："所有的大众文化都是一场斗争过程，而这场斗争，发生在社会经验、人生个性及其与社会秩序的关系、该秩序的文本和商品的意义之上。而阅读种种关系，会再生产并重新展现种种社会关系，所以权力、抵抗和规避都必然被结构到这些关系中。如果无法在文本的意义上再生产正在被斗争的权力，那么大众文化与大众社会境况之间的相关性，便不复存在。"[①]实际上，费斯克的观点重点在于强调：权力斗争在大众媒介进行传播和接受的活动范畴内早已存在于文本的生产过程中，这种由大众媒介所生产的大众文化本身就是一种文化形态—— 一种被"结构到"各种矛盾与对抗之中的斗争性文化形态。

由此可见，文化研究理论主要采用"微观性"的分析方法，将视角集中在媒介文化本身并阐释其中所关联到的权力关系，具有非常鲜明的实践性，或者换句话说，媒介文化自身所存在和不断生长的对抗与冲突性就是媒介文化所特有的实践行为，就是媒介文化自身属性的鲜明表现。在社会实践领域内，媒介文化的权力重构实则是寓于其中的矛盾对抗性不断斗争、不断实践的结果。

三、传播政治经济理论中的"双重控制"

传播政治经济学理论研究媒介文化内在权力结构关系的主要特色在于政治经济学的独特视角，由此视角观察，大众媒介机构的所有传播活动都被视为一种在社会中普遍存在的政治经济活动，这是其判断和认识媒介文化的基本逻辑。从这种基本逻辑出发，传播政治经济学理论所关注的核心内容是媒介生产及媒介产品的流通与消费等环节，并重点分析整个媒介生产过程与全部环节中体现出的商业逻辑与交换价值。所以，传播政治经济学理论对媒介文化的基本认识和判断与意识

---

① ［美］约翰·费斯克：《理解大众文化》，王晓珏、宋伟杰译，中央编译出版社2001年版，第31页。

形态理论和文化研究理论都有明显差异。传播政治经济理论的核心观点认为，媒介文化最重要的性质表现在经济层面而并非意识形态层面，媒介文化在经济层面的交换价值和商业利益才是所有大众媒介机构进行生产和传播的终极目标和优先追求。正因如此，传播政治经济学理论认为，在大众媒介传播活动中普遍存在的权利结构是一种政治经济的权力控制。

加拿大学者达拉斯·斯密塞被认为是传播的政治经济学研究领域的开创者，他的结论"受众是大众传播媒介的主要商品"极为深刻地揭示了传媒商品化的终极链条。还有赫伯特·席勒，为传播政治经济学的学科化建设作出重要贡献。在《思想管理者》中，席勒集中讨论了媒体的集中化趋势，认为媒体垄断的根本原因在于对广告利润的追求、摆脱政府和大公司的操纵控制。席勒明确地指出，在美国，大众媒介不仅在政治上受到政府的影响，也在经济上受到大公司控制，而这样的"双重束缚"使媒体不可能成为独立的"第三种权力"或"第四部门"。还有一位北美传播政治经济学领域的重要人物——诺姆·乔姆斯基，他对媒介文化中的权力控制研究很具启发性。还有一位北美传播政治经济学领域的重要人物——诺姆·乔姆斯基，乔姆斯基提出"宣传模式说"的理论解释媒介文化中的权力控制，他认为在媒介控制中，企业的经济权力和国家的政治权力暗中联手并结合。大众媒介通过边缘化自我的方式允许强势企业与国家借助自身影响大众，这就是所谓的"新闻过滤器"，企业和国家通过"新闻过滤器"对社会信息的生产与传播进行经济权力与政治权力的综合控制。[①]还有一位研究者必须提及，他就是既投身英国传播行业的实践者同时又有重要理论贡献的尼古拉斯·加汉姆。他的核心观点是大众传媒文化的生产与销售都是建立在物质基础上的，要把大众传媒当做经济实体来研究。因此，加汉姆更加关注大众媒介产业化过程中的经济权力控制问题。他认为，在资本主义社会中，媒介文化的产业化随着社会经济生产模式的转型而成为能够控制社会经济权力的一种力量。实际上，产业的运行机制及对经济利益的诉求等因素在大众媒介的内容生产过程中起着控制作用，它们还通过产业化生产的方式将媒介生产与传播逐渐走向市场化与资本化的众多特点体现出来，其中，强大的经济权力深入渗透至媒介文化生产的各个环节，媒介生产的内容、形式和流程都成为经济权力控制的对象和要素。

正如尼古拉斯·加汉姆所指出的："为了了解我们的文化结构和他的生产、消费、再生产过程以及大众传播媒介在此过程中所扮演的角色，我们必须在总体上把握政治经济学的若干核心问题。"[②]其实，从传播政治经济学理论的视角看来，媒介文化的政治权力与经济权力控制就是"若干核心问题"中最核心的问题。传播政治经济学对媒介文化的阐释也信守着一以贯之的研究思路与方法——经济逻辑（生产逻辑）和政治逻辑（权力逻辑）。生产逻辑支配着全球的经济活动，而权力逻辑则不可避免地带来垄断与控制。因此，在阐释媒介文化的权力结构

---

① 在与经济学家、媒体分析学家赫尔曼合著的《制造共识：大众传媒的政治经济学》一书中，乔姆斯基和赫尔曼共同认为，美国媒体实际上遵循着一种特殊的"宣传模式"，认为某一事件在被确定为值得报道之前，它必须通过五大新闻过滤器（filters）：（1）规模、传媒机构日益集中的所有权和财富以及大众传媒机构的唯利是图；（2）作为大众传媒主要收入来源的广告；（3）对政府、商业公司、信息源的依赖以及由权力机构和上述信息源资助和认可的专家的依赖；（4）国家和其他政治、经济力量对大众媒介直接或间接的回应性控制，比如用"炮轰"所谓对媒介的"惩戒"；（5）思想和意识形态立场控制。揭示出媒介与企业、政府之间的联系，指出了市场对传媒的深刻影响。

② ［加］文森特·莫斯可：《传播的政治经济学》，胡正荣等译，华夏出版社2000年版，第21页。

关系的过程中，传播政治经济学理论表现出一个明显的特点：与意识形态批判理论极为不同，他们将权力结构要素拓展开来，而不是过度地集中于统治阶级意志及国家意识形态层面，认为媒介文化中存在着政治权力与经济权力的双重控制。

正是从这两个逻辑出发，传播政治经济学关注媒介文化中的两个核心问题：其一，商品生产的经济逻辑如何制约媒介产品的生产与运作？其二，各种权力因素如何控制传媒？

四、场域理论中的媒介文化权力关系

法国学者布尔迪厄提出了另外一种标识着权利关系的重要概念——"场域"，并认为："一个场就是一个有结构的社会空间，一个实力场——有统治者和被统治者，有在此空间起作用的恒定、持久的不平等的关系——同时也是一个为改变或保存这一实力场而进行斗争的战场"。[①] 因此，场域的存在形式是一种有机的结构空间，其内部的各种构成元素之间处于一种动态的权力制约与斗争的状态；与此同时，处于相对独立状态的场域也会结合外部的其他场域机构并相互影响、相互作用，由此也形成一种权力关系。在场域理论中，对权力关系的分析是其非常重要的理论要点，而场域理论的展开也是从认识和评价媒介文化场域权力结构关系的基础上发生的。

布尔迪厄使用"场域"这个核心概念，主要是想阐释人们在社会地位、社会利益以及社会行为之间的某种关系，因此，"场域"这个概念可以被视为一种标志不同社会位置之间相互关系的"网络"（Network）。而"文化生产场"是布尔迪厄从"场域"引申出来的一个文化研究的重要概念，同时他根据文化生产活动的自主程度将文化生产场划

---

① ［法］皮埃尔·布尔迪厄：《关于电视》，许钧译，辽宁教育出版社 2000 年版，第 58 页。

分为两部分：一个是文化生产活动高度自主的"有限文化生产场"，另一个是文化生产活动受控于外部消费因素的"规模文化生产场"。而新闻传播或者说"新闻场"这种文化生产活动因有强烈的、特殊的受控性，被纳入到"规模文化生产场"的范畴之内。

布尔迪厄进一步说明："新闻场具有特殊的一点，那就是比其他的文化生产场，如数学场、文学场、法律场、科学场等等，更受外部力量的钳制。它直接受需求的支配，也许比政治场还更加受市场、受公众的控制。"[1] 使用对比性的表述，布尔迪厄实际上想揭示的是新闻场内鲜明的权力特征——受控性，他又具体分析了其他与新闻场域相关联因素所普遍表现出来的受控性特征，比如媒介产品、生产机制和媒介体制等因素。布尔迪厄认为，虽然"新闻场的组织结构与别的场的组织结构是类似的"，但"同时要看到在新闻场中，'商业性'的分量要重得多"[2]。具体而言，控制新闻场的因素主要来自于"商业性"力量或称为"市场"的力量。虽然"媒介场"或"传媒场"的概念在布尔迪厄的理论中没有明确提及，但很明显他是在媒介的意识形态下对新闻场域中的权力关系做出分析并涉及相关因素，因此，布尔迪厄对新闻场权力关系的阐释也可以看做是对普遍意义上的传媒场的分析，因而在揭示媒介文化权力关系方面也具有普遍性意义和阐释力。

另外值得注意的是，布尔迪厄在分析新闻场内部作为一个极其特殊的权力结构存在的同时，其权力关系并不仅仅局限于自身所体现出来的各种权力要素的控制关系，更深一层的权力关系体现在，在文化生产场中，新闻场作为一种重要的文化力量，在一定程度上对其他文化场域的生产起到影响或控制性作用："所有的文化生产场都受制于新

---

① ［法］皮埃尔·布尔迪厄：《关于电视》，许钧译，辽宁教育出版社 2000 年版，第 61 页。
② ［法］皮埃尔·布尔迪厄：《关于电视》，许钧译，辽宁教育出版社 2000 年版，第 85 页。

闻场的结构……一个越来越受制于商业逻辑的场，在越来越有力地控制着其他的天地……同样，借助整个新闻场的作用，经济又以自己的影响控制着所有的文化生产场。"① 换句话说，作为媒介文化代表形态的新闻场，在一定程度上影响其他文化场域的生产与运行并由此建构着媒介文化的现实性功能，这对于新闻场而言有极其重要和深远的意义。布尔迪厄认为，新闻场的权力影响主要表现在两个方面，即推行新的文化生产形式和建立文化市场的价值评判。有研究者更进一步地阐释：新闻场所形成的文化评价，暗含着一种功能即将市场化的媒介控制与评判作为合理而权威的评价原则，因此，新闻场域所生产的就不仅仅是新闻产品，更是在生产观念与评价原则。或者说，新闻场的观念与评价原则的生产表现出巨大的影响力，加剧了整个文化生产场域生产层面的非自主性或受控性。大众媒介遵从市场运作的动机并迎合文化产品消费者的消费意识，这种对市场目标和经济利益的重视导致文化生产在更广泛意义上丧失其超越性的文化精神。同时，新闻场还不断推广它的"特殊逻辑"并对其他文化生产作出评判，而评判的依据就是市场化与商业化的标准。"由受制于市场裁决，到形成适应市场控制的自身结构，再到这种自身结构产生控制其他文化生产的影响力，新闻场最终实现了媒介在文化意义上的权力建构。"②

因此，布尔迪厄的场域理论带给我们的重要启示在于，他既揭示了传媒自身特殊的场域结构，同时也说明了媒介场在不同社会形态和权力结构演变下的特殊的受控性。传媒场域作为一个文化表现空间受到其他资源与规则的支配，也成为各方力量争夺和渴望的"文化资本"。

从上述分析可以看出，虽然各个学派的媒介文化理论在认识和评价

---

① ［法］皮埃尔·布尔迪厄：《关于电视》，许钧译，辽宁教育出版社2000年版，第65页。
② 刘坚：《传媒批判理论的新闻传播观》，《吉林大学社会科学学报》2006年第6期第46卷。

媒介文化时仍然存在着较大的差异，但却共同拥有一个核心议题，即媒介文化领域的权力关系。这种现象表明，媒介文化作为一种结构性的文化力量，它所呈现出的面貌始终受到诸多不同力量的牵引和影响，它的生产行为本身就是各种权力关系相互制约的结果。

第二节　当代中国媒介文化生产中的权力结构嬗变

无论是早期的媒介意识形态批判理论、传播政治经济学理论还是之后的文化研究理论、场域理论等等，诸种理论从不同角度和立场出发，对媒介文化及其生产的认识和评价表现出明显的差异，对待媒介文化的态度也有很大的不同和变化，但各种理论探讨中展现的一个共同的话题则是媒介文化生产与构建中的权力关系。这个现象说明，媒介文化始终作为各种权力的结构性存在，包含着施控与受控的内在矛盾，并在矛盾发展中构建着社会文化的现实。而媒介文化整体面貌和形态的改变，与其中内在的权力关系调整与改变有直接的决定性关系。

一、嬗变之一：政治"协商"

1. 改革开放前媒介文化生产的权利结构状况

从1949年新中国建立开始，整个50—70年代呈现出强烈的社会主义革命逻辑，这使整个社会的文化生产都被纳入一体化统治的权力构架之中，当然也包括媒介文化生产。这种媒介文化生产中的权力结构状况主要表现在以下几个方面：

首先是权力主体的唯一性。新中国所建立的中央集权控制政治制度和计划经济的经济运行模式，它的结构分化程度很低，国家与民众之间缺乏弹性的调节与过渡空间。这种集中控制性政治运作体现在媒介文化领域，则表现在政府权力对媒介机构和运行方式的全面控制：从中央到地方的各种媒介机构严格按照行政级别建制，其基本运作动力完全依赖国家和政府的资源提供与目标制定，从而在总体效用功能层面代表政治意识形态发声；由于这种动力来源的唯一性，整个大众传播机构在生产运作的基本环节中并不需要其他体制外资源或民间力量的参与、合作或资助。因此，在权力主体唯一性的前提下，也形成了传播理念的唯一性：在"媒介是党和人民的喉舌"基本原则的统领下，建立在此原则之上形成的"党的新闻事业"的行为规范非常明确，比如政府出资办媒体；政治家办报；党中央的机关报《人民日报》在新闻媒体中具有权威地位，甚至被老百姓称之为与中央"红头文件"地位和功能相当的"黑头文件"；新闻报道必须接受各级党委的指导和规范并自觉遵守党的"宣传纪律"等等。

其次，在权力关系构建两极中的另外一极——受众，则从根本上不具备影响国家传媒运作的能力和资源。一方面，由于集中和计划控制的体制首先保障的是传媒文化政治层面的安全和可控，并不考虑其经济回报和利益，因此，大众传播只需要为权力关系中的传播者即政治倾向和国家利益负责而全然忽略受众的需求与利益。另一方面，由于长期的政治斗争及文化思想领域的不自主，使民众自身文化活动空间受到极大限制、文化发展的可能性与批判性也被遏制，因此对整个媒介运行缺乏影响力。这就在客观上造成了传媒及其管理者和操作者仅仅重视自身的"传播权"，而长期忽视和轻视收受者的"知情权"、"表达权"、"参与权"和"媒介使用权"等，并造成传受双方的矛盾冲突。受众地位在20世纪90年代以后逐步提升，直到当下被提升到"消费者就是上帝"的高度，这种传受双方权利关系的改变和传媒政治经济的双重考虑直接相关。

　　第三，媒介文化领域体现出强烈的封闭性特征。这种封闭性指的是媒介文化生产与运作过程中对政治权力之外的其他力量的排除与屏蔽，而对政治权力开放最大限度的空间和操控可能性。比如，媒介文化生产过程中禁止任何境外和体制外力量的参与，甚至对中央政治控制之下的地方性力量和边缘性力量都保持高度警惕和谨慎态度；在这种权力状态下，民间力量更是缺乏自主行动的空间和机会。因此，媒介文化领域的权力关系显示出政治意识形态的绝对强势，而封闭性又是对其政治霸权的维系和保护，换句话说，通过对权力关系中其他竞争性力量的剔除，取消了与其他权力进行斗争、谈判、妥协和平衡的过程，最大限度地保护政治权力的权威地位并放大自身利益。

　　媒介文化生产、传播过程中所体现出的权利结构的不平衡和过度集中，一方面不断维护和扩大着国家政治权力，另一方面也使受众没有机会通过正常的选择和消费行为对媒介生产产生影响，而媒介领域中的常规指标比如收视率、发行量、公信力等都无法发挥正常的调节作用。更重要的是，在媒介文化权力关系中占据绝对主导力量的政治权力通过制度建设和机制规范排除了内部、外部几乎所有的竞争，获得了绝对的权威控制。很显然，政治力量的权威并不是经过民众的理性选择所赋予的。

　　2.政治力量主导下的"宣传主义"

　　"宣传主义"的传播理念最核心的内涵是：政治宣传是传媒活动根本的出发点，也是传媒活动最主要的目的地，因此，大众传媒所进行的实践行为都应该自觉主动地与此目的相匹配。"宣传主义"传播理念的本质表现主要体现在媒介功能定位和实践原则这两个方面。

在传媒功能定位方面，传播媒介首先是党、政府和人民的"耳目喉舌"，党性原则成为传媒尤其是新闻传媒必须坚守的第一原则；换句话说，传媒要服从党和政府的领导、要自觉成为党的事业构成的重要组成部分。党和政府则要"善待媒体、善用媒体、善管媒体"，[①] 把媒体这种宣传工具利用好、把它的政治宣传功能发挥好。因此，中国历任领导都非常强调对媒介的管理和使用问题，并将媒介的社会功能主要集中在进行政治宣传和舆论引导方面：江泽民在 1994 年 1 月召开的全国宣传工作会议上指出："舆论导向正确，是党和人民之福；舆论导向错误，是党和人民之祸。"[②] 此番"福祸论"是对传媒政治功能的极度强调与严格规定。新世纪后，胡锦涛也对媒体的宣传功能高度重视，并在 2008 年 6 月 20 日视察《人民日报》时指出："舆论引导正确，利党利国利民；舆论引导错误，误党误国误民"。[③] 其思路与前任国家领导人一脉相承。

由于政府对传媒社会功能发挥的界定更集中在政治宣传领域，在传媒实践的行为规范上也就有了与功能发挥相适应的具体规定和要求。概括而言，传媒实践层面坚持正面报道为主的方针原则，就是为了在媒介生产环节保障媒介政治宣传功能的发挥。李瑞环在 1989 年 11 月召开的全国新闻工作研讨会上明确要求，我国新闻报道必须"坚持以正面宣传为主的方针"，正面宣传的方针具体而言就是："我们所说的'正面'，所说的'为主'，就是要着力去宣传报道鼓舞和启迪人们发展社会生产力的东西，鼓舞和启迪人们坚持四项基本原则、坚持改革开放

①　中共中央政治局常委李长春：《善待媒体、善用媒体、善管媒体》，http://guancha.gmw.cn/content/2010-01/05/content_1032850.htm，2010-01-05。

②　江泽民：《视察人民日报社时的讲话》，金炳华：《新闻工作者必读》，文汇出版社 2001 年版，第 65 页。

③　胡锦涛：《在人民日报社考察时的讲话》，《人民日报》2008 年 6 月 21 日。

的东西，鼓舞和启迪人们加强社会主义民主和法治的东西，鼓舞和启迪人们推进社会主义精神文明建设的东西，鼓舞和启迪人们热爱伟大祖国和弘扬民族文化的东西，鼓舞和启迪人们为推动设计和平与发展而斗争的东西。总之，一切鼓舞和启迪人们为国家的富强、人民的幸福和社会的进步而奋斗的新闻舆论，都是我们所说的正面，都应当努力加以报道。"①观察可以发现，这种传媒的行为规范到现在都没有太大的变化和更新，在传媒管理和实践的理念方面，坚持"宣传主义"仍然是主导性的传媒意识形态。

比如中央电视台的知名栏目《焦点访谈》的口号"用事实说话"就特别具有深意，如果推敲其内在逻辑就会发现，"事实"只是手段，"说话"才是目的。这反映出宣传主义的核心观念，新闻是宣传的基本手段，新闻要为最终极的宣传目的服务。

3. 走向政治"协商"

改革开放之后尤其是进入到20世纪90年代以来，媒介文化领域中的这种权利结构在悄然改变，尽管政治力量的绝对主导性地位并没有动摇。因此，我们既要看到90年代以来媒介文化权力关系的某种嬗变的轨迹，也要对其中政治主导性权力因素新的延续方式有清醒的认识。

传媒作为党、政府和人民的"耳目喉舌"，政治宣传功能一直居于传媒功能体系中最核心与最首要的位置。随着我国的改革开放尤其是进入90年代以来，我国传媒的功能体系逐渐表现出多层次与多元化的状态，开始有了进一步延伸和拓展，具体来说，传媒的信息功能、经济功能和娱乐功能等都比之前有所强化，甚至逐渐从派生和边缘地位走向核心地位。

---

① 李瑞环:《坚持以正面宣传为主的方针》，新华社新闻研究所编:《新闻工作文献选编》，新华出版社1990年版，第202页。

首先需要明确的是，尽管传媒在功能体系上进行着拓展和延伸，但政治宣传功能并没有被淡化或弱化，它仍然是中国传媒生产和管控的核心内容之一，也是当代媒介文化领域的突出特征之一。各种类型的传媒仍然被明确要求要不断加强政治宣传和思想引导，要在贯彻落实党和政府的政治意志方面绝对服从。

但我们也不能忽视现实更为复杂的一面，即对具体情况和具体定位不同的传媒而言，在信息、娱乐和宣传等功能的处理方面也存在不同选择。一些市场化的媒介机构，其产业属性较强同时政府管理相对比较宽松，体现出较为强烈的经济功能，前提是能在政治意识形态方面进行自我管控和自我把关，比如各种媒介文化制作公司、媒介文化投资集团、民营文化企业等等，会把经济利益作为最重要的目标。在与政治意识形态联系紧密的新闻媒体中，政治功能的发挥则成为最重要的考核标准，比如各级党报、党刊、电（视）台及一些重点的新闻网站等，因此也受到党的宣传部门的直接管理和控制。可以说，传媒功能的多元化和多层次化是当代媒介文化发展的最大变化之一，但功能多元的前提是不否认其他功能存在和发挥的情况下宣传功能优先。比如在媒介生产中进行多阶段多形式的把关：当代中国对媒介文化生产所实施的把关系统分为两个阶段，首先是准入阶段，包括各种形式的审核、监督和许可，譬如电影电视剧的生产许可证、商业网站的自制视频节目许可证等；其次是评价阶段，包括对媒介产品的认可和推广。在评价阶段会形成以官方评价、专业评价和民间自由评价等不尽相同的评价标准，并由此彰显出不同的价值倾向，但媒介管理层面的评价与认可会被认为是最权威和主流的认可，比如"中国新闻奖"获奖作品，比如"五个一工程奖"，同时这些认可也会推进、扩大此类文化产品的针对性生产并获得专门的资金和政策层面的多种支持。

再从资产制度方面来分析，国务院在 2005 年公布的《关于非公有资本进入文化产业的若干决定》非常明确地规定，非公有资本不得投资通讯社、报刊社、广播电台、电视台、出版社等传媒机构，对非公有制资本进入文化产业的投资和经营范围进行了明确规定。换句话说，任何非公有资本都不具备投资新闻媒体的权限。另外，除了在资产制度上严格控制外，所有重要的新闻媒体都受到国家管理机构直接的和严格的管理。当然，在媒体所有制国家所有的实现方式中还有一种特殊的操作方式，即由党和政府的相关机构出面，对宣传文化系统中所有经营性与非经营性组织进行监管并以国有资产出资人的身份履行职责。

传媒资产所有制作为传媒事业和传媒产业的根本性规范，直接决定了话语权的归属。而传媒话语权的归属并不是简单的传播领域的问题，更是关系到媒介文化生产中权力分配的问题。基于这种基本判断，我们就可以认识到，在"宣传主义"理念的指导下，媒介文化领域中经济权力和政治权力统一的必要性和合理性，掌握经济权力是政治权力得到保障的基础，而经济权力的适度开放则是政治权力与其他权力不断"协商"和"平衡"的结果。实际上，"在中国特色社会主义建设中，或者说在改革开放的伟大事业中，中国共产党之所以能够统一全党、全军、全国各族人民的思想，能够团结一心、步调一致，振兴中华、复兴民族，其中重大原因之一就是，党和国家始终牢牢掌握着新闻传媒资产的所有权，从而从根本上保证了新闻媒体为党和政府的工作'帮忙'而不是'添乱'，使其成为描绘实现政治、经济、社会建设目标与理想的有力武器，这是中国新闻业的一贯精神和做法"[1]。

---

① 杨保军：《新闻领域的中国模式：描述、概括与反思》，《新闻界》2011 年第 4 期。

　　随着传媒领域经济权力的适度开放、传媒文化生产市场化进程的不断深入，媒介文化生产的权力结构也由政治权力绝对主导的状态改变为多种权力因素并存、多元逻辑同在的复杂状态。全球化文化生产的全新环境、传媒体制改革的不断深入、消费社会的商品逻辑、传媒技术的日新月异和社会主义市场经济等因素的全面交织与持续冲击，都使当代媒介文化从生产到消费的整体运作处于多种力量相互抗衡、共同作用的复杂机制之下。正如之前所阐述的当代媒介文化生产处于一种"机制联动"的模式之下，也是在强调各种权力因素和生产逻辑之间竞争、冲突和相互协商的复杂性。

　　一方面，媒介机构因为强烈的意识形态属性，媒介文化及其生产必须遵守主导意识形态下的政治逻辑和具体规范，把坚持党的领导作为基础认知和实践的前提；另一方面，媒介机构同时以企业或准企业的身份按照市场的经济逻辑运行，追逐并实现着"社会效益"之外的"经济效益"。政治力量和市场力量共同决定着媒介生产的面貌，形成媒介文化产品多极化存在样态。在媒介领域权力关系调整和改变的过程中，市场权力的作用不可小觑。中国传媒业在过去几十年改革的过程中，基本上已经步入市场经济体制，市场环境中各种媒介经营方式几乎都在中国陆续出现，比如在全国各地成立了大量广播电视集团和报业集团；融合发展的媒体经营方式也大量存在，跨地区、跨行业、跨媒体的媒体模式已成为事实并在不断拓展政策许可的空间，甚至跨国经营也已经出现……市场机制从起初的尝试性运行发展到现在一种普遍存在的支配性力量，深刻地改变着媒介文化内部的权力结构，也必然改变着传媒文化的整体面貌和发展趋势。

　　这种权力比重的改变在传媒资产所有制的多元化样态中表现得很

明显。目前，传媒产业形成了以公有制为主体、多种所有制共存共发展的局面，既符合我国社会主义市场经济的整体所有制格局，又体现出传媒领域最具根本性的权力结构更新。传媒产业中的影视业、图书出版业等都不再是单一的国有资本形式，即使是在所有权严格控制的新闻传媒中，除国有资本之外的其他资本也可以通过一些渠道进入经营环节。[①] 有学者在对新闻出版总署发布的《新闻出版业"十二五"时期发展规划》进行解读时认为，"市场化、产业化、资本化、产权多元化是'十二五'规划的核心重点"[②]。因此，中国政府在对传媒管理机构和管理方式进行全面改善和规划的过程中，既考虑到传媒的意识形态功能，又必须将媒介的公共服务功能、产业功能提高到符合时代需求的高度纳入政策形成的思路和框架之中，从而形成新的媒介规制的方式。比如，对国家新闻出版总署和国家广电总局进行大部制合并调整以理顺管理体制；在报刊市场管理方面对刊号审批方式的改革和刊号进入市场流通认可；扩大传媒机构转企改制的范围和领域；改进对网络媒体的审查方式并许可其中一些机构进行视频节目制作等等，这些媒介管理政策制定的背后是多种力量动态发展、权力结构不断调整的结果。

　　需要强调的是，90年代以来对以媒介文化为主要形式的大众文化生产所呈现出的包容和开放性姿态，令人振奋和鼓舞，但同时要非常清醒地认识到，这种开放和宽容的根本原因是市场号召和经济利益驱动。在媒介生产领域，那些不具备经济价值的产品被无情挤出市场的同时，"政治正确"的要求从来都没有缺位过。尽管在文化消费主义的影响下、在市场逻辑的推动下，大众文化的生产更普遍地与经济利益

---

①　张辉锋：《传媒经济学》，南方日报出版社2006年版，第100—101页。

②　曹鹏：《新闻出版业"十二五"时期发展规划》要点试析，《新闻记者》2011年第6期。

相关联，但"事实上，即便在文化市场已经形成的今天，文化产业仍然是特殊的产业，文化产品仍然是特殊的商品，它除了具有商业价值、带来巨大的商业利益之外，更重要的是，它还负载着处理人类精神事务、彰显进步价值观念的责任和义务"①。

4.政治意识形态传播的生活化趋势

对现代社会而言，大众传媒的作用与影响无需多言，其具有的深刻政治意识形态功能也成为共识。传媒作为重要的权力资源，不仅是影响和操纵社会变迁的手段，更是政治意识形态塑形的主要方式。在法兰克福学派看来，媒介就是用来传递并维护统治阶级意识形态的国家"传声筒"，甚至从某种程度上来说，媒介本身就是一种意识形态，是维护国家统治合法性的重要构成。传媒通过各种有形与无形的手段进行意识形态的传播与控制，比如内容选择、语言与产品规范、建立特定的传播模式等方法，不断在内容与格式方面规范媒介生产，从而"通过大众媒介以及其他影响方式来形成人们的思想和感情，通过对表达思想客体以及对客体的思想方式上对能够提供丰富信息的建议和操纵进行有效控制，来缩小个人思维的差别"②。意识形态的话语权依附在强大的传媒系统之上，通过传媒所建构的"媒介世界"对现实世界进行美化和合理化，培养和塑造人们的世界观和整个价值体系。

但随着时代发展和经济进步，意识形态传播和控制的手段与方法都发生着改变：人们开始质疑甚至批判专制统治下的意识形态，"愿意接受传播上的说教式、强制性意识形态支配的受众越来越少，也使传媒这种支配的有效性越来越低。中国人民大学新闻研究所有调查显示：当今中国受众普遍不欢迎传媒宣传，传媒宣传在当今中国受众信誉度

---

① 孟繁华:《大众文化与文化领导权》,《文化研究》2005年第9期。
② [德]霍克海默:《批判理论》,李小兵等译,重庆出版社1993年版,第329页。

越来越低"①。随着网络媒介的普及，这种情形也变得越来越严重。

在西方社会，现代传媒的意识形态传播也经历了重要转变，即从"说教式"方式转变为"生活化"方式，或者也可以理解为，政治权力通过传媒对受众的意识形态控制由"强制"向"隐蔽"转变。这种意识形态传播的生活化趋势，西方传媒文化的批判理论给出了很深刻的解释：一方面认为，当今社会意识形态的"支配性传播态度仍然占据主要地位"，②同时也指出，这种支配性地位主要是通过建构一种"普遍赞同"的方式来实现，而并非凭借强制性的、简单化的灌输与教化方式。所以葛兰西也强调，"将对立一方的利益吸纳到自身"是统治集团获取政治与文化领导权的主要手段，或更具体地说就是对受众展现或承诺某种利益、某种"比以前好得多的生活"。③这种意识形态传播的生活化转变带给我们巨大的启示，考察当今社会意识形态会发现，政治意识形态已经成为生活化的意识形态，政治通常融合着民生。当意识形态以生活化的面目呈现时，意识形态传播就能以"隐性"的状态成功实现思想支配。例如，"电视与其他媒体通过将政治观点的平民化与个性化，几乎摧毁了他们打开的公众对话空间"，在这种情形下，本应存在的受众与传媒直接的思想交流就被彻底阻止了。④

我们还应意识到，意识形态传播在中国发生的生活化趋向，与改革开放以来政治理念的变化有很直接的联系。尤其是 90 年代以来，随着中国社会及经济领域的重大改变，更深层面的价值观日趋多元化、社会阶层重新分化调整，中央政府的权力结构观念也不断从集权向分权和制衡发展。这首先体现在中央与地方、政府与企业之间的权力划分方面。

---

① 喻国明：《中国新闻业透视》，新华出版社 1993 年版，第 27 页。
② ［英］雷蒙·威廉斯：《文化与社会》，北京大学出版社 1991 年版，第 394 页。
③ 罗钢、刘象愚：《文化研究读本》，中国社会科学出版社 2000 年版，第 17 页。
④ ［英］安东尼·吉登斯：《失控的世界》，江西人民出版社 2001 年版，第 73 页。

这种执政理念可以追溯到中共八大邓小平提出的"凡属全国性质的问题和需要在全国范围内做统一决定的问题，应当由中央组织处理；凡属地方性质的问题和需要由地方决定的问题，应当由地方组织处理"的分权思路。[①]之后尤其是中共十四大以来对政治权力结构改革的不断深化，使中央与地方、政府与企业、事业与企业、主管和主办不断分离，使得权力框架不断明晰。因此，对政治权力结构的调整成为政治体制改革的核心，其总体思路是对政治权力进行合理的约束和制约、建立和完善监督机制，这正是党的十八大报告所言的"让权力在阳光下运行"。

这种政治权力观念的改变直接影响着中国的传媒改革和意识形态传播方式。政府与传媒一定程度上的区隔，使人们放松了对政治意识形态传播的反思性警惕，同时，意识形态传递被裹挟和暗含于生活性内容中、甚至被包裹于歌舞升平中，它具备了极大的亲和力并泛化于一切生活领域。

二、嬗变之二：商业"收编"

1."收视率"的美誉与恶名

关于媒介文化生产的商品化问题，人们已经有非常深入和一致的认识，同时，媒介文化生产中商品性的泛化也值得高度关注和警惕。与媒介文化产品本身商品化的途径不同，尼古拉斯·加汉姆提出了媒介商品化的另外两种途径：一是媒介产品的直接生产，二则是通过使用和借助媒介广告进行的整体经济系统的商品化。此外，斯宾塞的发现更扩大了媒介生产商品化的辐射范围，他认为大众媒介所生产的真正的、主要的商品是受众。他揭示出，广大受众在主动或被动地媒介接触过程中，作为媒介文化的消费主体身份被整体"打包"并出售给

---

① 邓小平：《邓小平文选》第1卷，人民出版社1993年版，第228页。

广告主。当受众有意无意接触和消费媒介所提供的产品内容时，这种消费过程被追踪记录并加以量化，形成一个个"发行量"、"收视率"、"收听率"和"销售量"等等指标。而这个时候，受众就不再是一个个鲜活的有着不同媒体接触体验的个体，而是仅仅显示为某种人口统计学意义上的一个构成，性别、年龄、收入状况、居住地、文化程度等统计意义才是广告主看重的。

媒介文化消费者的商品化还不是商品性泛化的终结，消费者消费信息也在商品化，因为这些信息被认为具有能够判断销售趋势的价值。比如受众购买杂志或收看节目，用什么风格或明星的封面会受到欢迎？你偏爱节目的哪一个环节？你愿意在什么时间打开电视？什么标题会赢得较高的点击率等等，这些信息包含的价值并不亚于售卖杂志或节目本身的价值，也不亚于广告商购买版面或时段的价值。受众的消费信息被不断细化并进行多种方式的加工整合，进而出售出去。

由此可见，从媒介产品的商品化、到媒介产品消费主体的产品化、再到媒介产品消费者具体消费信息的商品化，媒介文化生产的所有过程、环节和因素都被商品化了，或者换种更直接的说法，即媒介文化生产的各种过程和细节、劳务与产品都是在资本的指挥下指向市场和售卖。媒介文化生产过程中商品性泛化的现象值得深思，极其广泛的商品性追求会迫使媒介文化生产的逻辑与机制发生改变，而对以"收视率"为代表的一系列商业指标的不懈追求是媒介文化生产商品化过程中最具体但也最深刻的表征。

"收视率"这个概念是对媒介文化消费数量的指标显示，带有客观呈现的静态因素，但为什么又被很多人视为"万恶之源"？它在能成功表现消费程度和消费数量的强大功能之外，为什么又背负着某种恐怖的恶名？

从传播经济学的角度来看，收视率代表的是那些被整体"打包出售"给广告主的媒介产品消费者，也就是受众。此时的受众被视为一种特殊的商品，而收视率所体现出的则是这种特殊商品的交换价值，或者说它能否卖个好价钱。当然，收视率所表征的是受众这种特殊商品的整体质量而非每一个消费者的个体质量。同时，收视率在标识受众整体数量及质量等信息的同时，更重要的是它还具备对媒介文化生产的控制性作用。一般而言，商品化生产过程需要对产品生产、流通和消费的情况进行跟踪和监控，并以此来决定接下来的再生产环节，因此，收视率是作为一种消费信息反馈给生产主体，并对接下来的生产进行数量和质量上的控制。从收视率的这两种意义出发，媒介文化生产对收视率的极度关注无论从哪种意义来看都是极其自然的、而且是十分必要的。不管是媒介文化生产者，还是媒介文化产品的消费者（受众）或者最终极的购买者而言，把收视率作为最重要的衡量指标是合理的。正因为如此，在对收视率孜孜追求的过程中，许多媒介文化产品为了吸引"眼球"并期待在激烈的媒介市场竞争中获胜，一些怪胎产品出现了：新闻生产中的"星闻"、"腥闻"、"性闻"；数量庞大且光怪陆离的假新闻；电视剧生产中的明星扎堆现象、"雷剧"现象；娱乐节目中各种花样的"秀"等等。手段无奇不有，目的只有一个，谁能赢得关注，谁就能赢得市场。对于这种现象，布尔迪厄的解释是："社会新闻，这向来是追求轰动效应的传媒最钟爱的东西，血和性，惨剧和罪行总能畅销，为了抓住公众，势必让这些佐料登上头版头条，占据电视新闻的开场"。① 而且还指出："追求轰动效应自然是为了商品成功，这也可

---

① ［法］皮埃尔·布尔迪厄：《关于电视》，许钧译，辽宁教育出版社2000年版，第14页。

以导致对社会新闻进行选择，而社会新闻一旦为蛊惑术（自发的或精心策划的）加以野蛮的炒作，就足以引起人们普遍关注"。[①] 在收视率的指挥下，媒介文化生产陷入一种不可打破的魔咒中：什么能吸引住受众（哪怕是一小会儿），我们才生产什么。

收视率等指标的出现和受捧背后，实际上体现的是市场机制的运行规则。市场机制使得大众传媒在意义生产方面由一元意识形态主导转变为多元联动机制，文化消费市场成为多数传媒追逐和争取的主要目标市场。在追逐这个市场的过程中，大众或者说具有一定消费能力的人群尤其是市民便是竞争的主要对象，而提供符合大众趣味和心态的大众文化产品自然就成为传媒的首要任务。因此，大众媒介文化不同于主导文化的是，它有意识地淡化主导文化强烈的中心意识形态构建功能，以一种中性的、消费性的文化面貌出现。于是人们看到的是"聊新闻"的亲切姿态、图文书的轻松阅读、报纸不断改版的新鲜感、电视娱乐节目火爆扎堆的各种大众化情形。

对收视率的追求成为媒介生产机构的普遍追求，甚至成为意识形态构造目标之外的另一种核心目标。我国中央电视台 2002 年 9 月推出并正式实施新的节目管理方法，主要依赖的方案是新制定的《节目综合评价体系方案》和《栏目警示及淘汰条例》。这种方法主要是通过对中央电视台所有栏目在分类基础上进行一系列评价的手段，鼓励和支持获得较高评价的栏目，警示甚至淘汰评价呈下滑趋势甚至居于末位的栏目。在对节目实行综合评价的要素中，客观评价、主观评价和成本评价成为权重最大的基本指标。其中的客观评价指标就是以收视率为基础的量化值。[②] 就连学术气息非常浓厚的《百家讲坛》，在选择主

---

① ［法］皮埃尔·布尔迪厄：《关于电视》，许钧译，辽宁教育出版社 2000 年版，第 60 页。
② 黎斌、李怀亮编：《中国电视传媒运营管理实务》，中国国际广播出版社 2007 年版，第 64 页。

讲人时首先考虑的不是学术水准，而是这个人能否赢得公众趣味。制片人万卫很直白地承认在选择和改造这些学者时的原则："现在是市场经济，谁也不敢拒绝市场，都怕自己没有市场。由于受众的变化，你的理念就要变。当然也有很多不愿意变的，你怎么跟他说，他都不愿意放下架子，他要考虑自己的学术水平。还是很多人坚决不转变的，那我们只好放弃。"①

在这里我们会发现非常耐人寻味的内容，当学术力量希望通过大众传媒渠道将通俗化的经典文化传播和推进的时候，民间趣味和民间趣味所代表的强大市场力量总是会通过各种细节（比如话题选择、讲授方式选择、节奏控制、策划包装等）干扰和改变其推进的过程。《百家讲坛》的编导给出一个很有趣的验证标准："在通常情况下，只有初中文化水平的打字员是第一道，如果他觉得打字很累了，说明这个老师讲的效果不大好。如果他听得很带劲，打字不觉得累，那证明老师讲的效果好。"② 如果说认为这种背后的干扰性和控制性力量来自民间，不如说来自市场，对市场的追求使得它不得不商品化或者在商品化过程中改变自己的面貌。这实际上也揭示了媒介文化生产商品化的另外一个层面，即媒介文化生产中商业逻辑对其他逻辑的不断侵蚀和强力收编。

2. 商业逻辑的侵蚀与收编

对媒介文化生产中商业逻辑的威力，我们借用布尔迪厄"场域"这一关键概念进行分析。"场域"作为一种社会研究的空间性隐喻，是"位置之间客观关系的网络或图式。这些位置的存在、它们加诸于其占据

① 万卫：《万卫解密〈百家讲坛〉：主讲人是核心竞争力》，http://www.cctv.com/program/bjjt/20070803/107924.shtml，2007-08-03。
② 张英、梁轶雯：《百家讲坛：让争议来得更猛烈些吧！》，http://www.china.com.cn/culture/txt/2006-10/27/content_7283849.htm，2006-10-27。

者、行动者以及机构之上的决定作用都是通过其在各种权力（或资本）的分布结构中的现在的与潜在的情境客观地界定的，也是通过其与其他位置之间的客观关系（统治、从属、同一等）而得到界定的"①。所以，场域可被视为一个结构化的社会空间，这个空间围绕特定的资本展开并在其中进行各种类型的生产与流通。同时，布尔迪厄在阐释新闻场的特殊性时始终在强调新闻场的受控性。外部力量很容易侵蚀和钳制新闻场的生产，因为政治因素、市场因素、受众需求因素等在新闻场中的支配性更为显著："'纯粹'与'商业化'的选择在所有场中都可以看到，在新闻场中，这两者的冲突尤为激烈，商业化一极的力量特别庞大：其强大的程度是空前的，若无现阶段作共时比较，也是其他场中的商业因素所无法相比的"。② 可以说，新闻场是文化生产场域的一种构成，但这种构成更大程度地遵从大众和市场的支配，因此也更大程度地感受到来自经济原则的控制。换句话说，新闻场更加激烈地体现了文化生产中自主性和他律性斗争的压力和与经济资本、文化资本之间的紧张。

实际上，布尔迪厄用"新闻场"或"电视场"指代的是"媒介场"，尽管他并没有明确地说明。在媒介场这个结构性空间中，不同力量遵循的基本法则就是"斗争"，即为了竞争而斗争。那么，媒介场中对各种力量斗争所进行的裁决依据又是什么呢？布尔迪厄的断定是：新闻界作为一个场域空间，被经济场通过收视率施加其控制。③ 经济资本在媒介场中占据着统治性地位，这种霸权程度之高、地位之无上前所未有。所以，当新闻规范与商业规范发生冲突和矛盾的时候，商业规范

---

① ［美］戴维·斯沃茨：《文化与权力：布尔迪厄的社会学》，陶东风译，上海译文出版社2006年版，第136页。

② ［法］皮埃尔·布尔迪厄：《关于电视》，许钧译，辽宁教育出版社2000年版，第61页。

③ ［法］皮埃尔·布尔迪厄：《关于电视》，许钧译，辽宁教育出版社2000年版，第61—62页。

总是能压制新闻规范并使其作出最大限度的让步和牺牲。

布尔迪厄在《关于电视》中体现了一个基本的思路，即电视到了90年代体现出越来越明显的商业逻辑干扰，收视率控制是一个最明显的特征。高收视率追求成为媒介文化生产的主要目标，因为它将带来利润丰厚的广告和充足不断的商业投资。但对不断追求高收视率的电视生产又有什么样的影响与趋势呢？他提出了文化生产"非政治化"的结果："所有这些机制造成了非政治化的普遍后果，或更确切地说，造成了政治化幻灭的普遍后果。对娱乐的追求，虽说没有明确的企图，但造成了明显的倾向，那就是每当政治生活中出现看似令人厌倦，但却非常重要的问题时，它总是将人们的注意力引向某场表演（或某个丑闻），或者以更巧妙的手段，把人们所说的'时事'问题化为供人消遣的逸闻趣事"。[①] 因为收视率的直接作用，电视对信息的选择和处理必然要抛弃那些公众认为无趣的和无法吸引他们眼球的内容和形式，这实际上造成了对信息极大的垄断和排斥，政治知识被剔除了。

以收视率为代表的一系列商业指标，对内形成媒介场自身权利结构一边倒的状态，对外也严重干扰和侵蚀了外部其他场域的运行逻辑，比如对科学场、学术场、艺术场自律性的破坏和合法性的干扰。传统的艺术领域与科学领域不断受到传媒商业逻辑和经济力量的影响，使得艺术场和科学场原本特别纯粹的自律性受到了极大的侵害。

比如，电视作为媒体，已经开始扮演学术和艺术的评判者的角色了。再次回到《百家讲坛》的话题，学者们成为资本链条延展和深化的一个环节：这些具备文化资本的学者们被进行投资和包装，其形象、衣着、语速、手势等都是精心策划的结果，在经过对讲述内容的设计

---

① ［法］皮埃尔·布尔迪厄：《关于电视》，许钧译，辽宁教育出版社2000年版，第142页。

和制作后，媒介产品初步完成。这个产品的产出非常丰富，包括一个"学术明星"、一系列视听产品、还有一群数目庞大的受众或"粉丝"、一个有名气的品牌栏目！如此多的成果，转换成强大的社会资本并进行到新一轮投资再生产循环中，经济资本就是这样不断地利用媒介进行催化，实现资本唯一的和最终极的目标——增值。分析这一系列资本转换和循环的过程是为了说明，当电视介入学术场的时候，比如会用自己的商业逻辑干扰和侵蚀学术场自身固有的评判规制并成功地欺骗绝大多数外行。于是公众会自然地认为，传媒的承认与评价就是学术的承认与评价，岂不知传媒内外所隐秘的商业化策略才是其评价的真正标尺。

当商业力量不断侵蚀和推广自身逻辑的时候，这种力量便成为另一种独裁，或者导致其对其他力量的压制甚至消灭。而当代中国媒介文化生产中许多庸俗、媚俗、低俗的价值取向更是这种力量独裁的结果，是它的游戏规则的必然呈现。可以说，在大众传媒的文化生产过程中，随着现代传媒技术和生产环境的不断改变，其生产规则也在不断发生改变，这种高技术、大规模的文化生产与消费的组织生产模式使得传媒的各种行为不得不服从商业逻辑和市场法则。全球传媒业更高层次的市场化、产业化浪潮不可遏制，经济利益的砝码不断加重，商业逻辑全面渗透至传媒文化的话语空间。

第三节　双重霸权下媒介文化生产的反思

按照上述分析，我们会面临两个非常严重的问题，一是在政治与商业双重霸权控制下的媒介文化生产体现出强烈的"受控性"特征，这种受控性就是媒介文化的本质规定性吗？二是在政治与商业双重霸权下，媒介文化生产的公共性如何体现和保障？或者说，当代媒介文化生产还能不能拥有追求公共性的动力与可能？

中国当代传媒文化呈现出一种复杂的各种力量相互作用的场域形态中：主导性的政治力量形成了中心化的权力场，而商业力量则或隐或潜地体现其控制性作用，其他的诸如精英的审美性力量在这两种力量的双重挤压下自觉与其保持距离甚至自觉边缘化。一方面，政治力量作为国家和政府的声音，在文化生产中起到主导作用、占据中心权力位置，发挥强大的意识形态导向的功能，因而具有相当权威的文化生产领导权；同时，这种力量通过体制性制约的手段控制传媒结构、资源分配和产品生产。另一方面，市场力量在产业化的大众文化生产中霸气充足，遵从市场交换的发展为资本增殖开疆扩土，进行大批量的文化娱乐产品的生产与传播，在消费时代生产着消费品更生产着消费意识形态。但这两种力量在当代媒介文化领域中并非完全独立运作和互无关联，而是出于相互作用、相互竞争甚至相互合作的复杂关系中。

这样一种合力的双重霸权，决定了当代中国媒介文化生产的基本面貌："也许我们可以这样来表述，传媒文化的本性通常要么为权力体制所控制，要么为商业法则所支配"。① 这样的权利结构模式并没有给文化的审美价值和公共性留下什么空间。这一点值得我们深刻反思。

自从哈贝马斯的"公共领域"概念被引入传媒研究，就立刻作为理论资源解释甚至推进着传媒的具体实践。从政治民主理论出发，公共性被认为是传媒改革中的核心命题。潘忠党将传媒的公共性定义为"传媒作为社会公器服务于公共利益的形成与表达的实践逻辑"，也就是

---

① 周宪、刘康：《中国当代传媒文化研究》，北京大学出版社 2011 年版，第 9 页。

说传媒的实践要"按照公共领域的规范要求而展开"。[①]哈贝马斯基本上是把公共领域和公共性通用的，在他看来，公共领域最好被描述为一个关于内容、观点，也就是意见的交往网络；在那里，交往之流被以一种特定方式加以过滤和综合，从而成为根据特定议题集束而成的公共意见或舆论，由此，公共性也就实现了。[②]从这个概念出发，媒体的公共性主要是指，媒体可以成为各个社会团体争取其合法性的场所，比如强势而活跃的政府和政治机构、其他社会团体的社会运动、各类弱势群体等，都有可能通过媒体来寻求合法性的维系、说服受众接受其主张或追求某种基本权利。在此情形下，媒体的应然性角色体现在信息提供层面，为决策者和公众关心的议题提供可靠信息。因此，传媒既是作为公共领域的一种重要建制而体现出公共性，同时公共性也是传媒的一种属性或称社会属性。在当下传媒自我意识的纠结中，长期忽视了传媒公共性，而公共性恰是最能平衡商业性和政治性泛滥的媒介社会属性并作为政治与市场导向之外的不可缺少的纠偏力量存在。

考察当代中国的传媒体制会发现，目前中国的传媒体制不同于国有型传媒体制、私有型传媒体制和公共型传媒体制，宣传理念和商业理念并存，在不断博弈的过程中影响着中国传媒公共性的发挥；同时我们可以看到，由于宣传理念拥有政府宣传纪律的保障、商业理念拥有生存动力的驱使，造成事实上的专业理念的薄弱，因为它的动力来自新闻人的责任与自觉。所以，媒体的公共性也还有必要通过其他动力推进和保障。如美国亚利桑那州立大学新闻学教授伦纳德·小唐尼、哥伦比亚大学新闻学院传播学教授迈克尔·舒德森共同完成的调研报告《重建美国新闻业》（The Reconstruction of American Journalism）也强

---

① 潘忠党：《传媒公共性与中国传媒改革的再起步》，《传播与社会学刊》2008 年第 6 期。
② ［德］尤尔根·哈贝马斯：《公共领域的结构转型》，曹卫东译，学林出版社 1999 年版，第 252 页。

调：媒体是一个公共事业，应当享受和艺术、科学等公益事业一样的社会慈善捐助的待遇，接受不影响其独立、客观、公正前提下的来自政府的支持和保护。①

传媒公共性的提升会平衡和纠正中国传媒于经济体制转型过程中过度商业化的弊病，扩大公众进入公共领域的入口，也将使现代传媒摆脱单一的政治视角。这种在政治价值和商业价值之外确立的传媒的公共价值认同，很大程度上避免了传媒行为对经济指标的过度强调，避免将传媒发展的目标锁定在快速发展产业规模和产生经济效益上，上述行为逻辑都将导致传媒公共性丧失。因此，建构新的公共性价值认同对中国当下的主流传媒而言是非常必要的。

传媒场域向来是力量角逐的空间，但当经济资本总是在其中起到根本性的作用时，当政治意识形态总是主导和规范其各个环节时，如何能够想象和保障一种最符合公众利益的文化生产的存在？或者说，在当代媒介文化受到多重控制时，还能不能突破其现有机制而达到各方力量的平衡与理性？这也许是更值得我们思考的课题。

---

① 雷跃捷、严俊：《审视传媒转型中的中观传媒公共性研究——读〈重建美国新闻业〉的启示》，《新闻与传播研究》2010 年第 2 期。

结语：全球化语境下媒介文化生产的价值期许

一、媒介文化生产与研究的全球化语境

对于文化研究而言，文化产生的历史条件和社会发展状况应该成为最密切关注的问题，它构成了各种形态文化生长和存在的基础，也蕴含着新文化创造的所有可能性。换句话说，文化研究要充分考虑到文化存在和发展的社会语境。理查德·约翰生在《究竟什么是文化研究》中指出："文化研究包括三个主要前提：第一，文化研究与社会关系密切相关，尤其是与阶级关系和阶级构成、与社会关系和种族的建构，以及与作为从属性质的年龄压迫的关系。第二，文化研究涉及权力问题，有助于促进个体和社会团体能力的非对称发展，是指限定和实现各自的需要。第三，鉴于前两个前提，文化既不是自知的也不只是外在的决定的领域，而是社会差异和社会斗争的场所"。① 因此，对所有文化问题的考察必须要联系特定的社会状况和历史条件，将文化研究的问题纳入到语境化思路之中。

这样看来，文化研究必然呈现为一种语境化思路，具体而言是指文化研究与文化实践本身必须将自身研究对象、研究方法和价值取向根据不同的社会现实状态做出调整和地方化。当代中国媒介文化的兴

---

① 罗刚、刘象愚：《文化研究读本》，中国社会科学出版社 2000 年版，第 5 页。

盛与繁荣，深深地嵌着中国社会在改革与转型期的所有语境的复杂性与特殊性，同时，不可避免地受到全球化语境的深刻影响。历史的变革和主动的开放，让中国从经济领域到文化领域都越来越融入到全球化的世界体系之中，可以说，全球化是当代媒介文化发展的最大语境。

随着 20 世纪 90 年代以来通讯技术和互联网的迅猛发展，各民族、各国家之间依赖技术推进和经济发展而形成的政治、经济与文化的普遍联系日益强化，"全球化"成为最贴切的形容。齐格蒙特·鲍曼在他的《全球化——人类的后果》中判定：全球化既是幸福的源泉，又是悲惨的祸根，但无论怎样，全球化是每个人在当下都不可逃脱的命运和不可逆转的结局，每一个人都在全球化的过程中"被全球化"了。[①] 所以，无论"全球化"这个概念如何包罗万象或有多重解释，至少有一个基本的共识，即全球化已经构成了所有生活和文化的共同语境，成为人们不可回避和逃离的生存样态。

全球化的进程不可违逆，那么全球化进程中的文化发展又会呈现什么样的复杂样态呢？任何对文化的揭示都无法脱离文化生产和消费的语境，因此，全球化与文化必然密切地联系在一起。约翰·汤姆林森在他的著作《全球化与文化》中表达了自己坚定的认知："全球化处于现代文化的中心地位；文化实践处于全球化的中心地位"。[②] 更具体地理解汤姆林森的断定，实际上是指，在政治和经济全球化的背后，文化全球化更能够恰当地描述全球化的巨大转型，因为全球化转型所带来的正是文化体验的改变。

因此，媒介文化作为文化在当代社会的主要形态，如何在全球化

---

① ［英］齐格蒙特·鲍曼：《全球化——人类的后果》，郭国良、徐建华译，商务印书馆2001年版，第1 页。

② ［英］约翰·汤姆林森：《全球化与文化》，郭英剑译，南京大学出版社 2002 年版，第 1 页。

的语境中发生和重构，既是文化研究的必然课题，又是对中国当代媒介文化生产进行具体研究之后的逻辑落点。

二、当代中国媒介文化生产的转型性特征

在全球化语境之下反思中国当下的媒介文化生产，我们能够体察其生产方式与规则的复杂性。同时由于中国社会发展的现实规定性，当代媒介文化生产也体现出自身特有的"中国模式"。当然，无论研究当下媒介文化生产的视角和方法是什么，全球化的背景和地方化的现实是理解和把握这个论题的重要参照系。将当代媒介文化生产置于这两种参照之中，其全面转型趋势下的阶段性和特殊性可见一斑。

1. 规范性

正如布尔迪厄洞察的那样，媒介场域总是受到权力因素尤其是商业因素的制约和规范，而这种制约性较之其他文化场域而言更为明显。媒介文化及其生产的制约性特征在中国当代还有它自身的特点，即中国当代媒介文化生产处于主导意识形态与资本商业的双重规范之下，受制性特征就更复杂更鲜明。

媒介文化产品在消费时代的背景下诞生，同时也遵从着消费时代的文化生产逻辑即最大限度地满足消费需求、创造消费快感和扩张消费欲望。在所有对消费满足的目标追逐中，文化的审美功能在不断被弱化和边缘化，而商业力量强大到支配和制造消费的各个环节。媒介文化产品被生产出来供人们消费，甚至成为一种消磨时间的最佳方式，也成为人们逃避乏味而沉闷的日常生活和工作的个人空间，更重要的是，逃避到的这个空间是令人愉快的。因此，媒介产品的商业价值得到极大的彰显，它可以被任何一个想要获得轻松的人方便地购买。因此，资本在自我扩张和增殖的过程中，极其敏锐地发现文化消费可以成为

新的和强大的经济增长点，当资本进入文化生产和消费创造时，商业逻辑就理所当然地侵入了。商业逻辑的侵入具体体现为媒介文化产业属性的释放和扩张。随着媒介管理层面对媒介产业属性的重新发现和认可，中国传媒事业与传媒产业进一步分离，管理层也将传媒产业作为中国经济发展的最有力的增长点之一，因此，在传媒产业属性的发挥和扩张方面不断给予政策空间甚至扶持鼓励。这一点通过本文之前对 90 年代以来媒介文化生产的机制转换的分析中体现得非常鲜明。

同时，目前中国媒介文化生产还呈现出另一重要而必然的规范性力量，即主导意识形态规制：在媒介文化生产的各个层面强调体现"主流价值观"，提倡并鼓励生产符合"主旋律"的媒介文化产品并积极培育和强化"主流媒体"的权威性和影响力。这一系列目标和行为背后体现出主导意识形态的制约性要求，并具体落实为各种形态的规范形式。

2. 混杂性

中国当代媒介文化生产的运行机制受到多种力量的共同作用，传媒的意识形态属性、产业属性和公共属性都在其中有所发挥；媒介文化的意识形态塑造功能、消费功能和审美功能混杂在一个共同的场域中；媒介话语中政治话语、娱乐话语和专业话语即相互区隔又相互利用，共同构成一个复杂异常的社会子系统。多种力量、多种功能、多种话语的混杂，多种规范、多种机制、多种逻辑的混杂，成为中国当代媒介文化生产的又一特征。

从媒介身份的定位方面来看，混杂性带来一定的身份危机。在中国媒介所承担的诸多使命中，居于中心位置的应当是"喉舌"使命，这是政府对所有传媒角色定位长期的和明确的要求。除此之外，市场机制为中国媒介带来了一个新的身份，即经营主体。经营主体的身份获得使媒介机构的生产迅速转向面向消费生产的营销模式，这种转换对中国当代媒介文化的发展具有至关重要的作用。在世界全球化的裹挟下，中国传媒业不可避免地被卷入全球化的统一步伐中，中国媒介拥有更新的身份与功能，即全球性媒介。全球性媒介脱离了地方性的文化生产而使自身生产及活动被纳入到全球范围内，因此，媒介文化的生产、传播与消费行为，还有媒介的管理观念与游戏规则都发生了不同程度的适应性变化。

更为重要的是在媒介文化生产全球化的背景下，媒介文化所代表的创新型文化使得"一切坚固的东西都烟消云散了"，因此，中国当代传媒生产中体现出来大量的国外节目类型或创意内容，在电影、电视、广告设计、网络文化等领域存在着大量的异质性元素，这些异质性元素不断侵入本土化的内容生产中，使内容生产在显现开放性的同时也具有鲜明的多元性和混杂性。

3. 矛盾性

由于中国媒介文化在媒介角色、媒介功能和生产机制等方面普遍存在的混杂性，更进一步体现为矛盾性和冲突性。比如，当代媒介所承担和扮演的不同角色之间存在着矛盾和冲突，同时这几种媒介角色之下的运作机制也各不相同。作为主导意识形态的建构者和维护者，媒介生产追求最大限度的政治有益性并努力参与现行社会秩序的维系，而作为经营主体，媒介生产又要追求最大限度的商业利润和经济收益并遵从市场经济自由竞争的游戏规制；同时，作为全球化媒体，全球化趋势的要求和中国本土化的需求也存在着混杂的对抗和协调，多元共享的全球媒介文化理念如何在"中国模式"的本土的文化体验下获得认同，可能还需更多时日。

因此，中国传媒领域的改革转型与政治规范的共同制约将当代媒介文化及其生产置于一种错综复杂的对抗性环境之中，这种状况极容易引发媒介文化生产在价值认同层面的断裂和分割，也容易造成对媒介生产目标取向和功能体现层面的飘忽与不稳定。

三、全球化语境下媒介文化生产的价值期许

如上文分析，当代中国媒介文化生产体现出非常明显的转型化特征，携带强烈的全球化文化生产的总体取向与中国社会的阶段性特点。在政治逻辑与商业逻辑同时发挥作用的状况下，媒介文化产品体现出不同权力结构组合下所产出的多种面貌。更具体地说，中国当代媒介文化生产由于复杂合力的运作机制和带有中国社会发展的阶段性局限，在价值体系层面表现出明显尖锐的矛盾与冲突。因此，如何对当代媒介文化生产提出更为合理甚至是"乌托邦"式的价值期许，是媒介文化生产研究的最终落脚点。

1. 尊重文化多元，重构文化认同

媒介文化及其生产在全球化背景下，必然呈现相互关联与自由流动的态势，文化工业式的生产、产业链、资本链的形成等因素都让媒介文化生产不得不与全球各种非本土化的文化体验进行链接和关联。同时也是非常重要的一点在于，最大程度的关联性与开放性作为互联网时代的传播逻辑，正在逐步剔除各种不适应这种逻辑的生产与传播，因此，媒介文化生产与传播也必然汇流在以互联网技术为推动的关联开放环境中。

如此一来，人们对自我身份的确定与认同、对文化体验的感受与交流，很大程度上来自非地方性或非地域性的媒介文化审美感体验，尤其是在影视文化这一分支上表现更加强烈。

英国学者吉登斯在讨论身份建构的时候指出："无论是个人身份还是集体身份都预设了意义；但他也预设了不断重述和重新阐释的过程。……在所有社会中，个人身份的维系以及个人身份与更广泛的社会身份的联系是本体安全的基本要素"，① 事实上，现代传媒在通过各种语言符号尤其是视听语言传递信息和提供娱乐的过程，也是大众媒介潜移默化进行身份建构过程。这更加印证了当代思想界的"语言学转向"向我们揭示出的重要事实，即语言是主体用来建构社会观念与自我意识的方式，绝不仅仅是一个用以简单被动地传递信息的工具。

所以，正如凯尔纳所言："电视、广播、电影和媒体文化的其他产品都提供了诸种材料，由此，个体铸就了自身的认同性、自我感、那种成为男性或成为女性究竟意味着什么的概念、阶级意识、族群意识、种族意识、民族意识、性意识，以及人们所处的社会与世界如何被划分为'我们'和'他们'或'好'和'坏'等的方式。媒体形象有助于塑造某种文化和社会对整个世界的看法及其最深刻的价值观：什么是好的或坏的，什么是积极的或消极的，以及什么是道德的或邪恶的。媒体故事提供了象征、神话以及个体借以建构一种共享文化的资源，而通过对这种资源的占有，人们就使自己嵌入到文化之中了。"②

那么，中国当代传媒正在怎样构建公众的个体及群体认同？当代中国社会文化的复杂性在认同建构上表现出怎样的特征？也正是媒介文化研究中值得讨论的本土问题。面对这个问题，周宪认为："当今中国社会是一个高度复杂的时候，其文化亦复如是，传统、现代、后现代的各种元素挤压在一个当下的平面上。在当下中国的'全球本土化'

---

① ［英］吉登斯：《生活在后传统社会中》，赵文书译，商务印书馆 2001 年版，第 101 页。

② ［美］道格拉斯·凯尔纳：《媒体文化——介于现代与后现代之间的文化研究、认同性与政治》，丁宁译，商务印书馆 2004 年版，第 6 页。

（globalization）进程中，本土的和外来的各种文化错综地混杂在一起。社会文化的这种复杂性决定了认同建构的复杂性，同时也说明了认同建构的未完成性和不确定性。总体上说，中国传媒文化的身份建构具有某种看似对立的特征——同一性和混杂性"。^① 同一性指的是在当代文化多元的结构中，国家认同、民族认同和体制认同是主导文化认同建构的核心目标；而混杂性则是指当代媒介文化构成的现实状态。在全球化的现实中，媒介文化成为一个高度流动的载体，几乎每一种在西方传媒中有良好收视的媒介创意或节目类型都会很快出现在中国公众面前；同时，网络资源中携带大量的异质文化元素持久地影响媒介内容生产。这种混杂的文化语境，也当然会导致受众认同建构的复杂性。

有许多研究者表示出担忧，认为全球化实际上是"美国化"，好莱坞电影的全球化传播不仅冲击着中国电影工业，同时也借助电影成功地推销自身的生活方式、价值观念和文化趣味，这种美国化的全球趣味会影响中华民族自身的文化认同与传承。面对这种文化认同层面的担忧，学者们有两种不同的思路：其一认为应当回归传统，用本土的文化资源抵抗外来文化带来的混杂与文化殖民的可能性；其二是认为应当尊重并认可文化趣味的多元化存在，并将文化多元认为是为认同重构所提供的新可能。在这个问题上，美国学者霍米·巴巴认为应当乐观看待，并认为混杂性中产生的"居间的"文化空间可以作为"第三空间"抵抗后殖民主义的文化侵犯。^②

当我们具体分析中国当代媒介文化生产中文化认同和价值体系的混杂性时，无法明确这种混杂状态会进一步向哪种方向演化，笔者认

---

① 周宪：《传媒文化：做什么与怎么做》，《学术月刊》2010 年第 3 期第 42 卷。
② Homi K.Bhabha."Culture's in between".in Stusrt Hall and Paul de Gey,eds.Questions of Cultural Identity,London:sage.1996。

为，要从多元混杂的文化状态回撤到传统样态中的思路似乎不可行，我们的选择应当是鼓励并尊重文化的多元化生产、乐观看待由此导致的文化认同的混杂性与冲突性，在多元共享的理念下重新建构新的文化认同。

2. 重置权力结构，平衡生产逻辑

媒介文化生产内在蕴含的权力结构是媒介文化运转和意义生成的根本规定，是生产的各种参与性因素体现其能动作用的过程，也是这些因素实现其目标的机制构成。自20世纪以来，西方媒介文化批判的诸多理论学派都针对媒介文化进行各种角度的阐释和批判：如意识形态理论主要通过对意识形态功能和运行机制的阐释来剖析媒介文化生产与运作状态，并将媒介文化研究纳入到更广泛更大的社会系统之中，对媒介文化内部的权力结构分析具有深化的作用和意义。政治经济学理论对媒介文化内部权力结构分析的出发点是将大众传播活动看做是一种政治经济现象并在社会中普遍存在，以此为视角观察和解释大众传播中的媒介文化生产与消费等诸多环节，关注的重点在于分析整个过程与全部环节中体现出的商业逻辑与交换价值。场域理论的提出者法国社会学家布尔迪厄则反复强调，"新闻场"（可以代表媒介场）作为一个特殊的权力场域："新闻场具有特殊的一点，那就是比其他的文化生产场，如数学场、文学场、法律场、科学场等等，更受外部力量的钳制。它直接受需求的支配，也许比政治场还更加受市场、受公众的控制。"①

无论从哪种理论视角出发，一致性的看法在于，媒介文化始终作为一个各种权力的结构性存在，包含着施控与受控的内在关系，并在

---

① ［法］皮埃尔·布尔迪厄：《关于电视》，许钧译，辽宁教育出版社2000年版，第61页。

关系的变化与演进中构建文化现实。基于这样的分析，我们会发现一个明显的事实，在主导意识形态和市场力量关系重置的权力结构演化过程中，中国社会自 20 世纪 90 年代以来媒介文化的生产逻辑在自觉与被迫的双重动力之下进行着转换与更新。

生产逻辑转换与更新的首要表现是权力结构中权力主体的唯一性被打破了，政治逻辑失去绝对的权威控制而仅仅成为权力结构中的构成性因素之一。传媒作为党、政府和人民的"耳目喉舌"，政治宣传功能一直居于传媒功能体系中最核心甚至是唯一的位置。但随着改革开放尤其是进入 90 年代以来，我国传媒的功能体系逐渐表现出多层次与多元化的状态，开始有了进一步延伸和拓展，具体来说，传媒的信息功能、经济功能和娱乐功能等都比之前有所重视，甚至逐渐从派生和边缘地位走向核心地位。随着传媒领域经济权力的适度开放、传媒文化生产市场化进程的不断深入，媒介文化生产的权力结构也由政治权力绝对主导的状态改变为多种权力因素并存、多元逻辑同在的复杂状态。全球化文化生产的全新环境、传媒体制改革的不断深入、消费社会的商品逻辑、传媒技术的日新月异和社会主义市场经济等因素的全面交织与持续冲击，都使当代媒介文化从生产到消费的整体运作处于多种力量相互抗衡、共同作用的复杂机制之下。

其次，也是更为突出的表现在于，资本逻辑（或称商业逻辑）对媒介文化生产的操纵已经是不可忽视的现实，资本力量正在有意识地让自己成为当代文化的新组织者和控制者。资本在追逐利润的时候，对于出品产品的内容定位和营销方式都需要有符合自身要求的定义，这种力量在很大程度上塑造着当代媒介文化消费的风格与趣味。从这个意义上说，资本已经是当代文化新的组织者与控制者，尽管被控制在一定的空间内。

　　但在我们对媒介文化发展进行价值期许的时候应该非常清醒地认识到，除了政治逻辑和市场逻辑这两种决定媒介生产运行机制的本质性力量之外，还有另外一种生产逻辑不应该被忽视，那就是公共逻辑。

　　如前文分析，中国当代媒介文化生产被控制在主导意识形态与商业资本的双重霸权之下，主导意识形态控制成为一种泛化的前提性存在制约着媒介文化生产，而商业力量则在政治正确的前提下大显身手，甚至成为媒介文化生产领域中新的主导者。因此，在政治逻辑和商业逻辑高度控制之下，媒介文化生产领域中的公共逻辑或称公共性几乎被挤压的失去运作的可能性。但是，我们仍然要高度认识媒介文化生产中公共逻辑施展的必要性。

　　可以说，我们对媒介文化属性的认识有一个重大的改观过程，即从原有的唯一的政治意识形态属性认知过渡到意识形态属性和商品属性并重的认知，这体现出观念层面上巨大的超越，也是中国传媒业不断改革的自然结果。但我们更要认识到，当代媒介文化生产在肆意凸显和发挥媒介意识形态属性和商品属性的同时，对媒介文化公共属性的忽视和排挤。长期对媒介文化公共性的忽视与排挤会造成严重的后果，并使媒介在"喉舌"和"生产商"之外缺乏"社会公器"的功能性制衡，最终造成媒介受控性的进一步加剧。

　　媒介文化的公共性从本质上讲就是对公共利益的关切和公共空间的建构，因此，媒介文化及其生产领域中公共逻辑的体现既是在对政治和市场尊重之外对公众的尊重，又是文化生产公共精神的显现过程。在媒介文化生产中除政治逻辑和商业逻辑之外对公共逻辑的展开和运行，是为了引入另一种力量、参照另一种向度，不失为解决媒介文化生产价值困境的思路之一。

　　总而言之，在文化全球化的背景下，中国当代媒介文化生产同时具备全球化的时代特征和不可否认的中国特色，这是由媒介文化生产的普遍特性与中国社会逐步深入的改革模式所共同决定的。那么，如何在改革转型的过程中、文化生产全球化的背景下，进行对文化更新、社会发展、个人需求都更有益的媒介文化生产，如何为媒介产品生产提供符合时代要求与科学进步的价值坐标，无疑是媒介文化阐释与研究最核心的目标之一，而在文化产品生产中主动承认并鼓励文化多元化样态，并在此基础上重新建构文化认同、弥合文化分裂；同时，媒介文化的生产机制也在转变，机制运行中多种参与性因素所呈现的各自影响力也在发生着结构性嬗变，在政治逻辑与商业逻辑之外，强化公共逻辑的影响与权重，应该成为我们坚持的方向。

参考文献

一、专著类：

（一）国外：

[1]［美］约翰·费斯克等编:《关键概念：传播与文化研究辞典（第二版）》，李彬译，新华出版社 2004 年版。

[2]［美］弗雷德里克·詹姆逊:《文化转向》，胡亚敏等译，中国社会科学出版社 2000 年版。

[3]［美］詹姆斯·W.凯瑞:《作为文化的传播》，丁未译，华夏出版社 2005 年版。

[4]［美］道格拉斯·凯尔纳:《媒体文化——介于现代与后现代之间的文化研究、认同性与政治》，丁宁译，商务印书馆 2004 年版。

[5]［美］希利斯·米勒、金慧敏:《永远的修辞性阅读》，参见易晓明编:《土著与数码冲浪者：米勒中国演讲集》，吉林人民出版社 2004 年版。

[6]［美］希利斯·米勒:《文学死了吗？》，秦立彦译，广西师范大学出版社 2007 年版。

[7]［美］马克·波斯特:《信息方式》，商务印书馆 2000 年版。

[8]［美］大卫·理斯曼:《孤独的人群》，王崑、朱虹译，南京大

207

学出版社 2002 年版。

[9][美] 丹尼尔·贝尔:《后工业社会的来临——对社会预测的一项探索》，高铦等译，商务印书馆 1984 年版。

[10][美] 加尔布雷斯:《富裕社会》，赵勇译，江苏人民出版社 2009 年版。

[11][美] 弗雷德里克·杰姆逊:《后现代主义与文化理论》，唐小兵译，陕西师范大学出版社 1986 年版。

[12][美] 戴安娜·克兰:《文化生产：媒体与都市艺术》，赵国新译，译林出版社 2012 年版。

[13][美] 托马斯·库恩:《科学革命的结构》，金吾伦、胡新和译，北京大学出版社 2003 年版。

[14][美] 理查德·H. 佩尔斯:《激进的理想与美国之梦：大萧条岁月中的文化与社会思想》，卢允中等译，上海外语教育出版社 1992 年版。

[15][美] 弗雷德里克·詹姆逊:《六十年代断代》，张振成译，天津社会科学院出版社 1999 年版。

[16][美] 尼尔·波兹曼:《娱乐至死》，章艳译，广西师范大学出版社 2004 年版。

[17][美] 杰姆逊:《后现代主义与文化理论》，唐小兵译，北京大学出版社 1997 年版。

[18][美] 丹尼尔·贝尔:《资本主义文化矛盾》，严蓓雯译，江苏人民出版社 2010 年版。

[19][美] 道格拉斯·凯尔纳:《媒体奇观——当代美国社会文化透视》，史安斌译，清华大学出版社 2003 年版。

［20］［美］马克·波斯特：《信息方式——后结构主义与社会语境》，范静哗译，商务印书馆 2009 年版。

［21］［美］雷恩哈德·本迪克斯：《公共领域的结构变迁》，王立秋译，学林出版社 1996 年版。

［22］［美］威廉·J.米切尔：《比特之城：空间·场所·信息高速公路》，范海燕、胡泳译，三联书店 1999 年版。

［23］［美］约翰·麦克马那斯：《市场新闻业：公民自行小心？》，张磊译，新华出版社 2004 年版。

［24］［美］韦尔伯·斯拉姆等：《报刊的四种理论》，中国人民大学新闻系译，新华出版社 1980 年版。

［25］［美］沃纳·赛佛林等：《传播理论：起源、方法与应用》，郭镇之、孟颖等译，华夏出版社 2000 年版。

［26］［美］戴安娜·克兰：《文化生产：媒体与都市艺术》，赵国新译，译林出版社 2012 年版。

［27］［美］约翰·费斯克：《理解大众文化》，王晓珏、宋伟杰译，中央编译出版社 2001 年版。

［28］［美］戴维·斯沃茨：《文化与权力：布尔迪厄的社会学》，陶东风译，上海译文出版社 2006 年版。

［29］［美］约翰·赫尔顿：《美国新闻道德问题种种》，刘有源译，中国新闻出版社 1988 年版。

［30］［英］斯科特·拉什、西莉亚·卢瑞：《全球文化工业：物的媒介化》，要新乐译，社会科学文献出版社 2010 年版。

［31］［英］尼尔·斯蒂文森：《认识媒介文化》，王文斌译，商务印书馆 2001 年版。

［32］［英］雷蒙·威廉斯：《关键词：文化与社会的词汇》，刘建基译，三联书店 2005 年版。

［33］［英］迈克·费塞斯通：《消费主义与后现代文化》，刘精明译，译林出版社 2000 年版。

［34］［英］爱德华·伯内特·泰勒：《原始文化》，连树声译，上海文艺出版社 1992 年版。

［35］［英］尼克·史蒂文森：《认识媒介文化——社会理论与大众传播》，王文斌译，参见周宪、许均主编：《文化与传播译丛·总序》，商务印书馆 2001 年版。

［36］［英］罗杰·西尔费斯通：《电视与日常生活》，陶庆梅译，江苏人民出版社 2004 年版。

［37］［英］齐格蒙特·鲍曼：《全球化：人类的后果》，郭国良、徐建华译，商务印书馆 2001 年版。

［38］［英］斯图亚特·霍尔：《编码，解码》，王广州译，参见罗刚、刘象愚主编：《文化研究读本》，中国社会科学出版社 2000 年版。

［39］［英］吉登斯：《生活在后传统社会中》，赵文书译，商务印书馆 2001 年版。

［40］［英］罗杰·希尔菲斯通：《电视与日常生活》，陶庆梅译，江苏人民出版社 2004 年版。

［41］［英］特雷·伊格尔顿：《二十世纪西方文学理论·译后记》，伍晓明译，北京大学出版社 2007 年版。

［42］［英］科林伍德：《艺术原理》，王志元等译，中国社会科学出版社 1985 年版。

［43］［英］托尼·本内特：《大众文化与转向葛兰西》，参见陆扬、

王毅：《大众文化研究》，三联书店 2001 年版。

[44][英]利萨·泰勒、安德鲁·威利斯：《媒介研究：文本、机构与受众》，吴靖、黄佩译，北京大学出版社 2005 年版。

[45][英]雷蒙·威廉斯：《文化与社会》，北京大学出版社 1991 年版。

[46][英]安东尼·吉登斯：《失控的世界》，江西人民出版社 2001 年版。

[47][英]齐格蒙特·鲍曼：《全球化——人类的后果》，郭国良、徐建华译，商务印书馆 2001 年版。

[48][英]约翰·汤姆林森：《全球化与文化》，郭英剑译，南京大学出版社 2002 年版。

[49][德]马克思、恩格斯：《马克思恩格斯全集》第 46 卷，中共中央马克思恩格斯列宁斯大林编译局译，人民出版社 1979 年版。

[50][德]恩斯特·卡希尔：《人论》，甘阳译，上海译文出版社 2004 年版。

[51][德]霍克海默：《批判理论》，李小兵等译，重庆出版社 1993 年版。

[52][德]尤尔根·哈贝马斯：《公共领域的结构转型》，曹卫东译，学林出版社 1999 年版。

[53][法]让·波德里亚：《消费社会》，刘成富、全志刚译，南京大学出版社 2001 年版。

[54][法]皮埃尔·布尔迪厄：《关于电视》，许钧译，辽宁教育出版社 2000 年版。

[55][加]文森特·莫斯可：《传播的政治经济学》，胡正荣等译，

华夏出版社 2000 年版。

［56］［加］哈罗德·英尼斯：《传播的偏向》，何道宽译，中国人民大学出版社 2003 年版。

［57］［意］安东尼奥·葛兰西：《狱中杂记》，曹雷雨等译，中国社会科学出版社 2000 年版。

［58］［匈］阿诺德·豪泽尔：《艺术社会学》，居延安编译，学林出版社 1987 年版。

［59］［美］道格拉斯·凯尔纳：《媒介文化：介于现代与后现代的文化研究、认同性与政治》，丁宁译，商务印书馆 2013 年版。

［60］［苏联］巴赫金：《巴赫金文选》，佟景寒译，中国社会科学出版社 1996 年版。

（二）国内：

［1］傅玉辉：《大媒体产业：从媒介融合到产业融合》，中国广播电视出版社 2008 年版。

［2］蒋原伦、张柠：《媒介批评》，广西师范大学出版社 2005 年版。

［3］童兵、林涵：《20 世纪中国新闻学与传播学·理论新闻学卷》，复旦大学出版社 2001 年版。

［4］陈龙：《传媒文化研究》，中国人民大学出版社 2009 年版。

［5］鲍海波：《媒介文化的阐释与批判》，中国社会科学出版社 2009 年版。

［6］周宪、刘康：《中国当代传媒文化研究》，北京大学出版社 2011 年版。

［7］贺桂梅：《"新启蒙"知识档案——80 年代中国文化研究》，

北京大学出版社 2010 年版。

［8］查建英：《八十年代访谈录》，三联书店 2006 年版。

［9］北京大学中文系文艺理论考研室编：《马克思恩格斯列宁斯大林论文艺》，人民文学出版社 1983 年版。

［10］潘知常：《大众传媒与大众文化》，上海人民出版社 2002 年版。

［11］郭镇之：《中国电视史》，文化艺术出版社 1997 年版。

［12］王兰柱：《广电产业化进程中的节目形态演变》，中国传媒大学出版社 2007 年版。

［13］孙玉胜：《十年：从改变电视的语态开始》，三联书店 2003 年版。

［14］方汉奇编：《中国新闻事业史》，中国人民大学出版社 1999 年版。

［15］甘阳：《八十年代文化意识》，上海人民出版社 2006 年版。

［16］李洁非、杨劼：《共和国文学生产方式》，社会科学文献出版社 2011 年版。

［17］孙燕君：《报业中国》，中国三峡出版社 2002 年版。

［18］汪晖：《当代中国的思想状况与现代性问题》，三联书店 2008 年版。

［19］天海翔：《中国文化产业》，中央编译出版社 2006 年版。

［20］周小仪：《唯美主义与消费文化》，北京大学出版社 2002 年版。

［21］罗刚、王中忱：《消费文化读本》"前言"，中国社会科学出版社 2003 年版。

［22］戴锦华：《书写文化英雄》，江苏人民出版社 2000 年版。

［23］赵勇：《大众媒介与文化变迁——中国当代媒介文化的散点透视》，北京大学出版社 2010 年版。

［24］宗匠：《电视娱乐节目：理念、设计与制作》，中国广播电视出版社 2003 年版。

［25］王绍光：《民主四讲》，三联书店 2008 年版。

［26］孟繁华：《传媒与文化领导权——当代中国的文化生产与文化认同》，山东教育出版社 2003 年版。

［27］肖小穗：《传媒批评——揭开公开中立的面纱》，黑龙江人民出版社 2002 年版。

［28］陶东风编：《文化研究精粹读本》，中国人民大学出版社 2010 年版。

［29］张辉峰：《传媒经济学》，南方日报出版社 2006 年版。

［30］邵燕君：《倾斜的文学场：当代文学生产机制的市场化转型》，江苏人民出版社 2003 年版。

［31］高江波：《期刊求索录》，北京师范大学出版社 1998 年版。

［32］喻国明：《中国新闻业透视》，新华出版社 1993 年版。

［33］罗钢、刘象愚：《文化研究读本》，中国社会科学出版社 2000 年版。

［34］《邓小平文选》第 2 卷，人民出版社 1993 年版。

［35］黎斌、李怀亮编：《中国电视传媒运营管理实务》，中国国际广播出版社 2007 年版。

［36］罗彬：《新闻传播人本责任研究》，武汉大学出版社 2011 年版。

［37］王岳川：《中国镜像：90 年代文艺研究》，中央编译出版社 2001 年版。

［38］崔保国主编：《2013 年中国传媒发展报告》，社会科学文献出版社 2013 年版。

［39］汝信、曾繁仁等编：《中国美学年鉴·2002 卷》，河南人民出版社 2003 年版。

［40］中国年鉴编辑部：《中国年鉴 1991》，中国年鉴社 1991 年版。

［41］中共中央文献研究室编：《三中全会以来重要文献选编》，人民出版社 1982 年版。

［42］何迪、鲁利玲编：《反思"中国模式"》，社会科学文献出版社 2012 年版。

［43］张晓明、王家新、章建刚主编：《中国文化产业发展报告（2012—2013）》，社会科学文献出版社 2013 年版。

［44］李庚、许觉民主编：《中国新文艺大系 1976—1982 理论一集》，中国文联出版公司 1988 年版。

［45］金炳华编：《新闻工作者必读》，文汇出版社 2001 年版。

［46］新华社新闻研究所编：《新闻工作文献选编》，新华出版社 1990 年版。

［47］王岳川编：《媒介哲学》，河南大学出版社 2004 年版。

二、论文类：

［1］肖明华：《论詹明信的后现代主义文化逻辑研究》，《江西师范大学学报（社会科学版）》2006 年第 1 期。

［2］陈力丹、陆亨：《鲍德里亚的后现代传媒观及其对当代中国传

媒的启示——纪念鲍德里亚》,《新闻与传播研究》2007年第3期。

［3］钟梦白:《论媒介文化》,《新闻与传播研究》1990年第5期。

［4］周宪:《传媒文化:做什么与怎么做》,《学术月刊》2010年第42期。

［5］《新周刊》编辑部:《20年中国备忘录·20年来最有影响的20本书》,《广州:新周刊》1998年第22期。

［6］胡智锋:《十年来中国电视发展历程的一种描述》,《中国电视》1999年第4期。

［7］刘文谨:《一个话语的寓言——市场逻辑与90年代中国大众传媒话语空间的构造》,《新闻与传播研究》1999年第2期。

［8］陈祖君:《论作为文化传播媒介的1980年代文学期刊》,《文艺理论与批评》2006年第5期。

［9］《李汉柱访谈》,《当代文艺思潮》1982年第5期。

［10］冯牧:《新的年代赋予我们的庄严使命——对文学期刊的一点希望》,《北京文学》1981年第1期。

［11］李劼:《试论文学形式的本体意味——文学语言学初探》,《上海文学》1987年第3期。

［12］陈军科:《从人性复归到人文精神:当代中国思想解放的历史进程》,《理论前沿》2002年第22期。

［13］陈晓明:《填平鸿沟,划清界限:"精英"与"大众"殊途同归的当代潮流》,《文艺研究》1994年第1期。

［14］何龙群:《中国改革开放的历史进程及其基本经验》,《广西民族学院学报(哲学社会科学版)》2001年第23期。

［15］吴忠民:《20世纪中国社会转型的基本特征分析》,《学海》

2003 年第 3 期。

［16］朱贻庭：《西方世俗化价值观的反思》，《探索与争鸣》2000年第 10 期。

［17］宋希仁：《关于世俗化的断想》，《湖南科技大学学报（社会科学版）》2005 年第 8 期。

［18］王岳川：《全球化语境与当代传媒文化》，《湖南城市学院学报》2003 年第 24 期。

［19］方汉奇：《十四大以来的中国新闻事业》，《郑州大学学报（哲学社会科学版）》1994 年第 2 期。

［20］赵勇：《从审美文化到消费文化——论大众媒介在文化转型中的作用》，《探索与争鸣》2008 年第 10 期。

［21］陈昕、黄平：《消费主义文化与中国社会》，《上海文学》2000 年第 12 期。

［22］周宪：《"读图时代"的图文"战争"》，《文学评论》2005年第 6 期。

［23］周宪：《论奇观电影与视觉文化》，《文艺研究》2005 年第 3 期。

［24］练玉春：《论米歇尔·德塞都的抵制理论——避让但不逃离》，《河北学刊》2004 年第 24 期。

［25］张志君：《创新精神·平常心态·平等关怀——世界各国电视娱乐节目整体扫描及对中国同行的启示》，《当代电视》2000 年第 4 期。

［26］陈序：《娱乐模式：从明星表演到百姓游戏——浅析中国电视娱乐节目的四个阶段》，《新闻记者》2005 年第 2 期。

［27］魏颖：《警惕新闻娱乐化现象》，《中国记者》2000年第2期。

［28］李良荣：《娱乐化、本土化——美国新闻传媒的两大潮流》，《新闻记者》2000年第10期。

［29］石磊：《传媒娱乐主义解读》，《新闻界》2006年第2期。

［30］王黑特：《诙谐、游戏与狂欢追逐——90年代中国部分电视剧再解读》，《当代电影》2003年第4期。

［31］孙书磊：《20世纪历史剧争论之检讨》，《南京师范大学学报（社会科学版）》2005年第3期。

［32］郑春凤：《欲望化时代的文化消费——谈影视剧中的戏说历史》，《戏剧文学》2005年第5期。

［33］季广茂：《笑谈古今也从容——试论"戏说历史"的文化内涵》，《北京师范大学学报（社会科学版）》2005年第4期。

［34］李凌凌：《山寨文化:Web2.0时代的草根狂欢》，《新闻界》2009年第1期。

［35］潘忠党：《新闻改革与新闻体制的改造——我国新闻改革实践的传播社会学之探讨》，《新闻与传播研究》1997年第3期。

［36］童兵：《市场经济：中国新闻界的新课题——兼议新闻改革的价值取向及其纠正》，《新闻知识》1993年第3期。

［37］方延明：《论社会主义市场经济条件下新闻理论与实践的变与不变》，《新闻传播论坛》1996年第1期。

［38］李良荣：《西方新闻媒体变革20年》，《新闻大学》2000年第4期。

［39］韩永进：《我国文化体制的改革与新进展》，《出版参考》2005年第10期。

［40］艾丰：《挑战与机遇并存》，《新闻界》1993 年第 1 期。

［41］潘忠党：《传媒公共性与中国传媒改革的再起步》，《传播与社会学刊》2008 年第 6 期。

［42］刘坚：《传媒批判理论的新闻传播观》，《吉林大学社会科学学报》2006 年第 46 期。

［43］杨保军：《新闻领域的中国模式：描述、概括与反思》，《新闻界》2011 年第 4 期。

［44］曹鹏：《〈新闻出版业"十二五"时期发展规划〉要点试析》，《新闻记者》2011 年第 6 期。

［45］孟繁华：《大众文化与文化领导权》，《文化研究》2005 年第 9 期。

［46］雷跃捷、严俊：《审视传媒转型中的中观传媒公共性研究——读〈重建美国新闻业〉的启示》，《新闻与传播研究》2010 年第 2 期。

［47］李良荣：《艰难的转身：从宣传本位到新闻本位——共和国 60 年新闻媒体》，《国际新闻界》2009 年第 9 期。

三、电子文献及其他：

［1］尹鸿：《媒介文化研究：知识分子的发言场域》，http://www.artsbj.com/Html/lilunjia/wz_2566_1451.html，2009-11-25。

［2］李金铨：《中国媒介的全球性和民族性：话语、市场、科技以及意识形态》，http://www.cuhk.edu.hk/ics/21c/supplem/essay/0209135g.html，2003-1-30。

［3］柴静：《面对面：印象·张艺谋》，http://news.cntv.cn/society/20101024/102457.shtml，2010-10-24。

［4］中国互联网信息中心（CNNIC）：《第 33 次中国互联网络发展状况统计报》，http://www.cnnic.net.cn/hlwfzyj/hlwxzbg/hlwtjbg/201403/t20140305_46240.htm，2014-1-16。

［5］杨博：《〈百家讲坛〉出山寨版，网上冒出民间易中天》，http://ent.sina.com.cn/v/m/2008-10-24/07442219236.shtml，2008-10-24。

［6］孔悦：《山寨版〈红楼梦〉网上流传，网友最爱"林黛玉"》，http://ent.ifeng.com/movie/news/mainland/200810/1021_1845_839981.shtml，2008-10-21。

［7］朱丹：《2008 年山寨成最火名词，山寨文化进行时》，http://media.people.com.cn/GB/8474430.html，2008-12-08。

［8］《江泽民在中国共产党第十四次全国代表大会上的报告》，http://cpc.people.com.cn/GB/64162/64168/64567/65446/4526308.html，1992-10-12。

［9］《中国共产党第十四届中央委员会第六次全体会议公报》，http://cpc.people.com.cn/GB/64162/64168/64567/65398/4441784.html，1996-10-10。

［10］《中共中央关于制定国民经济和社会发展第十个五年计划的建议》，http://china.findlaw.cn/fagui/jj/23/60680.html，2000-10-11。

［11］中华人们共和国新闻出版总署：《新闻出版署关于书报刊音像出版单位成立集团问题的通知》，http://www.people.com.cn/electric/flfg/d2/940518.html，1994-05-18。

［12］国家统计局：《文化及相关产业分类》（2004），http://www.tctj.gov.cn/art/2012/7/11/art_2125_160326.html，2012-07-11。

［13］刘延东：《培育强大的文化软实力为建设富强民主文明和谐

的现代化国家提供强大支撑》，http://www.gov.cn/ldhd/2009-11/24/content_1472268.html，2009-11-24。

［14］韩寒：《论电影的七个元素》，韩寒新浪博客.http://blog.sina.com.cn/s/blog_4701280b0102eo83.html，2014-1-14。

［15］陈一鸣：《2013年度文化清单：越轻越保险》，南方周末.http://www.infzm.com/content/97760，2014-1-14。

［16］国家新闻出版广电总局：《关于进一步加强电视上星综合频道节目管理的意见》，http://wenku.baidu.com/view/747fe4d-584254b35eefd3470.html，2011-10-26。

［17］梁衡：《改革开放30年——中国的新闻与政治》，http://news.xinhuanet.com/newmedia/2009-01/12/content_10643069.htm，2009-01-12。

［18］中共中央政治局常委李长春：《善待媒体、善用媒体、善管媒体》，http://guancha.gmw.cn/content/2010-01/05/content_1032850.html，2010-01-05。

［19］万卫：《万卫解密〈百家讲坛〉：主讲人是核心竞争力》，http://www.cctv.com/program/bjjt/20070803/107924.shtml，2007-08-03。

［20］张英、梁轶雯：《百家讲坛：让争议来得更猛烈些吧！》，http://www.china.com.cn/culture/txt/2006-10/27/content_7283849.html，2006-10-27。

［21］《中国文化事业发展20组数字比较》，《光明日报》2000年12月13日。

［22］胡锦涛：《在人民日报社考察时的讲话》，《人民日报》2008年6月21日。

四、英文文献：

［1］Greenberg, Clement, "Avant — Garde and Kitsch," in Bernard Rosenberg and David Manning White eds., Mass Culture:The Popular Arts in America ［M］.New York:Free Press, 1957.

［2］Macdonald, Dwight, "A Theory of Mass Culture," in Bernard Rosenberg and David Manning White eds., Mass Culture:The Popular Arts in America ［M］.New York:Free Press, 1957.

［3］R.Williams.Keywords:A Vocabulary of Culture and Society ［M］. Glasgow:Fontana, 1983.

［4］Zygmunt Bauman, Intimations of Postmodernity, London:Rout-ledge, 1992.

［5］Guy Debord.Society of the Spectacle［M］.New York:Zone,1994,p.6.

［6］A.David Cordon and John Michael Kittross, Controversies in media ethics（second edition）, Landon:Longman, 1999.

［7］See Homi K.Bhabha, "Culture's in between", in Stusrt Hall and Paul de Gey, eds., Questions of Cultural Identity, London:sage, 1996.

［8］T.W.Adorno, The Culture Industry.ed.By J.M Bermstein, London : routledge, 1991.

［9］F.Jameson, The Cultural Turn, New York:Verso, 1998.

［10］F.Davis, Fashion, Cultural and Identity, Chicago:university of Chicago press, 1992.

［11］M.Featherstone, Undoing Cultural : Globalization, Postmodern-ism and Identity, London : sage, 1996.

［12］Johan Storey, Cultural Theory, London : Prentice Hall, 1998.

［13］D，Morley，Television，Audience and Cultural studies，London：Rout ledge，1992.

附录一 文化转向与媒介文化研究的任务

鲍海波

20世纪是快速发展的世纪,就人文社会科学领域而言,20世纪曾经历了一系列的转向,从语言转向、解释转向、后现代转向,直至文化转向。媒介文化研究是这一系列转向,特别是文化转向中独特的景观之一。所以,关注文化转向与媒介文化研究的内在勾连以及媒介文化研究在当代的任务,不仅便于厘清二者的内在联系,更欲为当代媒介文化研究提供一定的思路。

一

追溯文化转向的发生应将目光投射回过去20年间,即20世纪80年代和90年代。但要细究起来,文化转向的萌动似乎应该更早些,可上溯到20世纪70年代左右。按照麦克黑尔在《未来的未来》一书中所说:"我们的时代可能是人类经历中最为关键的时期之一,处在从一个世界到另一个世界的过渡时期,我们确确实实濒临整个人类状态的伟大转变。"人类要跃过的这个关头,指的是人类物质文化水平达到相当水平时,更需要一系列的意义、价值系统来维系一种新的平衡,更需要精神、道德、审美价值来抚慰人的灵魂。这样,对于文化的渴求便成为人类的必然需要。"当 20 世纪 60、70 年代的后工业热情让位于 90 年代和新千年的后现代焦虑时，当经济和政治的乐观主义让位于环境和人文的悲观主义时，对于文化的认识已经开始深化，文化转向已经悄然发生。"[1] 当然，对于文化转向的探讨，自然可以在时代背景中找寻其根源，亦可以在社会思想领域中探究其个中玄机。英国文化史学家戴维·钱尼一语中的，他认为："社会思想领域出现的向文化转向是由知识分子的信仰危机引发的。"[2] 在文化一词的内涵原指农业生产或种植转向"赋予意义"——日常生活正是通过文化获得意义和重要性的同时，也面临着两方面的危机，其一是文化权威性的丧失，这将导致意义的混乱，人们由此转向了另外一种信仰；其二是文化效用的丧失，以至于使那些通常赋予生活以意义的机构和形式不再起作用，而且这双重危机是现代社会的重要特征。"四处蔓延的危机感和疏离感使知识分子比过去更激烈地质疑他们与生产知识机构之间的关系"。[3] 在这啧啧的质疑声中，在对危机的对抗中，引出了一个悖论：知识分子的言论越发自由，知识分子愈是感觉不到自己的重要，反而普遍怀疑自己是多余人。而更令知识分子伤心与痛苦的是，当他们看到随着国家权力不再控制他们的特权领域——文化，这个领域开始被新的大众消费产业所控制时，让他们深受伤害。这"不完全是被侵犯，更是知识分子没有被邀请来担当这一惊人扩张的掌舵人"[4]。这就引起我们这样的想法，文化转向问题在当代思想领域中的重要性源于知识分子的信仰危机，知识分子已经对自己是否维持既有知识模式的地位产生了怀疑，甚至于对维持某种特权地位的企图感到绝望。

在此，我们不免要问，将知识分子拉下神坛的到底是一股什么样的力量？知识分子面对的是一种什么样的文化景观？令知识分子倍感懊丧与担心、害怕与沮丧的文化景观内究竟有何方神圣？还有，是什么将知识分子的注意力与关切点牵出传统的知识领域，比如艺术、科学和社会科学，使他们特定的话题和言谈方式发生了巨大的变化？

这当然是大众文化。"大众文化非但不应被当作粗糙庸俗的东西加以排斥，相反，应像对待更奇异'原始'社会文化一样进行细致的探索。"[5] 不仅仅因为两次世界大战所昭示的在最成熟的文明的核心存在着兽性，使人们怀疑普遍的文化价值是否存在，还因为随着新的大众传媒和娱乐产业的飞速发展所掀起的有力的且激进的革新潮流使人深信应该认真看待这种文化并认真对付由这种文化所引发的一切挑战。

二

在文化转向的大背景下，大众文化问题得到了空前的重视，对它的研究也日益广泛。与此同时，大众文化的一个重要的分支——媒介文化也受到空前的关注。

有学者曾说：如果把人类诞生的 5000 年时间比作 24 小时，那么在子夜时分诞生的大众传媒目前正以加速度的方式快速发展。在当代，人们已经意识到，大众传媒作为当代人生态环境的重要组成部分，不仅为人们提供信息资源、舆论资源、娱乐资源，而且建构着人们几乎所有的常识，并像一双巨大的看不见的手，拨弄着、掌控着、指点着我们精神和物质双重意义上的日常生活，"处理和回应真正的存在状况"[6]。更有甚者，传媒作为工具和传媒作为文化世界、作为权力世界、作为文本世界、作为游戏世界已构成当代社会的"新的权力核心"[7]。大众传媒所具有的如此重大的现实意义，就理所当然地成为人们关注的核心目标。而且，在很大程度上，对于媒介文化的研究成为了在失去新时期以来曾经拥有文化建设权、政治参与权、社会精英权之后知识分子介入、干预、作用于当代社会的中介,是在消费社会中饱尝"失语"之痛的当代人文知识分子重新切入社会实践领域的重要武器。与此同时,既使得传媒成为一个转化各种资本的交易平台,社会权力较劲的角斗场,同时也成为各方力量争相发言的话语场域。可以说,关注媒介文化就等于关注我们自己所处的社会的神经中枢。

面对媒介文化研究,这种中国"正在开发的未来"[8],人们难免要问:研究者的主要任务是什么?或者说研究者在其研究过程中要解决的问题有哪些?其预期的结果是什么?等等。

在某种程度上说,回答这些问题过于艰难。但于艰难中的作答弥显珍贵。

三

在媒介文化研究领域,以下几项任务得先完成,因为他们是后续研究的逻辑起点。

1. 媒介文化研究的首要任务是回到问题的初始阶段,即回答"什么是媒介文化"

从目前的研究资料来看,众多研究者对何为媒介文化似乎并不关心,只是"晚近一些有影响的研究,主张把媒介与文化这两个关键词连用,或曰'媒介文化',或曰'媒介化的文化'"[9]。这些有影响的研究,显然已经意识到这是种全新的文化:它构造了我们的日常生活和意识形态;它制约着我们的价值观、情感世界以及对世界的理解;它不断地利用高新技术、市场原则诉求于普遍的非个人化的受众群体,为我们呈现当代日常生活的仪式和景观;更为关键的是"它把传播和文化凝聚成一个动力学过程"[10],将生活于世界中的每个人拥裹其中,随其悬浮与下沉。这就是我们所面临的现实的文化情景,显然,我们对它知之甚少。对于我们目前依然知之甚少的现实的文化情境,如果对其作简单化的概括与处理,即把"媒介"与"文化"两个关键词连用,形成一个称作"媒介文化"或"媒介化的文化"的"新词",虽然能说明一些问题,但导致的结果会是将"媒介"与"文化"机械地扭结在一起,成为一个词语的新组合,至于这个新的组合词具体内涵是什么,意指又为何,就不甚了了。另外还有,此种组合会将"媒介"与"文化"原有的含义受到限定或泛化,其中含义的泛化所引发的后果更为麻烦。如今只要提到"媒介文化"一词,就意味着凡属媒介、凡属文化的均可以桶装其中,有人戏称"媒介文化是个筐,什么东西都可以装"。属筐则属容器或盛器,装什么则另当别论。如此看来,对于"媒介文化"这个似乎属于原始的、逻辑起点的问题的追问不仅是必要的,而且是紧迫的。

对于媒介文化的追问的视角应是双向的。首先是文化的视角。"文化"(Culture),在西语中最初指土地的开垦及植物的培育,后来一般指对人的身体、精神,特别是艺术和道德能力及天赋的养成,同时也指人类通过创造性的劳动所创造的物质、精神和知识财富的总和。进入20世纪以来,文化的概念产生了新的含义和用法,英国文化批评学家雷蒙·威廉斯(Raymond Williams)在其著作《漫长的革命》中,对"文化"的定义或内涵进行了归纳:其一是理想性定义,文化是指人类的完美理想状态或过程。其二是文献性定义,文化是指人类的理智性和想象性的作品的纪录,即凡是人类创造的理智的或想象的成果,如文字、绘画、雕塑、音乐、历史、修辞、语言等都可以称之为文化。其三是社会性定义,文化是指有关人类的特定生活方式的描述,它将文化的内涵扩展到群体的整个生活方式。美国文化批评家丹尼尔·贝尔(Daniell Bell)则认为:"我在书中使用的'文化'一词,其含义略小于人类学涵盖一切‘生活方式的宽大定义，又稍大于贵族传统对精妙形式和高雅艺术的狭窄定义。对我来说，文化本身正是为人类生命过程提供阐释系统，帮助他们对付生活困境的一种努力。'”[11]为此，他的第一种文化是指“特定人类的生活方式”，第二种文化概念是指阿诺德的文化观念。他认为这两种文化观都过于狭窄，便转而采用德国哲学家卡西尔（Erust Cassier）的文化概念，即文化是指由人类创造和运用的符号形式的领域，它主要处理人类生存的意义问题。丹尼尔·贝尔对卡西尔关于文化概念的鼎力推崇与使用，表明卡西尔的文化概念具有更大的应用价值。它表明，文化是特定人类群体表达其生存意义的符号形式，包括神话、宗教、语言、历史、科学和艺术等形态。在卡西尔看来，人的本质是劳作，劳作的目的是创造符号以便表达人生的意义，所以文化就是人类符号表意行为或交流。[12]卡西尔的有关文化的定义固然精辟，但有关文化分层的问题仍悬而未决。美国文化批评家杰姆逊（Fredric Jameson）则认为，文化首先指“个性的形成或个人的培养”，其次指的是与自然相对立的“文明化了的人类所进行的一切活动”，再次指的是与贸易、金钱、工业和工作相对的“日常生活中的吟诗、绘画、看戏、看电影之类”的娱乐活动。[13]杰姆逊特殊的立场和关注的焦点是后现代文化或消费文化，其实就是以日常感性愉悦为主的大众文化，并为文化分层提供了有益的尝试。

上述具有代表性的关注文化的视点与对文化的独特看法，自然是我们切入对媒介文化研究时不能忽视的宝贵的思想资源。当然，媒介文化研究的另外一种视角就应当是媒介发展的视角。20世纪以来，媒介的发展日新月异。由于现代媒介所引发的传播方式的改变，也改变了人类的生存、生活、工作甚至是思维方式，人类表达其生存意义的符号形式经历了诸多变化,文化化了的人类所进行的与自然相对的一切活动发生了深刻的变革,甚至是日常生活中的许多娱乐活动更是变化空前。可以说,由于现代媒介使得杰姆逊研究的后现代文化或消费文化阔步迈进且盛况空前,因此,媒介文化研究不得不引入现代传媒发展进程的观念。只有对由于传播媒介与传播方式改革所导致的文化景观的变化进行深入细致的分析,才能真正廓清媒介文化到底是什么。在此基础上,才能从本体层面来分析、阐释并说明媒介文化的内涵。

就本体层面而言,媒介文化首先指的是主体的人所创造的"第二自然"。文化史家把文化传播漫长的历史作了精致的分期。大约可分为三个不同的阶段:口头传播文化阶段、印刷文化阶段和电子文化阶段。本世纪电子媒介的出现,不仅是人类文化传播史上的一次空前的革命,它极大地改变了文化传播的方式,也因此改变了文化自身的形态,甚至改变了生存于其中的人类生活。毫无疑问,古往今来,没有一种传播媒介像电子媒介这样深刻地影响到整个社会。这就使得文化作为用后天创造来弥补先天自然不只是属人所创造的"第二自然",在电子传媒的主导下具有了别样的特质,即媒介文化已成为一个"本体的世界"。媒介在其中不仅仅是作为任人摆布的物,而是一个具有自主能力的生命,由它所营造的文化世界景观独特。其次,媒介文化是指由电子媒体拷贝而成的镜像甚至是类像世界。在口传文化阶段,面对面的在场交流的形式与语境,既使得交流是双向互动的,又使得传统的权威得以维持;印刷文化阶段,信息的传递不再依赖于在场,它贮存在可移动的媒介——印刷物中,使得不在场的交流成为可能,在信息交流跨越时空时,也动摇了传统的权威。电子媒介出现所导致的革命,不仅加速了全球化与本土化的进程,"地球村"应运而生,人们在"地球村"中,"社会关系从彼此互动的地域性关系中，从通过对不确定的时间的无限穿越而被重构的关联中'脱离出来'"，[14]造成了不可避免的零散化和碎片化。与此同时，电子媒介以其强有力的"符号暴力"摧毁了一切传统的世界，文化的趋同化和类型化之中又滋长了许多异质的因素。所有的这一切，均由电子媒介对现实世界的拷贝而成的镜像世界所构成。也就是说，在镜像世界中，人们对于现实世界的理解与把握发生了深刻的变异，人们对现实世界的认识与理解，必须借助于镜像世界，必须穿过镜像世界，这个镜像世界就是媒介文化对于现代人类的馈赠。再次，媒介文化已成为一个自主生命能力的本体世界。我们看到，在人类千百年来诞生的种种文化载体中，只有大众传媒的出现竟然让人误以为人人都可以听懂、看懂，也竟然让人误以为阅听传媒的能力是先天的具有，而并非后天习得。这无疑就影响了人们建构自己生活的方式，也影响了人们建构诸种社会关系和社会感知的方式。正如鲍德里亚所说："铁路所带来的'信息'，并非它运送的煤炭或旅客，而是一种世界观、一种新的结合状态，等等。电视带来的'信息'，并非它所传送的画面，而是它所造成的新的关系和感知模式、家庭和集团传统结构的改变。"[15]媒介文化作为一个有自主生命能力的世界，就在于它不仅仅是我们使用的"工具"，而是构建人类与自我、人类与自然、人类与社会多重关系不得不依托的"世界"。

媒介文化是"第二自然"，是镜像世界，是具有自主生命能力的本体世界，这是我们从本体论角度的三个不同的层面来说明到底什么是媒介文化。这也是媒介文化研究的逻辑起点。

2. 媒介文化研究的第二项任务是厘清媒介文化的三重复合的存在形态及其蕴含其中的媒介文化的基本特性

媒介文化具有自身独特的存在状态，在此称为"三重复合形态"。

换而言之，对媒介文化的存在状态的分析可具体分为三个不同的又彼此交融的三个层面来展开。其一是媒介文化是以"新产品"的状态存在的。英尼斯发现：自从大众传媒出现以后，人们就开始以空间而不是以时间、以未来而不是以过去为中心了，变革的轮子开始转动起来。[16] 与此同时，新的传播方式给人们带来了深深的恐惧。面对第一次把信息传播与物质运输的方式区别开来的电报，发明者美国的莫尔斯在发出第一份电报中说："上帝究竟干了什么？"[17] 带着对新技术引发的新的传播方式所带来的革命，媒介文化从它发生的第一刻起注定就是新的产品。作为"新产品"，媒介文化的引入不仅使人的技能被破坏了，而且因为新产品的接受需要重塑环境。"在这种情况下，新的商品使自己成为必不可少的；它们为自己创造了必要性。"[18] 的确如此，正如鲍曼所言，媒介文化作为新产品的出现与引入，为自己创造了必要性。这样，媒介文化就必然以另外一种方式存在，即媒介文化是以"商品"的状态存在的。媒介文化作为一种新的产品并创造了自身的必要性——人为的必要性，使得人们对这种新的需求没有能力与自然的需求相区别，在误认为对媒介文化的需求纯属人的自然需求的同时，人就必然对媒介文化及其相关的产品及其服务网络产生难以抗拒的依赖，进而转变为对媒介文化产品市场的从属，导致媒介产品和服务将自身引入真正的关于人性问题当中去，并被当作对这些问题的解决。对于那些被关闭于"铁笼"中被折磨得近乎发疯而又将闲暇时间悬置起来的现代人来说，媒介文化产品所带来的虚拟的声色犬马、歌舞升平、惊心动魄等一系列的享受无异于啜饮牌子不断翻新的"美酒"，直至于"沿醉不知归路"。这种近乎完美的"商品"在带给人无限享受的同时，其真正的魅力之源应属媒介文化的第三重存在状态，即媒介文化是以"文化"状态存在的。文化是人们创造的"第二自然",是人为的、属人的。媒介文化无论是作为"新产品"抑或"商品"的存在,均不可否认它是一种"符号"的存在。它是由一系列"能指"与"所指"所构成的文本,是"可读的"或"可写的"文本。在媒介文化的文本世界中我们可进一步分析蕴含于其中的权力世界、游戏世界、文化世界以及审美世界。

媒介文化既作为新产品存在,也作为商品与文本存在,三种状态交合存在于媒介文化之中,不可分割不可切断,既彼此缠绕又彼此融合。媒介文化研究只有在这个层面上将媒介文化的存在状态解释清楚,才能进一步地解决诸如媒介文化的特性问题。

从以上的分析可以看出,媒介文化最基本的属性应从媒介文化的存在状态中所蕴含的区别于其他事物的本质的差异性、质的规定性来解说。基于此,媒介文化的基本属性应是:具有无限复制的奇异性、不可扼制的商品性与审美现代性统摄下的审美性。所谓媒介文化具有的无限复制的奇异性,是指媒介文化作为一种"新产品"的存在状态所内含的最基本的属性。这种"新产品"是完全依照文化工业的规则与流程而生产的,是媒体与其他媒体之间不断地参照、转像、拼接而成的具有"超真实"特点的"超文本",一个模拟组合,具有无限多的可复制性。当然,这种复制是对奇异的制造,它基于现代人匆忙快速浏览与耽溺痴迷于这种浏览的"现代阅读时间悖论性结构"[19]。所谓不可扼制的商品性是指媒介文化产品所具有的不断复制的奇异性背后的某种潜在的能动性。现代人受制于媒介产品及其承诺,从而使受众作为媒介产品的消费者来说,其从属性变得更加持久与深入。由于媒介产品的承诺比它们能够提供的更多,受众迟早会发现某个产品表面上的使用价值与其真正的使用价值之间有着巨大的缝隙。因此,应该有新的或改变的承诺及其物质表现形式，以不断地激起消费者的这种不断追播"承诺"的信念。媒介文化产品的"承诺"与受众不断地追求新的"承诺"，就自然而然地导致了媒介文化产品的"内在陈旧性"，而"内在陈旧性"反而会成为一种驱动，使媒介不断地制造出新的媒介产品。新的媒介文化产品在使昨日的产品过时的同时，保持了一种新的兴奋状态，不仅使过去的兴趣发生改变，而且把新的兴趣向新的对象转移。这种"时尚"的机制，这种永不停止的创新之链维持着受众对于媒介文化产品永远从属的基本秩序。媒介文化成为商品，"成为市场逻辑的从属者，不管是通过一种直接的经济机制，还是通过一种间接的心理机制"[20]，这种机制是永动的，媒介文化的商品性是不可改变的，也是不可扼制的。媒介文化的第三重属性是指其审美现代性统摄下的所具有的审美属性。简而言之，审美现代性是一个复杂的概念，但就其总体的倾向而言，它的价值取向构成了与启蒙现代性的紧张关系，揭示了现代性自身的矛盾。"文化的或审美的现代性与社会的现代性相对立，恰恰构成了现代性的张力。"[21]所以，无论就审美的救赎、拒绝平庸，还是在对歧义的宽容以及审美的反思性等层面，媒介文化均显示出它的审美属性。从而使媒介文化的文本来说，它是表现的、可写的文本；从媒介文化的审美体验来说，它是新奇的、震惊的，具有审美现代性的最基本的属性。

"媒介文化具有无可改变的多元性"[22]，既指其复合多元的存在状态或文化形态，更指其复杂的多重的基本属性。

3.媒介文化研究的第三项任务是对媒介文化的价值进行多维阐释

媒介文化的存在形态及其质的规定性，使得有关媒介文化的另一个问题应更加引起关注，即媒介文化的价值问题。对于此问题的解释与探讨，自然不能脱离与前面所涉及的诸如媒介文化的形态、媒介文化的质的规定性等。所以,媒介文化的价值也应当从以下几个不同的层面来分析。

第一,媒介文化作为"文化"的存在其所蕴含的文化价值。如前所述,媒介文化作为第二自然,作为镜像世界以及作为一个有自主生命能力的本体世界,可以归结为一句话,那就是媒介文化是人类借助于现代传媒及其表现形式来表达自身生存定义的符号世界。与其他的文化形式诸如神话、宗教、语言、历史、科学和艺术等不同的是,媒介文化的价值首先在于它的综合性与普适性,其次在于它的通俗性与消费性,再次在于它的民主性与解放性。

第二,媒介文化作为"文化"的存在形态还具有审美价值。媒介文化的"文化"形态当然以"文本"出现,而且是供人"享用"或"欣赏"的文本,与其他文化形态所具有的审美体验所不同的是,媒介文化具有独特的审美属性与审美价值。在对媒介文化的审美体验中永远包含着对"新奇"的崇拜与艳羡;因媒介文化文本本身所具有的表现性,使得在其审美体验中也具有高度的自我表现价值,所以它具有足够的可写性;还有,媒介文化的审美价值具有高度的震惊感与冲动性。总之,媒介文化的审美价值是在拒绝平庸、宽容歧义、审美反思中实现其救赎意义的,具有审美现代性的基本特征。

第三,媒介文化作为"新产品"与"商品"所具有的商业价值。媒介文化在通常情况下是以文化工业的加工方式来生产的,而且以市场为中介,以商品的姿态挺进千家万户,所以,媒介文化的商业价值非同凡响,在整个世界范围内因追求其商业价值将媒介文化纳入到其文化产业当中去。当然,除去其巨额的经济利益之外,媒介文化的商业价值附载了许多别的东西,如文化资本、社会资本与金融资本的移动与转化;社会阶级与社会阶层差别的象征;以商品利润主导的文化交流背后隐藏着的新的权力形式与新的社会整合形态等。足见，媒介文化所具有的商业价值的复杂性与多维性。

媒介文化的价值是由不同的子系统所构成的价值组合系统，它不仅具有一定的文化价值、审美价值，尤应重视的是它的商业价值。只有将这几种价值系统结合为一时，才能对媒介文化的价值系统的整体面貌有较为完整的了解。

4. 媒介文化研究的第四项任务是对媒介文化价值系统内的价值冲突进行必要的解析

媒介文化所具有的多元复合的价值体系内部，存在着诸多矛盾，形成了价值悖论。具体是指：

首先是媒介文化的"文化价值"与"商业价值"之间形成的矛盾与冲突。媒介文化作为人类借助于现代传媒及其表现形式来表达自身生存的定义所具有的文化价值及其审美价值与媒介文化作为"商品"所具有的"商业价值"之间有着难以调和的矛盾与冲突。最明显的表现是，媒介文化作为"商品"所遵循的商业逻辑经常逾越作为"文化"与"审美"存在的文化逻辑与审美逻辑，导致用媒介文化来"表达自身生存的意义"的设想最终落空。

其次，媒介文化的文本中内在的权力世界与游戏世界的矛盾与冲突。媒介文本既呈现一个权力的世界，也呈现一个游戏的世界。作为权力的世界，媒介文化具有极强的操纵性，即媒介对人的操纵与控制，如媒介文化所形成的意识形态国家机器、文化霸权以及制造意见等同等；与此同时，它也具有一定程度上的虚假性与欺骗性，如制造虚假需求，美化、幻化现实等，使人们或自觉或不自觉地陷入这种权力网络之中，难以自拔。然而，作为游戏的世界，广大的受众并非铁板一块或是自愿中弹倒地的靶子,在媒介文化中还蕴含着一个游戏的世界,受众自然而然地在此中游戏般放纵思想,并用自己特有的解码方式对媒介文化的文本加以改造,续写或改写媒介文化文本,构筑起自己的精神享受空间。可以说,在媒介文化文本中的权力与游戏之间形成了一个巨大的张力空间,形成一定的矛盾与冲突。

再次,媒介文化产品的工业化制造过程与所导致的同一性或同质性与精神文化产品创造的那种异质性与独创性之间的价值冲突。媒介文化产品的生产采用的是文化工业的生产方式,即按物质生产领域中工业产品生产的流程与秩序来生产属于精神文化产品的文化产品,这样媒介文化产品就必然具有文化工业的某些特征,如产品的同一性、同质性等,然而对于精神文化的生产来说,最值得肯定的是其产品中所蕴含的那种异质性与独创性。这样就构成了一对矛盾。

媒介文化价值系统中所形成的价值悖论,呈现出一定的复杂性与内在的张力。对其矛盾性的分析并找寻产生矛盾性的最终原因,将有助于我们进一步地理解与认识这一独特的文化现象,并在关照中国媒介文化的本土化生存的境况时,提供一种可贵的参照。

5. 媒介文化研究的第五项任务是对中国媒介文化本土化生存境况的关照

中国媒介文化的生存状态与媒介文化的景观非常奇妙,单就媒介文化景观而言,可以一言以蔽之:繁荣昌盛。但在繁荣与昌盛背后所掩藏着的则是令人惊心动魄的恐惧与令人扼腕的悲哀。这是因为,如同媒介文化研究一样,中国媒介文化的后殖民状态异常严重。从改革开放初期到现在三十多年来,一波未平一波又起的对媒介文化产品的引进潮、克隆潮、模仿潮、改造潮等就足以说明问题。

其次，是中国媒介文化的创新动力与创新性不足的问题。经过长期的引进、克隆、模仿与改造，中国媒介文化的创新性遭受到空前的扼制，在媒介文化产品的生产过程中以西方媒介文化为模板，或者以港台媒介文化为模板，只落窠臼，难有创新，导致我国的媒介文化产品只是经过了改造、改良后的西方媒介文化产品。这不仅不符合中国特有的文化，甚至在某种意义上说具有自我殖民的色彩。

再次，没有创新的能力，媒介文化产品的"文化性"、"审美性"就很难凸显出来，甚至在媒介文化生产过程中不知道该如何将丰富多样的中国文化资源加以充分的挖掘和利用，导致中国媒介文化产品中的"文化性"与"审美性"严重空缺，只剩下华丽包装后的空壳外皮。

最后，中国媒介文化生产过程中对商业逻辑的膜拜胜于对文化逻辑的尊崇，使得商业逻辑时常凌驾于文化、审美逻辑之上。这样，就会导致媒介文化产品的水平整体下降，以及对受众的审美体验与感受的戕害。当然，对以上这几种现象的分析与描述，乃是重在于分析、探讨其背后的社会、经济、政治、文化等多方面的原因，并为中国媒介文化的健康发展提供有益的见解。

以上五个方面，应该是媒介文化研究中应该注意到的几个关键性问题。对这几个问题的解决，可以说既为媒介文化研究提供理论上的支撑，也为当今中媒介文化的发展提供可资借鉴的思想资源。

结　语

媒介文化研究伴随着文化转向成为新的学术研究重地并形成一系列的学术热点。但是，在媒介文化研究中最为关键的不是简单的让西方理论"进口"或做表面化的"观点移植"，而是从媒介文化的研究的逻辑起点入手,将一些最基本的问题搞清楚以关怀当代中国的媒介文化现实与生存于此种现实中的人们。

注释

[1] 萧俊明:《文化转向的由来》,社会科学文献出版社 2004 年版,第 2 页。

[2] 戴维·钱尼:《文化转向:当代文化史概览》,戴从容译,江苏人民出版社 2004 年版,第 3 页。

[3] 戴维·钱尼:《文化转向:当代文化史概览》,戴从容译,江苏人民出版社 2004 年版,第 4 页。

[4] 戴维·钱尼:《文化转向:当代文化史概览》,戴从容译,江苏人民出版社 2004 年版,第 4 页。

[5] 戴维·钱尼:《文化转向:当代文化史概览》,戴从容译,江苏人民出版社 2004 年版,第 4 页。

[6] 尹鸿:《媒介文化研究:知识分子的发言场域》,银海网,2001年 7 月 12 日。

[7] 潘知常:《大众传媒与大众文化》,上海人民出版社 2002 年版,第 137—167 页。

[8] 尹鸿:《媒介文化研究:知识分子的发言场域》,银海网,2001年 7 月 12 日。

[9] 周宪、许钧:《文化与传播译丛·总序》,参见尼克·史蒂文林:《认识媒介文化:社会理论与大众传播》,王文斌译,商务印书馆 2001年版,第 3 页。

[10] 马歇尔·麦克卢汉:《理解媒介———论人的延伸》,何道宽译,

商务印书馆 2000 年版，第 3 页。

[11] 丹尼尔·贝尔：《资本主义文化矛盾》，赵一凡等译，三联书店 1989 年版，第 24—28 页。

[12] 卡西尔：《人论》，甘阳译，上海译文出版社 1985 年版，第 87 页。

[13] 杰姆逊：《后现代主义与文化理论》，唐小兵译，陕西师范大学出版社 1986 年版，第 2—3 页。

[14] 吉登斯：《现代性的后果》，田禾译，黄平校，译林出版社 2000 年版，第 18 页。

[15] 让·鲍德里亚：《消费社会》，刘成富、全志钢译，南京大学出版社 2000 年版，第 132 页。

[16] 施拉姆：《传播学概论》，新华出版社 1984 年版，第 16—17 页。

[17] 切特罗姆：《传播媒介与美国人的思想》，中国广播电视出版社 1991 年版，第 6 页。

[18] 齐格蒙·鲍曼：《立法者与阐释者———论现代性、后现代性与知识分子》，洪涛译，上海人民出版社 2000 年版，第 218 页。

[19] 尤西林：《匆忙与耽溺———现代性阅读时间悖论》，http：//www.culstndies.com，2004 年 6 月 23 日。

[20] 齐格蒙·鲍曼：《立法者与阐释者———论现代性、后现代性与知识分子》，上海人民出版社 2000 年版，第 222 页。

[21] 周宪：《审美现代性批判》，商务印书馆 2005 年版，第 157 页。

[22] 尼克·史蒂文森：《认识媒介文化》，商务印书馆 2001 年版，第 16 页。

作者系陕西师范大学新闻与传播学院教授，博士生导师。

原文发表于《新闻与传播研究》第 13 卷第 3 期。

附录二　媒介文化在商品价值追求中的异变

鲍海波

　　英国社会学家约翰·B.汤普森在论及现代文化的传媒化时曾提出象征形式的价值化过程问题。他认为有两类价值特别重要：一类可以称为"象征价值"，即根据生产与接收它们的个人对它们的评估而具有的价值，根据它们被这些个人赞美或谴责、珍惜或蔑视而具有的价值。第二类是"经济价值"，即象征形式依靠在市场上通过交换而取得的价值。在这个意义上，并非所有的象征形式都有经济价值，但是象征形式的经济价值化是一个重要的过程，它历史地发展起来，而且在现代社会中起着越来越重要的作用。"当象征形式受到经济价值化时，它们就成为商品，或者像我们一般说的'象征货品'，可以在市场上买卖或交换。"[1]如汤普森所言的象征形式的价值化过程以及"象征货品"，在媒介文化及其系列产品的生产过程中并不鲜见，可以说媒介文化及其产品的生产过程在某些程度上可视为"象征货品"的生产过程，或者说是媒介文化产品这种象征形式的经济价值化过程。也只有将象征形式经济价值化为"象征货品"，象征形式的那种来源于个人的赞美或谴责、珍惜或蔑视的象征价值才能体现出来，而且可以通过换取的货币

241

频次乃至总量来衡量"象征价值"的大小。由此可见，象征形式的价值化过程是有先后的，"经济价值化"优先于象征价值化，而且象征价值的估量完全可以通过经济价值来确定。象征形式的价值化过程的经济价值化的优先性既可视为象征形式的价值化过程的活力，又可视其为此过程的最终指归。也因此，媒介文化这种象征形式在其价值化的过程中出现了诸多异变。

一、媒介文化生产中的商品性泛化

媒介文化及其产品作为商品形态或形式的存在已毫无新鲜可言。承载或中介媒介文化内容的各种各样的物质材料以及凝结于其中的技术水平都已转化成如埃格所说的第一类商品，即电视接收机或录放机等硬件；与这种商品类型相反，归属于第二类商品的是印刷艺术品或视听作品；第三类商品则是对第二类商品的充满矛盾和冲突、又须投入某种程度的艺术贡献的复制。[2] 依埃格高见，可以说将媒介文化的内容商品化一网打尽，他不仅将"劳动力转化为新闻稿或专栏文章，和其他文稿及广告一起组合成整套的产品"[3] 视为严格意义上的商品，认为"把这套产品在市场上出售，如果成功，就赚取到剩余价值（利润），资本可以将利润用于扩充报纸的规模，或投资在其他任何可带来更多资本的事业中"[4]。而且，他还将承载媒介文化内容的媒介以及对媒介内容的复制与传播亦视为商品，它们同样经过简单或复杂的生产过程，以赚取最大化的利润。

与媒介文化产品体系商品化不同的是，尼古拉斯·加汉姆发现了媒介商品化的两个不同的方向，即直接生产媒介产品和运用媒介广告完成整个经济的商品化过程。而斯宾塞则于其中发现广大受众才是大众媒介主要的商品。作为媒介文化消费主体的受众，或主动或被动接近、接触媒介及其产品，在享用由媒介所提供的节目时被整装、打包、出售于广告商。而且，媒介文化消费主体的整个消费过程往往被记录在案，何时、何地、何人消费的何种产品，在记录时以收视率、收听率、点击率、报纸期刊的发行量、碟带的销售量进行总体呈现。此时，消费主体只具有性别、年龄、居住地、受教育程度、收入情况、消费能力等人口统计层面的意义，而不再是鲜活的个体。媒介文化的消费者在被打包出售时，还将被预测未来出售趋势与价值。于是，"从产品的本质的价值转移到关于谁需要这个产品、谁提供这个产品和这个产品有什么效用等方面的信息的价值上，你用信用卡购买杂志，这是个简单交易吗？不是这么简单。在你购买的时候，你是谁，你偏爱什么杂志等信息已经被电脑记录下来，这些信息的价值与卖这本杂志的利润不相上下。这类信息可以用多种方式加工包装，可以卖给别人，更重要的是，所有内部过程都因你的决定而受影响——从销售到购买到融资。今天，所有组织都离不开信息商务"[5]。

由媒介文化内容的商品化到消费主体的商品化以及消费信息的商品化，就可以看出在媒介文化的生产过程中商品化的过程与细节。当然，在此过程中无论如何不可以忽略的是媒介文化生产劳动的商品化。而且，这是一个双重的过程，媒介文化生产劳动是在生产"货物商品"和"劳务商品"的过程中被商品化的。换言之，无论是集中的还是分散的媒介文化的生产劳动，均是在资本的指挥棒下运转，其劳务与产品均指向出售。

媒介文化生产中的商品化现象不能等闲视之，由产品内容及其载体生产劳动，甚至于消费主体全部被纳入到商品的范畴之中，如此泛化的商品化现象甚为少见，如此广泛的商品化追求令人瞠目结舌。其实，这远远不够，最大范围的、最大程度的、最为深刻的商品化在于其细节方面的追求，诸如在追求收视率、收听率、点击率以及发行量等过程中，或者说在争夺受众"眼球"过程中的全面战斗。

二、收视率之虞

近年来，收视率被部分有理想的新闻人视为"万恶之源"。于是所有的媒体，特别是新闻媒体就开始呼唤所谓的"绿色收视率"。其实，收视率之于电视媒体犹如收听率之于广播媒体，以及网络媒体的点击量，书、报、刊、碟、带的发行量，本来就是媒介文化产品消费总量的一个数据显示，客观而又静态，并无多少恐怖因素。但是，如果仔细推究，收视率真的不只是一个静态而客观的数据，它其实是"眼球"集合体——一个数据显示的正是其背后闪烁着的庞大的"眼球"群体。被传播经济学家视为真正商品的收视率的真正含义在于它的双向意指，其一是收视率是由媒介文化消费主体所创造的，收视率所代表的就是这些被整装、打造、出售于广告商的受众。受众作为特殊的商品能否在媒介市场卖个好价钱，收视率就是重要的价值指标。广告商在看"货"待价而沽时，不是观察每一个个体受众的品相，而是按垄购入。所以，收视率真正代表的是受众群体的整体品相。其二是收视率还可以被模糊控制于生产过程。一般来说，商品化必然要运用测量手段来生产商品，并且要运用监控技术来追踪生产、分配、交换和消费过程。收视率的作用不只是透露了有关受众的各种信息，更重要的是它对媒介文化产品的生产起到监控作用，所以它是控制论意义上的商品。

至此，在媒介文化生产和消费的每一个具体环节对收视率的关注是自然的，无论是媒介文化产品的生产者还是真正的购买者——广告商，将其视为生命线自在情理之中，有一定的合理性。因此，对收视率的追求或者对受众"眼球"的争夺就被绑上媒体市场化竞争的战车，一路狂飙起来。

　　许多媒介文化产品的"怪胎"因此被生产出来。于是就有《上海要建高300米容10万人的摩天大楼》[6]、《纸做的包子》注释等假新闻的产生，也有以"性"、"腥"、"星"为主题的庸俗新闻，更有在媒体操控之下杨丽娟一家"追星"惨剧的发生。对于这一切，法国社会学家布尔迪厄认为，"社会新闻，这向来是追求轰动效应的传媒最钟爱的东西，血和性，惨剧和罪行总能畅销，为了抓住公众，势必让这些佐料登上头版头条，占据电视新闻的开场"。[7]"追求轰动效应自然是为了商品成功，这也可以导致对社会新闻进行选择，而社会新闻一旦为蛊惑术（自发的或精心策划的）加以野蛮的炒作，就足以引起人们普遍关注"[8]。布尔迪厄高屋建瓴的分析，不只是通告在收视率魔棒的指挥下，血和性、惨剧和罪行总能畅销的原因，更在于揭示在收视率追求中情感动员的攻击性，它类似于象征的私刑处死行为。这足以说明问题的严重性已远远超出我们的想象范围。

三、媒介"场域"的商业逻辑逞威

　　"场域"是布尔迪厄社会学中一个关键的空间隐喻。布尔迪厄将其定义为："位置之间客观关系的网络或图式。这些位置的存在、它们加诸于其占据者、行动者以及机构之上的决定作用都是通过其在各种权力（或资本）的分布结构中的现在的与潜在的情境客观地界定的，也是通过其与其他位置之间的客观关系（统治、从属、同一等）而得到界定的。"[9]场域是指商品、服务、知识或社会地位以及竞争性位置的生产、流通、挪用的领域。行动者在为了积累、垄断不同的资本类型而展开的斗争中进行这种生产、流通与挪用。故而，场域可视为一个围绕特定的资本类型或资本组合而组织的结构化空间。

对于媒介文化生产的一种特殊场域——"新闻场"，布尔迪厄认为，"新闻场具有特殊的一点，那就是比其他的文化生产场，如数学场、文学场、法律场、科学场等等，更受到外部力量的钳制。它直接受需求的支配，也许比政治场还更加受市场、受众的控制。纯粹与商业化的选择在所有场中都可以看到，在新闻场中，这两者的冲突尤为激烈，商业化一极的力量特别庞大：其强大的程度是空前的，若无现阶段作共时比较，也是其他场中的商业因素所无法相比的"。[10] 布尔迪厄的看法极有见地，在这个由资本的类型与数量的基础上所形成的统治地位与被统治地位所组成的结构性空间里，彼此争斗的不同力量所遵循的最基本的逻辑就是"斗争"逻辑，即为了场域中最有价值的资源而进行斗争。那么，在新闻场，不管是积极的还是消极的，其裁决的法则又为何呢？布尔迪厄强调，"新闻界是一个场，但却是一个被经济场通过收视率加以控制的场"。[11] 换而言之，在新闻场域中占据统治地位的是另一个场——经济场，经济资本在其中居于至高无上的地位，商业逻辑是通行不变的逻辑，商业利益是永恒不变的利益。在此场域中，几乎绝大部分的权力斗争都围绕经济资本的占有而展开。美国传媒学者约翰·麦克马那斯的研究在某种程度上印证了这种说法，在《市场新闻业：公民自行小心？》一书中他认为，"欧美受众所消费的绝大多数新闻是在利润驱使下生产出来的。自从苏联解体之后，许多亚洲人消费的新闻也是如此"。[12] 而且，为了满足市场化转型之后的媒介企业的正常运转，一个按照市场规律运作的媒介企业必须在4个市场上采取行动，展开竞争。这4个市场分别是：受众市场、新闻来源市场、广告市场和投资市场。新闻部门必须考虑到4种交易的不同情况，并由此形成了两种内部规范：新闻规范和商业规范。新闻规范的要求是：新闻应当能够而且应当为社会公众提供关于周遭世界环境各种变动的、尽可能多的信息，使其知情并做出合理的选择，以推动社会的民主发展；而商业规范则认为，只有市场才能准确地反映出社会的需求，与其依照新闻从业者的认识去提供新闻，远不如找寻市场需求，并想方设法地去满足它。当两种规范发生冲突时，后者时常压制前者。这样造成的后果是，为了维护媒介企业衣食父母及其自身利益，社会公众则牺牲掉对于社会变动的信息的知情权，公众无法获得对于周围环境的真实、可靠的信息与不偏不倚的论述，相反，一些"垃圾新闻"将公众的视线移开，使公众沉醉于社会无甚意义的鸡毛蒜皮的小事当中。

更为有意思的是，麦克马那斯认为，获取最大化利润的商业目标主导着新闻生产，以至于理性运作的新闻部门必须照此执行，展开相应竞争，以提供成本最低、受众面最广的内容组合，以便为广告商获取其最感兴趣的消费者，并最终保护赞助者或投资者的利益。所以，"市场逻辑是一种模式，它指导着新闻生产的例行程序，包括：发现有新闻价值的事件、选择其中有用的信息、把信息整合成一篇报道。这些例行程序的日常表达构成了组织文化，即某个媒介企业中关于如何生产新闻的普遍认识"。[13] 照此普遍认识来生产新闻，就会在新闻所惯常有的两个维度中有所偏向，甚至迷失于其中。如图1所示。

图 1　新闻维度与媒介企业价值取向象限图

在具体新闻生产的每一个环节，第一象限是唯一一个市场逻辑与新闻逻辑达成一致的地方，新闻价值与娱乐价值的指数均相对达到最高。对于媒介企业而言，新闻理想与市场价值均能在此顺利呈现。但可惜的是，这只是一个为理想预设的象限，现实中极少有此类情况出现。第二象限是最令媒介企业恼怒的选择，因为它代表着市场的失败。媒介企业在此可能因为对事件和议题的报道消耗了资源，而且"赶走"的受众远比吸引的受众还要多。所以，致力于市场利润最大化的媒介企业在一般情况下绝不会冒此风险。第三象限是"陪太子读书"的象限，此象限之中没有任何可以选择之物。但是，这个象限起到了"填充物"的作用，媒介企业以此来延长报道时间或扩大报道版面，目的是为了增加更多的广告时段与版面。所以，媒介企业对此"填充物"象限有无限的热情，因为它能换回高额的利润，且生产成本极低。第四象限，被称为"棉花糖"象限，甜腻而虚张，娱乐价值在此得到了空前的张扬，引导价值却无限低迷。从市场角度来说，此象限颇受有经济头脑的媒介企业重视。对于媒介企业来说，要令利润最大化，就必然会有以下几种选择：一是尽量选择"棉花糖象限"事件，二是杜绝严肃的第二象限事件，三是少量选择很有趣但很便宜的第一象限事件，四是以"陪太子读书"事件作为填充物。只有媒介企业的明智选择，才会有媒介经济利益的空前膨胀。以时下颇为流行的各种"选秀"节目为例：就此类节目本身而言，按照麦克马那斯的分类，属十足的"棉花糖象限"事件，即娱乐价值极高，而引导价值全无的节目。然而，就是此类节目，往往能谱写出新的经济神话。2005年夏季由湖南卫视主办的"超级女声"被认为"是一场万人空巷煽情至极的大众娱乐秀，一个空前火爆的流行文化现象，更是一次精心设计和策划的顶尖级的商业运作，其营销手段之高妙堪为本年度财经事件经典，完全可以写进国内一流商学院教材"[14]。有关人士进行过细致测算，《超级女声》的总收入："每场的广告收入和短信收入为 1 280 万，总决赛共有 7 场，一共为 8 960 万，加上 2 800 万的冠名费，总收入过亿。从它的成本和收入可以看到作为一个市场的垄断者所能赚到的超额利润，这个数字是惊人的"。[15]在这场金钱与注意力一起流动的"平民游戏"中躁动的不仅是"秀"者与其"粉丝们"，更有诱人的娱乐经济，所以，"快男"、"好男"、"红楼梦中人"便鱼贯而出，在对大众娱乐神经的调动与刺激中，顺便掏空其口袋。

麦克马那斯一幅简单的象限图道尽了普遍市场化转型中媒介企业生产过程的诸多机密。在其中，既有市场逻辑与新闻逻辑的博弈，更有经济资本与公众知情权的斗争，还有媒介企业在种种选择中的偏向与迷失。"新闻场"的逻辑之争就体现在这种种两难选择当中。然而，不言而喻的是，在市场逻辑与新闻逻辑的这场战争中，最终踏入凯旋门的，真正得胜还朝的将是市场逻辑。所以，市场逻辑是"新闻场"真正的也是唯一的逻辑。

四、媒介"场域"逻辑的外溢

新闻"场域"逻辑之争的真正结果是市场逻辑的高歌猛进，从而造成的新闻"场域"的逻辑外溢，将侵入其他"场城"并对其产生极大的影响。用布尔迪厄的话来说，这一自身难以自主的、牢牢受制于商业化的场，同时又以其结构对所有的其他场施加控制力。而且，"一个越来越受制于商业逻辑的场，在越来越有力地控制着其他的天地。通过收视率这一压力，经济在向电视施加影响，而通过电视对新闻场的影响，经济又向其他报纸、包括最'纯粹的'报纸，向被渐渐地被电视问题所控制的记者施加影响。同样，借助于整个新闻场的作用，经济又以自己的影响控制着所有的文化生产场"。[16] 法国社会学家的分析与断言，既告知此问题的严重性，同时又描绘了新闻"场域"逻辑外溢的路线图：由内而外。在新闻场域内部由电视到报纸再到"纯粹"报纸最后到达记者，均在市场逻辑的收编范围；越出新闻"场域"之外，则通过新闻场的强大作用进一步控制其他文化生产场域。

新闻场域对其他文化生产场域的控制主要是通过自己充当裁判角色而进行。对此，布尔迪厄深有感触，"传媒从来就没有停止过充当仲裁，下达判决的角色。所有的周刊都乐于此道，热衷于搞十年的总结、评选十年来、半个月来或一周来的所谓'十大知识分子'，哪些'知识分子'入选了，哪些上了，哪些又下了……这种东西为何有那么大的市场？原因是这些期刊是些工具，可能作用于知识股市，而知识分子，也就是说股东们又利用这些工具设法让自己的股票升值"[17]。这些观察可谓是细致入微，他从"知识股市"的升值反推出媒介场域对其他文化生产场域或其他社会生产场域的影响与介入。的确如此，新闻场域对其他社会生产场域的影响举足轻重。按常规而言，社会生产的各个场域都有自己的运行规则和评价机制，其场域内部的斗争与统治地位的占据都有一定的依据。然而，新闻场域的掺和和介入在很大程度上改变了这些场域的运行准则和评判标准。如媒介利用其四通八达的传播网络和极其广泛的受众覆盖面，以及特有的权威性与信息共享机制，热衷于搞各种"评选"与"PK"，既推出了一批大红大紫的偶像人物，也引发了不少的争议。如从 2003 年 6 月 9 日起，新浪网联合《新民周刊》、《南风窗》、《中国财经日报》、《南京日报》等媒体推出大型公众调查活动——"20 世纪中国十大文化偶像"评选活动。此次活动旨在评选出 20 世纪中国十大文化偶像，更好地展现百年中华儿女艰苦奋斗的历程，了解当代中国人的整体文化心态，扩大中国文化的世界影响。文化偶像入选的标准为：只要提到他或她的名字，人们就立刻联想到中国。他们是某一领域的佼佼者，也是媒体关注的对象，他们代表了一种文化价值，一种文化趋向或是一种文化精神。此次收录的文化偶像名单为"大文化"范畴，文化巨匠如鲁迅、钱钟书，体育明星姚明、邓亚萍亦名列其中，演艺明星如张国荣、王菲、周星驰等人，财经界的李嘉诚、数学家陈景润、海外华人科学家杨振宁等也被提名。这次评选活动持续两周时间，终于在备受争议中于 6 月 20 日正式揭晓评选结果，他们是：鲁迅、金庸、钱钟书、巴金、老舍、钱学森、张国荣、雷锋、梅兰芳、王菲。对于此次评选活动，有人说雅文化与俗文化你争我夺、相互叫板，是这次评选活动的一大特色，用杂文家陈范民的说法就是："鲁迅与张国荣齐飞，巴金共周星驰一色"。此次评选活动之所以备受争议，最主要的原因：一是"大文化"概念搅浑了人们心目中原有的对于"文化"的认识，二是雅俗文化的偶像混搭动摇了人们对于"文化"的崇高信念，三是评选标准与评选活动本身，即只凭广泛的知名度是否就能成为 20 世纪中国文化的代表？大众传播引导下的大众评选是否值得认可？说到底，这是对媒介评价标准与被媒介所动员的大众评委资质的质疑。在整个评选活动过程中，评选活动之前的种种预设，诸如"展现中华儿女艰苦的历程"、"了解当代中国人的文化心态"、"扩大中国文化对世界的影响"等早已退居其次，而新浪网的点击率，《新民周刊》、《南风窗》的发行量与影响力将会空前提高。与此同时，新老文化偶像的"亮"度也会随之而增加。一言以蔽之，参与此次活动的所有代表的"股票"都能升值。

与各种媒体所倡导"评选"与"PK"等方式大同小异的还有出席各种类型的媒体邀请。这是另一种不同方式的评选，能被媒体邀请出席某种场合，就说明已经具备了一定的资质与知名度，并且也有配合媒体工作的一系列能力，比如形象气质、仪容仪表、语言表达能力，甚至是在媒体之前的表演技巧等。只有这样，时下的许多知识分子才会被邀出席各种各样的讲坛、大讲堂、论坛、课堂，才能成为学术"超男"与"超女"，才能诱导许多人成为"乙醚"、"爱中天"、"易粉"、"雨丝"等。至于被指设坛开讲中的许多错误甚至于硬伤，并不妨碍"学术明星"们的四处演讲与出版合同的签订，更不妨碍其经济利益的获得。如果要对此表达不同的意见，甚至于反对，那么不妨尝试身着写有"庄子很生气，孔子很着急"的 T 恤四处游荡，甚至出现在签名售书现场；还可以是"十博士"、"百博士"、"千博士"的联名，以表达对"经典"的误读或错误是多么愤慨。而之所以出现此等争议颇多、热闹非凡现象，最根本的原因就在于大众传播媒介将新闻"场域"的逻辑渗入其他文化生产场域之中，将这些文化生产场域的"斗争"乃至取得"统治地位"的评价标准在某些程度上予以改变，而且媒介还假借大众实际自己充当评判的仲裁者角色，通过邀请、评价、命名等一系列手段，帮助其他社会文化生产场域的"斗争"制定规则、安排秩序、评定结果并分享胜利之果。

这种"双赢"的局面或全方位的胜利其实是很值得反思的。因为"这些外界的介入是十分危险的，首先是因为它们可以欺骗外行，而不管怎么说，外行人还是有一定作用的，因为文化生产者需要听众、观众和读者，读者一多，书就会畅销，通过书的畅销，他们可以作用于出版者，通过出版者，又可以增加他们将来发表作品的可能性"[18]。可见，将他们的生产者引入独立自治的领域，借助于外部的力量，其他社会文化生产场域的生产者将可以得到无法从他们的同行那里得到的认可。即便如此，媒体人士们往往非常得意地看到，众学者纷纷投奔传媒，希望自己的作品得到介绍，乞求传媒的邀请，抱怨自己被遗忘，"听了他们的那些有根有据的抱怨，相当让人吃惊，不禁要怀疑那些作家、艺术家、学者自己主观上是否真想保持自主性"[19]。其他社会文化生产场域生产者的自主性无法保持的原因，一方面在这些生产者，他们在巨大利益诱惑下，无法拒绝媒体的邀请、评价乃至于"命名"，甚至主动去投奔媒体，期望被评价、被"命名"，从而永远利益在握，永远地得胜还朝，是这些领域生产者甘当"同谋人"的最主要的原因。通过与媒体玩"互搭梯子"的把戏，使双方的利益雪球越滚越大，并美其名曰"合作双赢"。另一方面的原因应归于传媒，传媒将新闻场域的逻辑奉为至高无上的价值指标，并将其外溢、介入至其他社会文化生产场域的生产过程，并肆意改变这些场域生产逻辑的自主属性，以巨大的利益诱惑它的改变，并力求同化之。由此导致媒介新闻场域逻辑的强力渗入与其他社会文化生产场域生产者的主动靠近就达成共识，制造合谋，形成了表面上的"双赢局面"，各自热热闹闹并获利丰厚。但在表相繁荣的背后却是各自独立性的消解与互相戕害：新闻场域逻辑四处招摇，诱使进入其他文化生产场域，并会同化、取代这些场域的生产自主性，导致这些场域的生产者成为"某些犬儒主义者，那些违命的预言家，电视'快思手'，记者史学家，辞典编纂家或靠录音机对当代思想进行总结的人"[20]。而这些人如果在知识场四处出击，将发动的是怎样一场独特的意义"政变"？

五、媒介企业的资本"超链接"

新闻场域的逻辑由内而外的外溢与四处招摇，不仅会引发一场意义独特的"政变"。还会引发新闻场域之内以及其他社会文化生产场域各种资本的转化，并由此形成一个超级的资本链。

依据布尔迪厄的社会理论，社会等级结构的两个主要的竞争原则塑造着现代工业社会的权力斗争，它们是经济资本与文化资本的分化。由生产的不同要素、经济财产、各种收入及各种经济利益所组成的经济资本与以归并化、客观化和制度化形式存在的文化资本相比，被称之为等级结构的占主导地位的原则，文化资本则为等级结构的从属原则。[21] 文化资本与经济资本的根本对立，形成了独具特色的权力场域。其实，除了文化资本与经济资本之外，社会空间的各个市场中参与竞争的资本还有社会资本与象征性资本。所谓社会资本，是借助于所占有的持续性社会关系网而把握的资源或财富。"一个特殊的社会行动者所掌握的社会资本的容量，决定于他实际上能动员起来的那个联络网的幅度，也决定于他所联系的那个网络中的每个成员所持有的各种资本的总容量。"[22] 而象征性资本是用以表示礼仪活动、声誉或威信资本的积累策略等象征性现象的重要概念。在各种资本相互转化的过程中，政治权力往往被视为作为这种资本再分配的仲裁者和控制者而存在，其中心任务便是把各种资本再转成象征性资本，以便使其自身接受某种看不见的和隐蔽的隶属关系。而现在，在媒介场域中的媒介及其权力也可以被认为是各种资本相互转化的有力的推动者或真正的施力者。

对于媒介场域来说，任何一种资本都有其优秀的"品质"，都有可资转化与获利的潜能。经济资本加入媒介场域，就可用于扩大再生产，用来兼并或收购其他媒介，并将平时极为普通甚至不起眼的媒介机构转眼间转变成为庞大的媒介集团，其影响力也从小声哼哼到独啸天下。除此之外，文化资本、社会资本与象征资本亦然。

当然，最为重要的是这些资本的共同舞蹈与相互转化，利用媒介场域的特殊威力将这些资本催化、发酵，或滚大资本的雪球，或拉长资本的链条，从而使媒介产品成为资本链条上的"装饰品"。试以《百家讲坛》为例：《百家讲坛》在策划节目之初瞄准的就是那些具有文化资本的学者，然后投入经济资本对主讲人进行包装，包括衣着、讲课语速与节奏快慢、说话的腔调、手势与姿态等；与此同时，对所讲内容的包袱的抖搂、悬念的设计、戏剧化的铺设、音乐的配合、插图的装饰等都要进行精心细致的包装；经过录制、剪辑与后期制作，媒介产品初步完成；对于经过精心策划、设计、制作完成的媒介产品根据预期的收视，必然要选择合适的播出时段与时间播出；媒介产品须待大众传播媒介复制、播出之后，到达它的受众群并引发新的收视热点，刷新新的收视率；其时，收获的既有经济利益还有学者与媒介共有的社会资本，"学术明星"们拥有了庞大的受众群体与"粉丝"团，媒介则因此培植了栏目或节目的品牌，拥堵在其周围的将是一些铁杆的观众与听众；最后一轮转化的是象征资本——拥有社会资本，特别是这些资本由媒介所赋予，经过媒介的仪式化的礼仪活动赋予的。所以，"学术明星"与媒介企业本身的象征资本就不容小视。由此例可以看出，学者们将文化资本投入媒介企业，与媒介企业的经济资本汇合，然后通过媒介产品生成另外一种资本——社会资本，经过媒介的仪式化的赋予，自然而然地将此转化为象征资本。所以，在此资本链上，可以依次见到的是经济资本—文化资本—社会资本—象征资本。既然进入资本链条，就已进入资本循环的体系，象征资本可以换回经济资本，并可以投入文化资本的再生产与再创造。于是，我们就可以看到"学术明星"与媒介企业双方联手将媒介产品的副本——《品三国》、《论语心得》之类的产品签约出版企业；出版企业的产品再经过流通行业加上签名售出，媒介产品又以字、纸的形式由电视屏幕回到读者手中。在读者再三的品味中，"学术明星"们与媒介企业的形象再次高大起来，资本经过循环之后，又投入新的战斗。至此，资本的转化与链接，甚至于超链接可见一斑，资本的增殖性与贪婪性也因此一睹。

六、媒介企业的集中与垄断

在媒介文化生产场域，经济资本携带其他资本编织成一条超链接的资本链，媒介文化产品作为其中的点缀附属其间。从这条资本链上可以窥见资本的脾性：狂扫一切，掠夺成性。为了攫取更多的利润，媒介企业在其发展过程中走向"空间化"，即克服社会生活中空间和时间限制的过程。对大众传播政治经济学家来说，空间化具有特殊的意义，因为传播过程和传播技术在空间化过程中占据了核心地位，贯穿了广阔的政治背景，而且在传播产业中尤其重要。并且，空间化还表现了在媒体生产领域企业权力的制度的延伸。这种延伸主要表现在媒介公司规模的增长与企业集中。单就媒介企业的集中方式来说，一般有横向集中和纵向整合两种方式。横向集中是指一家媒介公司购买另一家媒介公司的主要股份，后者可能并不直接与前者的行业相关，或者其主要资金来源根本与媒介无关。纵向整合是指在相同的产业生产线上多家公司的集中，使一家公司能够控制整个生产过程。其具体情形如何？彼得·戈尔丁和格雷厄姆·莫多克有详细的描述，他们认为，近年来，随着多媒体联合大企业的出现，加剧了人们对于民主政体生命力的担忧。这些企业横跨所有重要的传播部门，占据它们的大部分股份。

1989 年，美国最主要的杂志出版者时代公司合并了华纳电影公司属下的一些声像企业公司，随后，又进行了一些具有战略意义的合并。现在它又成了国际文化工业的主要玩家了，从书籍出版、音乐录制、故事片生产和展览到通过 CNN 的新闻频道、Home Box Office 和 Cinemax 的电影频道以及 Carton Netwook 等传播渠道从事卫星电视节目和有线电视节目以及动画片、电子游戏和儿童玩具。时代华纳于 2001 年与互联网巨人 Aol 合并。时代华纳的主要竞争对手贝塔斯曼和国际新闻集团以不同的方式重复了这种联合。贝塔斯曼利用它在德国出版业的广泛影响，进军商业电视、音乐录制和美国的书籍出版业。而罗伯特·默多克则以他在澳大利亚和英国出版业的控股公司为基础，组成了一个多种经营的声像帝国。[23]

在 2007 年 8 月 1 日下午，经过长达 4 个多月的讨价还价和一波三折，道琼斯公司的控股股东——班克罗夫特家族终于还是没能抵挡住默多克的"金钱攻势"，与新闻集团共同宣布双方已签署了一份最终协议，批准新闻集团以 56 亿美元的价格收购道琼斯公司。这也意味着，班克罗夫特家族对道琼斯公司长达 105 年的"统治"行将结束，取而代之的将是一个由传媒巨头默多克掌握的遍及报刊、电视电台和网络的新"传媒帝国"，总资产超过 700 亿美元。[24] "公民"默多克的劲霸出手使这个创始于 1882 年的老公司，以及其旗下的道琼斯通讯社、道琼斯指数、华尔街日报报系、奥特维报系悉数尽归默多克帝国。这些新资产和新闻集团现有的逾 100 家报纸一起，将形成从悉尼到伦敦再到纽约，囊括电影电视制作厂和福克斯新闻网的庞大集团，默多克帝国的版面也向全球展开。

对于媒介企业的集中与垄断，人们所担心的主要是影响问题。巴格迪基安认为，大众传媒领域中居主导位置的公司对公众的新闻、信息、公开思想、流行文化和政治态度具有主要的影响。这些公司之所以也在政府内部产生相当大的影响，恰恰是因为它们影响着听众与观众对公共生活的看法，包括对政治和政治家的看法，不论这些看法是否从传媒之中出现。[25] 此观点暗含的是跨国传媒公司在影响舆论方面有着独特的能力。而且传媒联合大企业的出现，似乎问题已经不再是业主干预编辑决定、解雇政治哲学异己者那么简单了。"文化生产已经深受'协同作战'的商业策略的强大影响，一个联合企业可以充分利用不同媒介利益的重叠部分。报纸可以为电视台或录音公司免费宣传。书籍生产部门可以投入与即将上映的电影相关产品，其结果是减损了流通中的文化物品的多样性。虽然，仅仅从数量上看，出现了更多的商品在流通，但是这些商品无异于同一基本主题和形象的不同变体。"[26]

媒介企业的高度集中与垄断不仅会对编辑领域形成强有力的干预，更会产出基本主题和形象不同变体的媒介文化产品。尤其值得警觉的是，由于经济资本对全球范围内"自由"市场所抱有的浪漫情怀，会使集中化与垄断化的传媒公司的权力在文化上与地理上进一步扩展。如果再加上数字技术的话，所有的传播形式，无论是读写文本、统计数字、静止与活动的影像、音乐和人声等均能以"0"和"1"的数字排列，即用计算机语言进行编码、储存和传送。这样，不仅使区分传媒的不同部门的边界被抹去，从而进入一个趋同合一的时代，而且跨媒介的文化产之间的流通越来越畅通，使新的联合成为可能，并跃出国门，纵横全球。

由此可见，由集中而垄断所形成的跨国传媒公司（TNMC）作为推动当今世界上的全球传播活动最强大的经济力量，它们所提供的信息和意识形态环境不仅使国际自由市场通商得以发生，而且还通过一个外国直接投资的过程，跨国传媒公司积极地促进先进传媒与信息技术在世界范围内采用。如贝塔斯曼为了在它的全球网络构建中取得中国站点的全面胜利，所采取的是以"价值认同"的方式取得国人的好感，它将其文化姿态与商业信条集中概括与套用为以下四句话："全心全意为人民服务"、"向雷锋同志学习"、"没有共产党就没有新中国"、"发展才是硬道理"。具体可以解释为：一个企业如果没有全心全意为顾客服务的理念与精神是没有任何出路的，而且企业应该为公共利益和公益事业做出自己的贡献；况且一个企业如果不能与当地政府建立良好的关系，将难有立锥之地。总之，企业的目的就是一切为了发展，这是最基本的道理，足见其良苦用心。在跨国传媒公司入驻中国的路径选择中，有学者曾经在中国加入"WTO"时做过大胆的预测，他们认为，"渐进"将是新一轮中国新闻改革的基本特点。在跨国传媒企业的影响下中国新闻改革将从市场选择、媒介类别、内容选择与操作过程等4个方面将会实施由"边缘"向"中心"过渡的改革路径。在此过程中将不会出现"突进"，而是呈现逐渐渗透的特点。仅以市场为例，跨国传媒企业的资本最先会进入中国的传媒资本市场，然后再向信息市场推进，最后入主意见市场。[27]

至此，媒介文化在商品价值追求中的异变基本上得到呈现，媒介文化生产中的商品性泛化、收视率的追求、媒介文化生产场域中商业逻辑的逞威与外溢、媒介文化生产中的资本链接以及媒介企业的集中与垄断等都是具体的表现。这种追求最终的结果，将会是媒介文化生产的商业逻辑一统天下，并由此导致媒介文化的权力领域与商业领域的高度重叠，那将是一个何等威风肆虐的世界？！

[参考文献]

[1] 约翰·B. 汤普森:《意识形态与现代文化》,高铦等译,译林出版社 2005 年版,第 14 页。

[2] 文森特·莫斯可:《传播政治经济学》,胡正荣等译,华夏出版社 2000 年版,第 155—156 页。

[3] 文森特·莫斯可:《传播政治经济学》,胡正荣等译,华夏出版社 2000 年版,第 141 页。

[4] 文森特·莫斯可:《传播政治经济学》,胡正荣等译,华夏出版社 2000 年版,第 141 页。

[5] 文森特·莫斯可:《传播政治经济学》,胡正荣等译,华夏出版社 2000 年版,第 147 页。

[6] 贾亦凡:《2001 年十大假新闻》,《新闻记者》2002 年第 1 期。

[7] 皮埃尔·布尔迪厄:《关于电视》,许钧译,辽宁教育出版社 2000 年版,第 14 页。

[8] 皮埃尔·布尔迪厄:《关于电视》,许钧译,辽宁教育出版社 2000 年版,第 60 页。

[9] 皮埃尔·布尔迪厄:《关于电视》,许钧译,辽宁教育出版社 2000 年版,第 136 页。

[10] 皮埃尔·布尔迪厄:《关于电视》,许钧译,辽宁教育出版社 2000 年版,第 61 页。

[11] 皮埃尔·布尔迪厄:《关于电视》,许钧译,辽宁教育出版社 2000 年版,第 61—62 页。

[12] 约翰·H.麦克马那斯：《市场新闻业：公民自行小心？》，张磊译，新华出版社 2004 年版，第 40 页。

[13] 约翰·H.麦克马那斯：《市场新闻业：公民自行小心？》，张磊译，新华出版社 2004 年版，第 129 页。

[14] 天海翔：《中国文化产业》，中央编译出版社 2006 年版，第 56—57 页。

[15] 天海翔：《中国文化产业》，中央编译出版社 2006 年版，第 51 页。

[16] 皮埃尔·布尔迪厄：《关于电视》，许钧译，辽宁教育出版社 2000 年版，第 65—66 页。

[17] 皮埃尔·布尔迪厄：《关于电视》，许钧译，辽宁教育出版社 2000 年版，第 67 页。

[18] 皮埃尔·布尔迪厄：《关于电视》，许钧译，辽宁教育出版社 2000 年版，第 68 页。

[19] 皮埃尔·布尔迪厄：《关于电视》，许钧译，辽宁教育出版社 2000 年版，第 68 页。

[20] 皮埃尔·布尔迪厄：《关于电视》，许钧译，辽宁教育出版社 2000 年版，第 69 页。

[21] 戴维·斯沃茨：《文化与权力：布尔迪厄的社会学》，陶东风译，上海译文出版社 2006 年版，第 136 页。

[22] 戴维·斯沃茨：《文化与权力：布尔迪厄的社会学》，陶东风译，上海译文出版社 2006 年版，第 157 页。

[23] 高宣扬：《当代社会理论》，中国人民大学出版社 2005 年版，第 822 页。

[24] 彼德·戈尔丁，格雷范姆·莫多克：《文化、传播和政治经济学》，[英]詹姆斯·库兰，[美]米切尔·古尔维奇：《大众媒介与社会》，杨击译，华夏出版社2006年版，第68—84页。

[25] 朱周良：《56亿美元拿下道琼斯，默多克剑指新传媒帝国》，《中华新闻报》2007年8月8日（B4）。

[26] 伽摩利珀：《全球传播》，尹宏毅译，清华大学出版社2003年版，第51页。

[27] 李良荣：《WTO背景下，中国新闻媒体正面临新一轮改革》，李良荣：《李良荣自选集》，复旦大学出版社2004年版，第47—51页。

作者系陕西师范大学新闻与传播学院教授，博士生导师。
原文发表于《陕西师范大学学报（哲学社会科学版）》2009年第3期。

后记

　　当代社会无论在日常生活的表象层面还是在结构规制的逻辑层面，都发生着巨大的变迁，人们或者茫然被裹挟前行，或者敏锐而有所体感，但都不可避免地被要求面对和知察自身所处的时代与生活。现代媒介从报纸开始，深刻地改变着人与世界的关联方式，也改变着人与人的关联方式；而不断跟进的新媒介、新新媒介，更显示出其技术逻辑之外的强大规定性：媒介及其生产全面介入日常生活，塑造价值观念，创造崭新的文化形态，改变着人们的交往与思维方式……我对这种新现实充满好奇，对于人类一手创造出来的媒介文化这一"第二自然"充满好奇。

　　曾经遇到一位亲切智慧并在文化研究方面造诣非凡的博导教授，聊天时她玩笑着说："我现在都想再去修一个社会学博士，嘿，不拿学位也可以，我就是想看看'社会'那玩意儿到底是咋回事？"我们大笑。笑过之后，也让我对她孩子般的好奇心与热情抱以极大认同：我所有思考与研究的唯一目的，就是想要看看"媒介文化""那玩意儿"到底是咋回事，换个正经和严肃点的说法就是，我试图理解媒介生产与当代社会发展之间的关系，还试图寻找某个契机、某种经验或某个视角解释它。

　　当然，这个目标太过宏大与高远，无论是客观的"自然"还是文化的"第二自然"，都显示出其极端的复杂性与不断的变化性。但文化研究的旨归是阐释，我虽力有不逮，但也心向往之。正如胡适先生所言，管什么求索无期，"进一寸有一寸的欢喜"。因此，我也才敢如此不揣谫陋，期冀能在许多卓有建树的思想家研究的基础上提供一些个人观察与判断，求教释惑于方家，于惶恐中亦欣欣然。

　　感谢所有将自己真知灼见奉献给后学的研究者们，书中每一处引用与参考都表明我受教于他们的见解、获益于他们的启发。感谢在书稿形成过程中提供莫大支持的蒋原伦教授、李震教授、鲍海波教授，他们给予我的不仅仅是智慧的启迪、学识的支持，更是关怀的温暖。在书稿准备的初始阶段我就曾求教于蒋原伦教授，他提出一些高屋建瓴的建议与判断，使我少走了许多弯路、少犯了许多错误；更重要的是，我在他那里不断感受到大家治学的严谨风范，蒙他不弃，抱愧在心。李震教授是我的导师，他从来都是无条件支持与信任是鞭策我不断进步的内在动力，因为我想要努力当他的一个好学生。书稿中附录了两篇鲍海波教授的文章，直接说明了我在多大程度上受启于她的敏锐见解，更不论许许多多除此之外的无私帮助了。也感谢人民出版社薛晴女士，她认真又柔和，让我甚至有一见如故的亲切。

　　感谢这本书成稿的过程。书稿在我博士论文的基础上修改完成，继续靠近和关照这个令我充满兴趣的研究对象，让我又一次体会到专注思考带来的澄明心境与"我思故我在"的苏醒感。

　　念及人事历历，皆感佩于心，以为记。